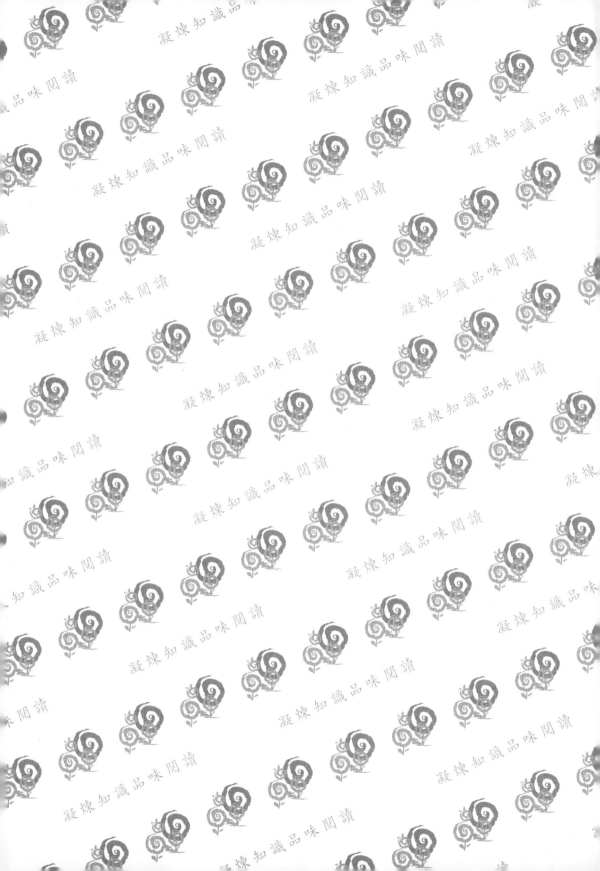

# 語你同行～
# 玩出素養的語文課

陳麗雲、畢英春 著

五南圖書出版公司 印行

# 目録
# Contents

# PART 05 | 實例篇／陳麗雲等

## 麗雲老師的教學設計

# 第一章

## 寫在前面
## 二個女人

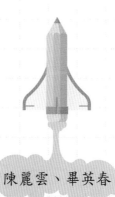

陳麗雲、畢英春

# 關於我們

## 麗雲自我介紹

麗雲來自臺灣，在臺灣第一線教育現場耕耘了30年。這些個從青絲到華髮，從青春到中年的日子，我始終站在黑板前：我在小學的課堂裡教書，也在教育大學裡任教。在小學課堂裡，我擔任過26年導師（帶過11個班級），當了4年的閱讀教師；在教育大學的課堂裡，我執教「語文教材教法」、「作文教學設計與實習」、「閱讀教學」與「寫作教學」，為日後要成為教師的年輕孩子扎下語文教學的基礎。

因為對語文教學的專業與熱愛，十多年前我開始參與了臺灣語文教材的編寫，迄今仍然孜孜矻矻的努力著，期待編寫出具有人文性、工具性、文化性的語文課本，讓基層教師拿著優質教材，真正教出語文力與自學力。我也曾受邀參與香港、澳門語文課本與教師手冊（教參）的編寫。編寫教材是一件非常複雜且繁重的大事，必須仔細研讀課程綱要與細讀各項能力指標；然而，這個辛苦的工作卻讓我對整個語文課程的體系與架構有清晰的輪廓與脈絡，具體知道幾年級的孩子該教導什麼能力，知道該以什麼方式指導孩子們如何學習。十多年前開始，我也開始受邀在各個語文園地寫專欄，陸續出版了近30本語文教學書籍，更經常受邀到臺灣、大陸、新加坡各地分享語文教學。

因為知道教育是穩定國家的重要力量，因為知道教育是偏鄉孩子翻轉貧窮世代的唯一力量，所以，這些年，我也經常到各地分享我的語文教學理念，尤其偏鄉更是我長期關注的地方。我曾有個想

法：要用我的雙腳愛臺灣，走過臺灣各地，讓教育成為扶持孩子們茁壯成長的隱形翅膀。很快的，我將臺灣走了很多趟，去過每一個縣市，連離島的金門、馬祖、澎湖都去過數次，陪伴許多教師一起看見語文教學的美好。我還成立中區、北區自主讀書會，每月一次義務陪伴老師們讀書、備課，期待以專業與熱情，喚醒老師內心的教育魂。

這些年，臺灣教育界吹起自主備課風潮，教師們引頸期待參加「我們有一個夢」，從「夢一」、「夢二」到「夢的N次方」，這四年來，我一直擔任小學語文科總召集人，寒暑假更是陪伴許多縣市和各級學校老師進行語文研習與備課實作。在大陸，還有「陳麗雲語文教學工作站」，更經常受邀到各地開讀寫工作坊……這些年，我──，「陳麗雲」這三個字，似乎就和語文教學畫下了等號。

我的教學生命就從「我和語文談戀愛」，進入「語文和我談戀愛」，最終走入「我和語文緊緊纏在一起」。真的是不研究不知道，一研究嚇一跳。一頭栽入語文教學的浩瀚汪洋中，我的名字，從此也跟「語文」緊密相依。期待透過語文，讓我們成為有故事的人，遇見──更好的自己！

## 做個有故事的人

### 走自己的路
原來我們可以跑這麼遠，原來我們都有機會走自己的路
**做個有故事的人**

努力有時候真的無法超越天賦,但努力能讓有天賦的人,看得起你!

有人說
教書是一場暗戀
費盡心思去愛一群人
結果卻只感動了自己

有人說
教書是一場苦戀
費盡心思愛那群人
終究他們會離你遠去

可即便如此
依然有那麼一群人
日復一日
堅守著一塊黑板
三尺講臺
任世界喧囂
任年華蒼老
用自己的平凡與偉大
放飛出一個個年輕的夢想

因為,他的名字叫教師
教師,是希望的工程師

　　英春來自大陸,在山東的課堂也努力實踐了30載。(這是多美好的巧合啊!)二個在第一線的教育現場,致力鑽研語文教學長達30年的教師,雖然相隔遙遠,儘管有著各自美麗的課堂,卻也有許多相近的語文觀,相同的特質,相似的治學要求,所以可以一見傾心,一見如故,一見鍾情,因而快速靠近!

## 英春自我介紹 🖍

　　眞的好巧！我在教育一線同樣30載。工作地點從內地的「印染名城」昌邑，到「蔬菜之鄉」壽光，再到「京城華樾教育研究院」。個人成長從懵懂的教師，到教學能手、齊魯名師、特級教師，再到全國推動讀書十大人物。單位在變，容顏在變，閱歷在變，唯獨不變的是對課堂的痴迷，對國小語文的熱愛。

　　盤點自己走過的路，如果用一個字來概括的話，那就是「做」。我信奉：世上沒有比腳更長的路，天道酬勤。

### 🖋 主動做

　　1995年，學校開始「大語文教改實驗」。我主動報名，全身心參與，備課、講課、撰寫論文，與同事們構建了「以課堂教學爲主體，以語文實踐活動和語文學習環境爲兩翼」的大語文教學體系，得到各級領導的高度肯定。

### 🖋 及時做

　　2006年，濰坊市教育局啓動「語文主題學習實驗」，針對教材主題，在小學配備了1060萬字的主題閱讀叢書，要求課內讀完。多數人徘徊、猶豫：課內能讀完嗎？影響考試成績怎麼辦？是否會加重工作負擔？……我沒有糾結，認定多讀書一定是好事，困難一定會有，但是先做起來再說。在實驗的過程中，邊實踐邊學習邊反思，構建了「1+X單元教學」，很好的解決了課內海量閱讀的問題。

## 用心做

用力做只能把事做完，用心做才能把事做好。當語文教師時，每組教材學完，辦一期與教材主題匹配的《小小草報》，使學生的作品，在最短的時間內呈現給同學、家長，大大提高了學生的書面表達能力，增強了學生的寫作興趣。當班主任（導師）時，我在網上創建班級博客「小蜜蜂班級」，賞識每個學生，及時發布學生各方面表現好的動態，贏得了家長的大力支持。當校長時，勤轉、常談，多思，儘量在最早的時間發現可能出現的問題，做到未雨綢繆。

## 創新做

「重複地做同一件事，希望能有不同的結果。」這是愛因斯坦對精神病人下的定義。語文教學，從原來的基礎知識、基本能力，到後來的三維目標，再到現在的核心素養，自己始終沒有停下研究的腳步，把語文素養落實到每節課中，在課堂上越發關注學生的語文知識、閱讀策略、習作表達和思維方式。

## 團隊做

孟子說：「獨行快，眾行遠。」從2008年起，我組建了「整合語文團隊」，分為：核心團隊、骨幹團隊、助力團隊，既有明確分工，又有很好的合作。大家通過好書共讀、課題研究、報告分享、聽課評課、隨筆撰寫、評價改革等八大行動，共同提高，已成長了一批在全國有影響力的教師。我們的足跡已遍布內地，除西藏、寧夏外的地區，以及臺灣、香港、新加坡等地。

子曰：「人一能之己百之，人十能之己千之。果能此道矣，雖愚必明，雖柔必強。」做起來，就是成長。

# 彼此眼中的對方

## 麗雲眼中的英春

　　第一次和英春見面，是在2015年的春天，那年四月中旬，山東省有五位齊魯名師，同時也是特級教師，來到我的學校（修德國小）上公開課，要我擔任評課。當我收到他們的簡介時，心裡真的嚇壞了，那麼洋洋灑灑的輝煌資歷，真的挺「駭人」的。尤其是身為隊長的英春：

| 姓名 | 畢英春 | 學校名稱 | 山東省壽光世紀教育集團 |
|---|---|---|---|
| 班級數 | 235　班級 | 在校學生 | 9450　人 |
| 職務 | 副總校長 | 教學年限 | 25　年 |
| 性別 | 女 | 任職學科 | 語文 |

### 個人教學成就及專長

多年來，堅持大語文教學實驗，打造高效課堂，整合「語言文字運用」和「內容情感」雙主題實施教學，構建「1＋X單元教學」模式，用1/3的時間學完教材，用2/3的課內時間海量閱讀和拓展語文實踐活動。評為齊魯名師，特級教師，省教學能手。赴全國20個省及香港、新加坡授課、介紹經驗。

其實，當年我心裡是高度緊張、戒慎恐懼的，畢竟，臺灣的教育現場是沒有教師分級制度的，我一個平凡的小老師，如何能為赫赫有名的齊魯名師評課呢？而且，一次還得要評五位特級老師的課，心中承受的壓力負擔和深深憂慮是很難想像的。我，只能加緊腳步，更認真、更有深度的備這些課，祈求能與這些特級教師專業對話。

## ▶ 相遇在語文的道路上

那年4/20當天上午，身為團長的英春披著滿身春意，率領著山東參訪團的老師們出現在修德門口，一臉燦爛的陽光笑容讓我的緊張稍微舒緩了一些。待她上五年級示範課〈楊氏之子〉時，一開場便讓我震撼了！我猶記得她一上課便仿課文句式「梁國楊氏子九歲，甚聰惠。」以文言開場：「畢氏之女，四十又五，愛讀書、喜郊遊……」我們的孩子們在她「潤物細無聲」的自然引導氣氛下，進入文言文的殿堂學習。

我看過很多好課。好課種種，韻味各異：有的像美酒，芬芳濃烈，飲之醉人；有的似白水，純極淡極，卻不失本真；有的則如清茶，香在隱約之中，味在有無之間。我當時是這麼評她的課的：

「看英春老師上課猶如飲一杯美酒，濃郁芬芳！」

呵呵！好課難得，難在文、課、人的統一。〈楊氏之子〉，因為是古文，雖短，但對臺灣五年級學生而言，是第一次學到古文，而且不是臺灣的課文，授課的不是熟悉的臺灣教師，上課發音雖然是國語（普通話），但腔調與口音是相對陌生的，所以，孩子的接受度和教師的挑戰相對大。英春整堂課始終以學生為主，以讀為主，讀中了解，讀中品味，最後熟讀成誦，既使學生讀懂了課文，

又教給了學生學習的方法，更豐富了學生的想像力，激發了學生學習文言文的興趣，感受語言的藝術。

我當時寫下了：「英春老師的課堂，時而平靜如水，時而跌宕起伏，不乏談笑風生，亦有凝重沉思，學生的情感在頓悟、詼諧、幽默、風趣中不斷豐富，語文課成了享受。」

生命是充滿玄奇的。本來各自分屬天平二端的我們，一年後卻意外在山東的課堂重逢。故人異地意外相見，內心分外澎湃激動。那一次，我們已不再是上課、評課者的緊張身分，而是以授課專家老師的身分被邀請而再相遇，心情自是不同，彼此能聊的話題和廣度更多元、更深入了。英春很能用手機玩自拍，拉著我拍完照後，逕說了句：「我們長得很像。」身邊的友人也都這麼說著，於是，我們「二個姐妹」於焉成形。

## ▶ 淺淺笑容，大大能量

這三年，經常有機會與英春在各地的課堂相遇。身為特級老師的她，課上得生動，演講吸引人，精湛、熱情那是必然的。但是，我在她身上看到一股與我所認識的其他眾多特級教師不同的特質：貼心主動。英春很會照顧人，在許多研討會的會場，總會看見她帶著學校老師或子弟兵在其間學習。她總是照料左邊，呵護右邊，還笑容可掬的招呼前邊、擁抱後邊的伙伴，就像一棵大樹媽媽，以陽光細心呵護身邊每一顆小種子一般。連我到大陸講學，她也一路照護我，總把我帶在身邊，不時喚「麗雲」、「麗雲」，總在人群裡找我，深怕我迷航，呵護備至，猶如我是小孩兒似的寵著我，呵呵！

優秀是訓練出來的，成功也是逼出來的。所以，英春提出：「主動做、及時做、用心做、創新做」，這是成功的鑰匙。特別的是，她還提出：「團隊做」。很多優秀頂尖的菁英，是努力讓自己往卓越非凡境界邁進，有時是無法帶著一群人一起並肩走的。可是英春說：「**沒有完美的個人，只有完美的團隊。**」是的，獨行快，眾行遠。一個人走得快，一群人才能走得久、走得遠。但是，我深深知道，要帶一群人一起走，說得簡單，做得艱難。一群人要同目標、同步伐，同心跳，那真的要克服很多很多的「不可能」。我自己在臺灣也帶團隊，尤其是我一心栽培的「云團隊」和「雲家班」，付出我非常大的心力。我深信：**一群人，一心就能走出一條路**。但是，在共同走在夢想道路上的同時，要耗盡非常大的心力，才能維持一群人往同一個正確的方向前行，那比一個人自己走更費心力，更耗真情。英春可以帶著分布在不同地域、不同省分的這麼一大群人走在一起，做研修、做課程、做精進、做報告⋯⋯還如此樂此不疲，那內心的強大意志力非一般人所能做到。

　　我經常看到她的情景，是她很少闔上的唇，總是帶著彎彎的笑容，露出淺淺的酒窩，用那豪氣的語音，舞著瘦小的手臂，跟大家對話、敘舊。好像無論這個世界怎麼樣，她始終努力、勇敢、充滿希望。一群人喜歡繞著她，聽她開朗的笑聲。不管是哪個省分都有名校長支持她，都有老師追隨著她，宛如天邊明月，溫柔明亮，淺淺笑容綻放大大能量。

　　有人說：你現在跟什麼人在一起，五年後就成為什麼樣的人。我多希望我日後可以成為像英春這樣，用智慧讓自己活得精采，活力十足。

## 英春眼中的麗雲 ✏️

　　小小的身影，樸實的形象，混入人群，瞬間你就找不見她。但當她站上講臺，整個舞臺就因她激情四射了。講起課來面部表情豐富、肢體語言誇張、笑聲清脆爽朗，詩一般的語言溫潤柔和，或高或低，或疾或徐，把你帶入一個童話的、美麗的境界。那雙明亮的眼睛，南方人特有的微陷，透出的不是深邃和震懾，卻讓你如沐一縷清風、一抹朝霞，粉色的，溫馨的，活潑的；讓你感到善良、悲憫、博愛和智慧。她用並不曼妙的小小的身體在舞蹈，跳出一曲對語文、對教育、對生命愛的讚歌。她，像一朵綻放的玫瑰，美麗、熱情、博愛，點燃、影響了我們每個人；她又像一朵五彩的雲朵，絢麗多姿，把語文教育的甘霖，灑向海峽兩岸需要的角落。

　　初識麗雲，是在2015年4月，山東省教育學會面向全省遴選5位名師前往臺灣，進行傳統文化的深度學習，我有幸成為其中一員。10天浸濡，麗雲給我們評過一次課，做了一次演講，其他的便是零零散散的交流了（初次赴臺，遇到了有生以來第一次地震，擔心夜晚餘震，不敢入睡，於是請教麗雲，她給我們耐心解答，並暖心寬慰）。幾次接觸，我認識了一個陽光的、熱心的、執著的麗雲。

　　她常說的話：「越忙的人越有時間。」「35歲以前美麗，感謝爸媽；35歲以後美麗，感謝自己，這是閱讀、文化的魅力。」「因為有人逼我們，我就會寫；有壓力才有進步。」「一輩子有很多事，可以將就，也可以講究。」「教書最大的成就，是用你的生命影響另一個生命。」她永遠像一臺不知疲倦的機器，一年365天，幾乎把每一天都安排得滿滿滿滿，學校帶班上課、臺北教育大學授課、偏鄉支教……又像一朵燦爛的向陽花，臉上總是掛著純真的、

動人的笑。小小的身體蘊藏著巨大的能量，打不倒、壓不垮，身負重重的背包，意氣風發地行走在路上，影響著身邊的每一個人。

接下來的日子，因為語文教學的緣，我倆有了更多的遇見，有機會聽她的觀摩課，有機會聽她的成長史，我又認識了一個這樣的麗雲：

### ▶ 豐富的教學智慧

從識字教學、閱讀教學、習作（寫作）教學，再到繪本教學，無論什麼樣的語文課，她都能教得輕鬆自如、扎實有效、妙趣橫生。

識字教學，重視字理、字族識字，自創兒歌，朗朗上口。如，「青」字歌：藍天白雲高山青，太陽高掛天色晴；看看風景用眼睛，魚兒游泳河水清；玩玩遊戲好心情，要吃東西說聲請。甭說學生，連我這個成年人，讀著讀著，都手舞足蹈起來，孩子能不喜歡嗎？

繪本教學，有的進行句子仿寫，有的進行續寫，拓寬學生思維，玩中提升語文能力。如，讀《我爸爸》：爸爸吃得像……爸爸游泳時像……爸爸的身材像……爸爸像整天笑瞇瞇的……讓學生找出這些句子的共同點，然後進行詞語轉盤遊戲，放飛想像，最後再讓學生創編繪本。

閱讀教學，她理清了小學階段的所有習作（寫作）主題，並且烘焙屬於自己學校的寫作序列表，使學生會表達，樂表達。她的手中，彷彿有一根魔術棒，指揮著孩子們愛上閱讀，愛上語文。

### ▶ 精湛的專業素養

麗雲對「語文」理解得非常到位，她的課注重培養學生的語文能力、教給語文方法、拓展學生思維。每節課，都充盈著濃濃的語文味兒。

她懂得教學規律。上課伊始的三個問題：你已經知道了什麼，你還想知道什麼，這節課你學會了什麼。靠近的兩生合作，就前兩個問題，彼此一個說，一個聽，然後把對方的觀點複述出來。既培養了學生的專注力，又訓練了學生複述表達的能力，還很好地實現了以學定教。

在學習的過程中，「tell── show── do」幾個環節靈活運用，讓學生借助已有的經驗，來建構生成新的知識。在教學〈大熊貓觀賞記〉和〈國寶──大熊貓〉時，採用比較閱讀的方法，讓學生體會記敘文和說明文的不同。這已經達到了布魯姆教育目標的分析、綜合階段，引發學生的深度學習。

### ▶ 關愛、尊重每一個生命

麗雲關注的是孩子們未來的發展：今天我們給孩子什麼樣的教育，明天他們就會成為什麼樣的人。課堂上，她總能蹲下身來與學生對話，望著學生的眼睛，心對心地交流；創設寬鬆的氛圍，鼓勵學生提出自己不懂的問題，以學定教；詞卡、圖片等輔助手段用得恰到好處，千方百計調動每一個孩子的積極主動性。讓學生充分地動手、動腦、動口、動心，學習真真正正地發生。正如她自己說的一句話：「孩子在火星，我就追到火星。」老師只有尊重呵護每一個孩子的心靈，孩子們才會親其師，信其道，教育才能走上正軌，讓孩子站在世界的中心，而站在世界中心需要的絕不僅僅是知識，更需要品德力、自學力、創造力和熱情、熱愛生命等等。

記得春節晚上有一句時髦的話「顏值高，責任大」，麗雲給這句話做了一個驗證。她是新北市修德國小的一線教師，是國立臺北教育大學語文與創作學系兼任講師，國立臺北師大華人教師研

習班、漢光作文點燈計畫等作文師資培訓講師，臺灣康軒版國語課本主編，香港培生朗文的編者……身兼數職，眾多光環圍繞。每年都會推出新的著作，諸如《寫作好好玩》、《識字真容易》、《語文教學新智能》、《修辭遊戲放大鏡》、《寫作有妙招 閱讀一把罩》……她主持大型的教育活動「夢的N次方」，還到偏鄉授課、傳授教學經驗，發誓「用雙腳愛臺灣，完成教學使命。」

見賢思齊。麗雲是我從教路上的好友，也是標竿。一句話說的好：「你是誰並不重要，重要的是和誰在一起」。從教路上，有這樣的好友同行，人生幸事！

# 第二章

## 教學理念篇
# 在課堂形塑語文素養

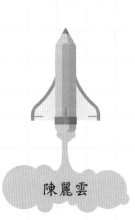

陳麗雲

# 麗雲的語文素養觀 對語文的介紹

好些年了，我一直在華人世界為語文教學忙碌著，雖然跋涉奔波，卻精神奕奕，因為我清楚自己的使命與價值。我知道：生命的意義是每個人賦予自己的。人只有在覺得自己有價值的時候才會有勇氣。

我總認為一個人至少要擁有一個夢想，才有理由去堅強。心若沒有棲息的地方，到哪裡都是流浪。忙碌的我心中自有一片天地，努力的想要為語文教學正名，找到能夠讓它安身立命的重要位置，所以能更主動積極，即使忙到天昏地暗，也能充滿活力。在與語文相知相守的日日夜夜裡，語文早已不是我研究的內容，不是我工作的項目，而是我的生活，是我的生命。我的精神賴語文以豐盈，我的身心賴教學而安頓。一如金子美玲的詩句：

> 向著明亮那方，向著明亮那方。
> 哪怕一片葉子，也要向著日光灑下的方向。
> 哪怕只是分寸的寬敞，也要向著陽光照射的方向。

語文教學就是我的陽光，成為有底蘊、有境界的語文教師是我追尋的方向。

因為語文教的不只是知識、技能，而是～底蘊、境界。所以，我祈願：陽光永遠在我們臉上，駐足在我們心上。

對「教師」的看法，我認為：**教師，是架梯子的人。** 換句話說，自己明白沒什麼了不起，重點是 —— **讓他明白，才是教師的**

價值，所以教師的教學必須有明確的目標，具體的步驟，生動的方法。我認同：教師要用教材教出能力，**能力比知識、學歷更重要，孩子需要的是「一輩子的能力」**，不是知識性的東西。我主張：**教師不是教書，而是教學生。教書，是教東西；教學生，是教人。**課堂上面對的是～人，立基於全人教育的精神讓孩子成為更好的人，成就每一個孩子，終身學習，適性揚才，找到生活的意義與生命的價值。

我贊同：**語文素養是在語文實踐中提升的。**教學，不是灌輸知識，而是給予學生一把打開知識大門的鑰匙。所以，教導語文運用比方法指導和知識教學更為重要。從國際閱讀研究發展的最新走勢來看，「閱讀」研究已進入「運用文本期」，是「透過閱讀來學習」的理念。「閱讀」超越語文學科，從「語文能力」向「學習能力」轉型。

以2019年大學學測的題型來看，試題出現翻轉，「素養導向」題型已成趨勢，跨領域、生活化、情境化和圖表式的題型，出現在各科試題當中。超越學科知識範疇，結合情境，並可在生活中實踐，是各國命題的趨勢。

除了「情境化」（一種重要的素養題型，是指貼近生活，接近學生的日常經驗）還需具備整合運用能力才能面對素養導向的題型。例如馬世芳的樂評成為學測題目，要考生比較流行音樂中羅大佑、李宗盛的歌詞創作，以及流行影視《延禧攻略》也入題⋯⋯在素材多元的趨勢下，我們的學生必須多元閱讀，在日常生活中培養「閱讀能力」、「學習能力」，才能具備分析文本、思考多層次問題的能力。

教學，是教如何學，給方法才有用，才能學習遷移，培養自學力。然而，教師要給學生一杯水，自己就需要有一缸水。身為教師，必須終生與書為伍，與學習作伴，終身閱讀是必要的。所以，我喜愛閱讀，提倡閱讀，也都帶領老師們閱讀。畢竟，老師自己不閱讀，學再多的教學理念，學再多的教學方法，都是無用的。

　　十二年國教課程綱要，有啟發生命的潛能、陶養生活知能、促進生涯發展及涵育公民責任四個目標，那是我們努力前進的方向。加拿大詩人歌手李歐納‧科恩（Leonard Norman Cohen）說過：「生命都有裂縫，那是光照進來的契機。」閱讀，可以讓我們照見光，看見天光雲影。「一棵樹搖動一棵樹，一朵雲推動一朵雲，一個靈魂喚醒一個靈魂。」教師是陪伴孩子重要的人，是讓生命真正影響生命最佳的例證。

### 麗雲眼中的語文

　　我認為：語文，是學習所有一切學科的基礎，也有人說：語文是國家的命脈。自小，我們都是透過母語與人溝通，透過語文認識世界，透過語文學習各種知識。雖然臺灣、大陸分隔兩岸，但兩岸的人們說著同樣的語言，用著同樣的文字，讀著許多相同的文本，實踐著許多相同的優良傳統文化。即使這些年兩岸的教育發展各自美麗，存在著諸多不同，但對語文課程的發展與要求，也有著許多共同的地方。

　　兩岸都認同「語文」包括語言和文字。我也贊成「語文課程是一門學習語言文字運用的綜合性、實踐性課程。」例如，在臺灣十二年國教（108課綱）的課程綱要語文領域中，其基本理念是：

　　語文是社會溝通與互動的媒介，也是文化的載體。語文教育旨在培養學生語言溝通與理性思辨的知能，奠定適性發展與終身學習的基礎，幫助學生了解並探究不同的文化與價值觀，促進族群互動與相互理解。

　　為涵育國語文的核心素養，國語文教育從語文能力的培育、文學與文化素質的涵養著手，培養學生表情達意、解決問題與反省思辨的能力。經由國語文教育幫助學生習得現代公民所需之聆聽、口語表達、標音符號與運用、識字與寫字、閱讀、寫作的能力，藉由各類文本的閱讀欣賞與創作，激發創意，開拓生活視野，培養反省、思辨與批判的能力，健全人我關係，體會生命意義，理解並尊重多元文化，關懷當代環境，開展國際視野。

大陸義務教育語文課程標準（2011年版）則說到：

　　語言文字是人類最重要的交際工具和資訊載體，是人類文化的重要組成部分。語言文字的運用，包括生活、工作和學習中的聽說讀寫活動以及文學活動，存在於人類生活的各個領域。……

　　語文課程致力於培養學生的語言文字運用能力，提升學生的綜合素養，為學好其他課程打下基礎；為學生形成正確的世界觀、人生觀、價值觀，形成良好個性和健全人格打下基礎；為學生的全面發展和終身發展打下基礎。語文課程對繼承和弘揚中華民族優秀文化傳統和革命傳統，增強民族文化認同感，增強民族凝聚力和創造力，具有不可替代的優勢。語文課程的多重功能和奠基作用，決定了它在九年義務教育中的重要地位。

在語文教學的理念方面，我贊同語文課程是一門**學習語言文字運用的綜合性、實踐性課程**；我主張教材、文本只是學語文的例子，重在「**用教材教**」，而不是僅只「**教教材**」；我關注「**語用**」，希望語文課教出「**語文味**」，認為**學習語文重在實踐**，而非記憶的知識灌輸，強調培養孩子運用語文傳情達意的具體能力，主張透過實踐學習表達。

當然，語文的發展與生活息息相關，所以，兩岸的語文教學因著時空距離與社會發展之故，也有著諸多殊異之處。這也正是此書的價值，看見兩岸語文教學的「同」與「不同」。畢竟，語文教學有其「共性」本質（學科知識），也有其「個性」（地區元素）啊！因為相似，所以能產生連結；因為相異，所以有成長空間。於是，我相信透過相互學習、相互對照，當是讓彼此的教學邁向更上層樓、精益求精的精緻方式。

多年來的教學經驗和課堂觀察，我發現：其實，每一個孩子都是愛學習的。瞧，哪一個學生不愛「聽故事」、不愛「閱讀」呢？只要一聽到要說故事，無論怎麼內向安靜或頑皮好動的孩子，甚至有閱讀障礙的孩子，都會立刻坐到我們腳邊，睜著閃亮亮的大眼睛，專注投入的仰著小臉，期待感受「閱讀」與「學習」的美好。我相信：**沒有天生不愛看書的孩子，也沒有天生會看書的孩子**。那麼，語文教師存在的價值（應該包含所有的教師），就是讓孩子**持續愛看書，學會看書**。想想：有些孩子後來不再愛看書了，很重要的原因之一，就是從「聽故事」到「學習語文」之間，沒有遇見一座「適當的橋梁」。因為文本和課程之間是有差異的。文本是探究「有什麼」的問題，而課程是思考「教什麼」的問題。也就是說我們要先建立起孩子的「閱讀美好經驗」（悅讀），在其間建

立起「閱讀習慣」，**學習閱讀**（學習閱讀的策略與方法），培養自學能力，因為只**有會閱讀的人才能享受閱讀的快樂**，日後才能**閱讀學習**，享受「越讀」的樂趣。優秀的「閱讀者」將成為成功的「終身學習者」——在畢業後的人生中仍堅持通過閱讀來學習的人，而「閱讀」乏力者將成為「沒有透過閱讀來學習」的新型文盲。

「語文」包括語言和文字、文學，所以，語文課不是文學課，也不是語言課。語文課應該是培養語文核心素養，培養人文素質，提高語言能力，鑑賞審美能力，語言運用能力，交流表達的能力。學習語文，不僅要感受文學之美與情感，更重要的是要在生活中運用、實踐，讓我們可以適當、得體、貼切的表達。換言之，語文教學應該包含人文性、工具性、文化性，才能真正承載它所被賦予的重要使命。

語文既然是一門學科，就有其不可被其他學科取代的特質，有其獨特的要求。我們課堂上是分領域（科）學習，分領域（科）學習是要有系統的傳遞給學生學科知識和技能，讓學生逐步建立起每一個學科體系的認識。所以，分領域（科）學習突出的是知識素養，建置能力素養，也就是在一個學科知識靜態學習後，能學習運用。

如果方向不對，再怎麼用力教也是事倍功半的無用功；如果方向正確，就能輕鬆駕馭課堂，達到事半功倍的珍貴效果。那麼，我們就必須認真思索：在課堂上，我們到底要給孩子什麼樣語文課堂？什麼樣的語文課堂才能真正讓孩子習得帶得走的能力呢？我想：學習語文不僅僅要知道文章內容，更重要的是學習使用語言，學會理解和表達語言。所以，形塑語文素養，是我們最需關注、也是最需達到的目標。

# 形塑核心素養

　　我認為：語文是要形塑語文素養，給學生一個思考的支點。畢竟，學習，不應只是一種知識的「填充」，更涵蓋了態度的學習，知識的啟發，思辨能力的引發，自學能力的培養。瞧！縱覽古今，橫觀中外，歷史上受歡迎的名人，無論是藝術家或是科學家，無論是文學家或是思想家，他們共同的特徵就是喜愛閱讀，熱愛思考，態度溫和。

　　語文素養是核心素養的一部分。這幾年，「**核心素養**」一詞在各國教育圈非常火紅。所謂「**素養**」，是一種能夠成功地回應個人或社會的生活需求，包括使用知識、認知與技能的能力，以及態度、情意、價值與動機等；核心素養的內涵涉及一個成功的生活與功能健全社會對人的期望。所以，核心素養強調教育的價值與功能，兩岸都以提升「核心素養」為教育重點。

　　「素養」是108課綱的DNA（基因）。就臺灣而言，所謂「核心素養」，是指「*一個人為適應現在生活及未來挑戰，所應具備的知識、能力與態度。*」在臺灣十二年國民基本教育領域課程綱要，（108課綱）中指出：

　　「素養」要比「能力」更適用於當今臺灣社會，「核心素養」承續過去課程綱要的「基本能力」、「核心能力」與「學科知識」，但涵蓋更寬廣和豐富的教育內涵。核心素養的表述可彰顯學習者的主體性，不再只以學科知識為學習的唯一範疇，而是關照學習者可整合運用於「生活情境」，強調其在生活中能夠實踐力行的特質。

　　「核心素養」符映現代社會需求，加強「態度」的要求與培養。有企業家曾說：「成績單在踏出校門那一刻就一無是處了，接手的叫做態度！」以往在應試教育的強大壓力下，或許有家長或師長以為讀了明星學校便是明星了，便能擁有未來的迷思，其實這是非常致命且傷害孩子學習的錯誤。我們最終會發現，「明星學校」那真的只是一間學校而已，重要的是在期間所習得的能力與態度，是否能真正培植具有高度與廣度視野的未來棟梁。所以，學歷不是最重要的，因為「學力」比「學歷」重要。當然有了強大的「學力」當後盾，更要有良善的「態度」，因為「態度」決定「高度」與「廣度」，「格局」方能決定「結局」。這就是核心素養想帶來的改變。所以，核心素養不是名詞口號，而是動詞實踐；核心素養不是終點結果，而是過程方法；核心素養不是僵化單一，而是生成多元。

## 臺灣的核心素養

　　所以臺灣的108課綱中，強調的就是以人為本的「終身學習者」。十二年國教的核心素養是由教育「理念」及「目標」編定形成，包含三個構面（自主行動、溝通互動、社會參與）及九個項次（簡稱三面九項）：

- A. 自主行動：身心素質與自我精進、系統思考與解決問題、規劃執行與創新應變。
- B. 溝通互動：符號運用與溝通表達、科技資訊與媒體素養、藝術涵養與美感素養。
- C. 社會參與：道德實踐與公民意識、人際關係與團隊合作、多元文化與國際理解。

目標是學生能夠依三面九項所欲培養的素養，以解決生活情境中所面臨的問題，並能因應生活情境之快速變遷而與時俱進，成為一位終身學習者。

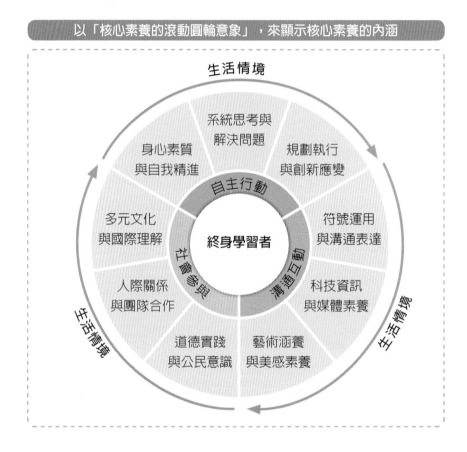

以「核心素養的滾動圓輪意象」，來顯示核心素養的內涵

三面九項核心素養的培養必須透過各領域／科目的學習；相反地，各領域／科目的學習也有助於一或多個核心素養的養成。而語文素養就是要從：語文運用能力、學識修養、人格修養三大面向著手，給學生一個思考的支點。

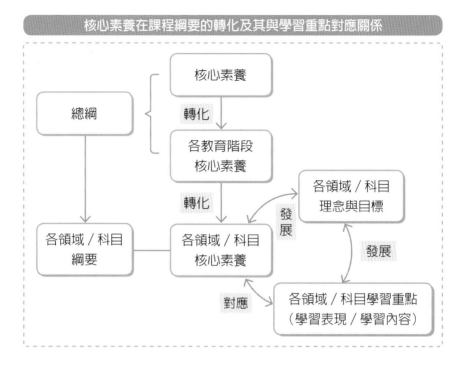

**核心素養在課程綱要的轉化及其與學習重點對應關係**

各領域核心素養的具體內涵，主要是結合各教育階段核心素養及各領域的教學理念與目標後，能具體展現各領域的核心素養。例如：

| 關鍵要素 | 核心素養面向 | 核心素養項目 | 國語文課綱核心素養 |
|---|---|---|---|
| 終身學習者 | A 自主行動 | A1 身心素質與自我精進 | 國-E-A1認識國語文的重要性，培養國語的興趣，能運用國語文認識自我、表現自我，奠定終身學習的基礎。 |
| | | A2 系統思考與解決問題 | 國-E-A2透過國語文學習，掌握文本要旨、發展學習及解決問題策略、初探邏輯思維，並透過體驗與實踐，處理日常生活問題。 |
| | | A3 規劃執行與創新應變 | 國-E-A3運用國語文充實生活經驗，學習有步驟的規劃活動和解決問題，並探索多元知能，培養創新精神，以增進生活適應力。 |
| | B 溝通互動 | B1 符號運用與溝通表達 | 國-E-B1理解與運用本國語言、文字、肢體等各種訊息，在日常生活中學習體察他人的感受，並給予適當的回應，以達成溝通及互動的目標。 |
| | | B2 科技資訊與媒體素養 | 國-E-B2理解網際網路和資訊科技對學習的重要性，藉以擴展語文學習的範疇，並培養審慎使用各類資訊的能力。 |
| | | B3 藝術涵養與美感素養 | 國-E-B3運用多重感官感受文藝之美，體驗生活中的美感事物，並發展藝文創作與欣賞的基本素養。 |
| | C 社會參與 | C1 道德實踐與公民意識 | 國-E-C1閱讀各類文本，從中培養是非判斷的能力，以了解自己與所處社會的關係，培養同理心與責任感，關懷自然生態與增進公民意識。 |
| | | C2 人際關係與團隊合作 | 國-E-C2與他人互動時，能適切運用語文能力表達個人想法，理解與包容不同意見，樂於參與學校及社區活動，體會團隊合作的重要性。 |
| | | C3 多元文化與國際理解 | 國-E-C3藉由閱讀不同類型文本，培養理解與關心本土及國際事務的基本素養，以認同自我文化，並能包容、尊重與欣賞多元文化。 |

（領綱核心素養第一碼代表領域別，「國」代表國語文；第二碼是教育階段代碼，E代表國小）

## 大陸的核心素養 ✏️

　　大陸認為「學生發展核心素養，主要指學生應具備的，能夠適應終身發展和社會發展需要的必備品格和關鍵能力。」「核心素養是黨的教育方針的具體化，是連接宏觀教育理念、培養目標與具體教育教學實踐的中間環節。黨的教育方針通過核心素養這一橋梁，可以轉化為教育教學實踐可用的、教育工作者易於理解的具體要求，明確學生應具備的必備品格和關鍵能力，從中觀層面深入回答『立什麼德、樹什麼人』的根本問題，引領課程改革和育人模式變革。」

　　大陸的核心素養，以科學性、時代性和民族性為基本原則，以培養「全面發展的人」為核心，分為：文化基礎、自主發展、社會參與三個方面，綜合表現為人文底蘊、科學精神、學會學習、健康生活、責任擔當、實踐創新六大素養，具體細化為國家認同等十八個基本要點。

● 文化基礎：人文底蘊（人文積澱、人文情懷、審美情趣）
　　　　　　科學精神（理性思維、批判質疑、勇於探究）
● 自主發展：學會學習（樂學善學、勤於反思、資訊意識）
　　　　　　健康生活（珍愛生命、健全人格、自我管理）
● 社會參與：責任擔當（社會責任、國家認同、國際理解）
　　　　　　實踐創新（勞動意識、問題解決、技術運用）

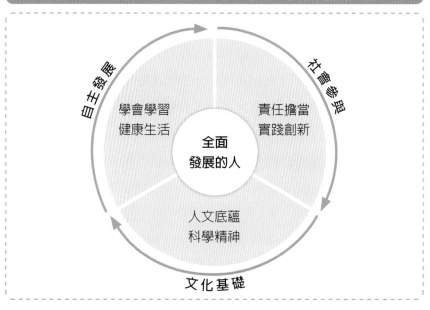

以「核心素養的滾動圓輪意象」，來顯示核心素養的內涵

自主發展
學會學習
健康生活

社會參與
責任擔當
實踐創新

全面
發展的人

人文底蘊
科學精神

文化基礎

| | 臺灣 | 大陸 | | | | | | |
|---|---|---|---|---|---|---|---|---|
| 核心素養 | 一個人為適應現在生活及未來挑戰，所應具備的知識、能力與態度。 | 學生發展核心素養，主要指學生應具備的，能夠適應終身發展和社會發展需要的必備品格和關鍵能力。 | | | | | | |
| 核心精神 | 終身學習者 | 全面發展的人 | | | | | | |
| 基本內涵三大面向 | 自主行動 | 身心素質與自我精進 | 文化基礎 | 人文底蘊 | | | 科學精神 | |
| | | 系統思考與解決問題 | | 人文積澱 | 人文情懷 | 審美情趣 | 理性思維 | 批判質疑 | 勇於探究 |
| | | 規劃執行與創新應變 | | | | | | |
| | 溝通互動 | 符號運用與溝通表達 | 自主發展 | 學會學習 | | | 健康生活 | |
| | | 科技資訊與媒體素養 | | 樂學善學 | 勤於反思 | 資訊意識 | 珍愛生命 | 健全人格 | 自我管理 |
| | | 藝術涵養與美感素養 | | | | | | |
| | 社會參與 | 道德實踐與公民意識 | 社會參與 | 責任擔當 | | | 實踐創新 | |
| | | 人際關係與團隊合作 | | 社會責任 | 國家認同 | 國際理解 | 勞動意識 | 問題解決 | 技術運用 |
| | | 多元文化與國際理解 | | | | | | |

（兩岸核心素養的對照）

## 核心素養的目的 ✏️

　　兩相對照，發現兩岸目前所推行的**「核心素養」**，其實本質是相近的，具體要求與期待發展也是近似的，都是培養孩子面對未來、解決問題、提升國際競爭力的能力，都期待孩子可以「自發」、「互動」、「共好」，希望孩子可以成為更好的自己，擁有各種能力與態度、品格，迎向未來的挑戰。

　　美國哲學家和教育家杜威說：「教育不是一件『告訴』的與『被告訴』的事情，而是一件主動的、建設的歷程。」教育的目的，是在育人、教人。所以，**教師要教學生（教人），而不是教書（教東西）**。現在的課堂教學，不應包辦替代學生的學習，讓學生成為學習的配角；現在的課堂教學，要以學生為主體，以培養學生的自學力為目標；現在的課堂教學，不再是教應試的標準答案，是要教思考、辨析能力；語文教學更不應該餵食答案，因為答案永遠餵不完，因為知識背後仍然有「為什麼」，只有「知其所以然」，知識才會儲存在長期記憶裡；因為在知識經濟時代，填鴨死背的機械教育訓練無法讓孩子面對未來有生存力，更遑論競爭力了。我深深的相信：只要給孩子空間，只要為孩子搭好扶手，孩子就會呈現出無限的創意和精采，課堂將會充滿歡笑與樂趣。

　　學生發展核心素養是發展適性揚才，落實立德樹人的一項重要舉措，也是適應世界教育改革發展趨勢的迫切需要。語文教學基於這樣的發展要求與潮流衝擊下，原始的學科知識與能力更需拓展。也就是說，除了在原本課程的加深加廣外，思考力的訓練，批判性思維的能力更是迫切。而這些素養或能力的培養，更需仰賴閱讀、寫作的澆灌，讓孩子能讀懂、寫好。

## 習得能力，形塑語文素養

　　教育的目的是培養有學習能力的自主學習者，所以引導孩子主動求知是我們的總原則。孩子的學習受幾個方面影響：**1.學習意願、2.自信心、3.學習興趣、4.學習能力、5.吸收知識、6.訓練技能**。所以，身為師長，我們需要八大工具：**1.愛、2.鼓勵、3.讚賞4.示範、5.帶動、6.引導、7.確認、8.感覺傳遞**。

　　二十一世紀，閱讀力是決定個人競爭力的關鍵核心。面對充斥氾濫的文書資訊，閱讀力越強的人，越有能力蒐集、理解、判斷資訊，並運用資訊，才能有效參與現代社會的複雜運作。

　　在教學現場，我們經常看見教師的教學，一般可分為三種教學類型：以教師經驗出發、以教科書為依歸、依照課程標準。

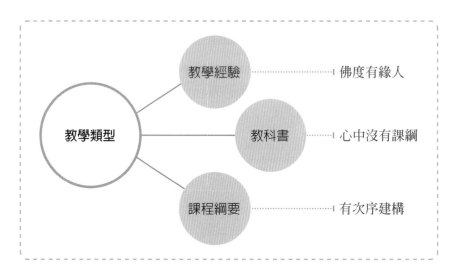

　　若依照教師經驗出發者，那教師的個人經驗會深深影響學生學習，可能得看孩子遇到什麼樣的老師，真的是有「佛度有緣人」的感慨了；以教科書為依歸者，將教科書奉為聖經，不知道教材是教

孩子能力的例子罷了，把教材裡的知識讓孩子學得通透，但未必能學習遷移；依照課程綱要設計教學者，能循序漸進、有次序的建構教學體系，讓孩子一步一步跟著教師，習得該有的知識與能力。所以，我們的課程教學，實在必須配合課綱進行有計畫、有辦法的課堂設計。

臺灣從實施中小學九年一貫以來，課程綱要（簡稱課綱）語文學習領域（國語文）從92課綱微調到97課綱（也稱100課綱），到現今的108課綱，雖是大同小異，但也有些修正之處。108課綱各領綱首重核心素養與學習重點。108課綱將各領域的學習重點分為：「學習表現」（學習過程中表現行為）和「學習內容」（學習過程中的知識內容）兩個向度。教學時，依據學習重點的具體內涵，加上教師的教學方法，即能完整實踐素養導向教學的課程。

## 國民小學語文領域學習重點要旨

**學習表現**
▶ 重視語文的應用，打下聽、說、讀、寫的根基
▶ 培養不同文本的學習策略與解決問題的能力
▶ 發展正確的語文學習態度

**學習內容**
▶ 以白話文為主，逐步認識五大文本的特色
▶ 接觸日常生活中的多元文類型態

「學習表現」的內涵，和之前課綱中的能力指標較為近似。例如下表：

| 92課綱（國小分2階段）學習表現 | 97課綱（100課綱）（國小分3階段）學習表現 | 108課綱（國小分3階段）學習表現 |
|---|---|---|
| A. 注音符號<br>B. 聆聽<br>C. 說話<br>D. 識字與寫字<br>E. 閱讀<br>F. 寫作 | 1. 注音符號<br>2. 聆聽<br>3. 說話<br>4. 識字與寫字<br>5. 閱讀<br>6. 寫作 | 1. 聆聽<br>2. 口語表達<br>3. 標音符號與運用<br>4. 識字與寫字<br>5. 閱讀<br>6. 寫作 |
| F-1-3 能認識各種文體的寫作要點，並練習寫作。<br><br>F-2-3 能認識各種文體，並練習不同類型的寫作。 | 6-1-3 能運用各種簡單的方式練習提早寫作。<br>6-2-2 能運用各種簡單的方式練習寫作。<br>6-3-4 能練習不同表述方式的寫作。 | 6-I-3 寫出語意完整的句子、主題明確的段落。<br>6-I-4 使用仿寫、接寫等技巧寫作。<br>6-II-3 學習審題、立意、選材、組織等寫作步驟。<br>6-II-4 書寫記敘、應用、說明事物的作品。<br>6-II-5 仿寫童詩。<br>6-II-6 運用改寫、縮寫、擴寫等技巧寫作。<br>6-III-3 掌握寫作步驟，寫出表達清楚、段落分明、符合主題的作品。<br>6-III-4 創作童詩及故事。<br>6-III-5 書寫說明事理、議論的作品。<br>6-III-6 練習各種寫作技巧。 |

上表是以寫作目標為例：

早期92課綱中的語文能力指標，將國小分成二大階段，以英文代號代表類別，例如：

F-1-3能認識各種文體的寫作要點，並練習寫作。

第一個英文字F代表類別，即寫作類。

第二個數字代表階段。（1代表1～3年級，2代表4～6年級）

第三個數字代表內涵。

但實施若干年之後，發現與現場教師的教學有出入，因為課堂中1、2年級會是一個學段，通常會由導師負責；3、4年級，5、6年

級亦是如此。所以，在100課綱中，做了若干修正。最明顯的是將小學國語文從二階段變成三階段，能力指標的類別也從英語代號改為數字。例如：

6-1-3能運用各種簡單的方式練習提早寫作。

第一個數字6代表類別，即寫作類。

第二個數字代表階段。（1代表低年級，2代表中年級，3代表高年級）

第三個數字代表內涵。

而108課綱中，學習表現也是分三個階段，但學段改用羅馬數字標示。例如：

6-I-4 使用仿寫、接寫等技巧寫作。

第一個數字6代表類別，即寫作類。

第二個數字代表階段。（I代表低年級，II代表中年級，III代表高年級）

第三個數字代表內涵。

大陸的課程標準中，小學的學習階段與臺灣現今相同，都是分三個學段。

第一學段（1～2年級）

第二學段（3～4年級）

第三學段（5～6年級）

每個學段各有五個學習目標，分別是：

❶ 識字與寫字　　　　❹ 口語交際

❷ 閱讀　　　　　　　❺ 綜合性學習

❸ 寫話（第一學段）；
習作（第二、三學段）

| 臺灣語文學習表現 | 共同點 | 大陸語文學習目標 |
|---|---|---|
| ① 聆聽<br>② 口語表達<br>③ 標音符號與運用<br>④ 識字與寫字<br>⑤ 閱讀<br>⑥ 寫作 | 小學都分三個階段<br>都有：<br>▶ 口語表達（口語<br>　交際）<br>▶ 閱讀<br>▶ 寫作（習作） | ① 識字與寫字<br>② 閱讀<br>③ 寫 話（第 一 學<br>　段）；習作（第<br>　二、三學段）<br>④ 口語交際<br>⑤ 綜合性學習 |

　　以能力取向的指標來看，兩岸有許多相似處，例如都有識字與寫字、閱讀、寫作（大陸稱習作），都重視口語表達。只是大陸在寫作方面區分得更具體，低年級是寫話，中高年級才是寫作。而臺灣在低年級學習表現的細項中，也是要求低年級可以觀察、練習運用基本句型寫句子或段落。例如：

　　6-I-1 根據表達需要，使用常用標點符號。

　　6-I-2 透過閱讀及觀察，積累寫作材料。

　　6-I-3 寫出語意完整的句子、主題明確的段落。

　　6-I-4 使用仿寫、接寫等技巧寫作。

　　6-I-5 修改文句的錯誤。

　　6-I-6 培養寫作的興趣。

　　比較特別的是，兩岸雖然都強調閱讀，但是，大陸的《語文新課程標準》明文規定學生課外閱讀總量，例如：

| 第一學段<br>（低年級） | 第二學段<br>（中年級） | 第三學段<br>（高年級） |
|---|---|---|
| 7.積累自己喜歡的成語和格言警句。背誦優秀詩文50篇（段）。課外閱讀總量不少於5萬字。 | 8.積累課文中的優美詞語、精采句段，以及在課外閱讀和生活中獲得的語言材料。背誦優秀詩文50篇（段）。 | 7.誦讀優秀詩文，注意通過語調、韻律、節奏等體味作品的內容和情感。背誦優秀詩文60篇（段）。 |
|  | 9.養成讀書看報的習慣，收藏圖書資料，樂於與同學交流。課外閱讀總量不少於40萬字。 | 8.擴展閱讀面。課外閱讀總量不少於100萬字。 |

（語文課程標準：課程目標與內容（二）「閱讀」）

也就是說，大陸有明訂課外閱讀總量：1～2年級不少於5萬字，3～4年級不少於40萬字，5～6年級不少於100萬字。而臺灣則是站在鼓勵閱讀的角度，並未規範閱讀內容和總量。例如100課綱與108課綱：

| 低年級<br>（第一學段） | 中年級<br>（第二學段） | 高年級<br>（第三學段） |
|---|---|---|
| 5-1-4 能喜愛閱讀課外讀物，擴展閱讀視野。 | 5-2-4 能閱讀不同表述方式的文章，擴充閱讀範圍。 | 5-3-4 能認識不同的文類及題材的作品，擴充閱讀範圍。 |
| | 5-2-11 能喜愛閱讀課外讀物，主動擴展閱讀視野。 | |

（100課綱的閱讀能力指標）

| 低年級<br>（第一學段） | 中年級<br>（第二學段） | 高年級<br>（第三學段） |
|---|---|---|
| 5-I-3 讀懂與學習階段相符的文本。 | 5-II-11 閱讀多元文本，以認識重大議題。 | 5-III-11 大量閱讀多元文本，辨識文本中重大議題的訊息或觀點。 |
| 5-I-9 喜愛閱讀，並樂於與他人分享閱讀心得。 | 5-II-10 透過大量閱讀，體會閱讀的樂趣。 | 5-III-10 結合自己的特長和興趣，主動尋找閱讀材料。 |

（108課綱閱讀的學習表現）

　　兩岸都推廣課外閱讀，臺灣希望孩子大量閱讀，但是以期望、鼓勵的方式；大陸明訂課外閱讀總量。所以2015年英春老師來臺講課時就提過海量閱讀，這都是具有異曲同工之妙，強調廣泛閱讀的重要。

　　面對現今的知識經濟時代，面對人工智能即將取代傳統人力的世代，資訊如潮水般湧來，我們總希望可以讀「快」一點，這樣才能讀「多」一點。然而，要想學得更多，就必須懂閱讀，**因為讀得懂，所以才讀得多、讀得快**（從中找到方法）；而不是因為讀得快，所以讀得多。經常閱讀的孩子，自然會發展出一種「文字反芻」的能力，閱讀經驗會讓他知道，記敘文的重點大都應該會在最後一段，不管是作者的心情、感受或是啟示，都會在結束前做總結。經常閱讀的孩子，閱讀經驗會讓他有統整歸納的能力，例如透過文字的描寫，即使作者文章內沒有明確說出文章中的人物具有的個性或特質，經常閱讀的孩子卻可以自動統整總結出自己的思維與看法，詮釋整合，歸納判斷，從文章中找出支持的理由。

　　另以寫作而言，108課綱的學習重點是規範寫作文類和技巧，並未對次數（篇數）有規範。例如：

● 中年級

　　6-Ⅱ-4 書寫記敘、應用、說明事物的作品。

　　6-Ⅱ-5 仿寫童詩。

　　6-Ⅱ-6 運用改寫、縮寫、擴寫等技巧寫作。

● 高年級

　　6-Ⅲ-4 創作童詩及故事。

　　6-Ⅲ-5 書寫說明事理、議論的作品。

　　6-Ⅲ-6 練習各種寫作技巧。

● 而大陸則明訂習作的次數。例如：

　　6. 課內習作每學年16次左右。（「習作」第二學段）

　　5. 習作要有一定速度。課內習作每學年16次左右。（「習作」第三學段）

　　我們的語文教學，同中有異，異中有同。相異之處當然是各自的社會與教育發展所形成的不同；而相同的地方，當然是建立於語文教學的發展，還有奠基於孩子的認知心理發展的基礎上。兩岸對語文教學的要求，相同的是都指向語用，都強調好好耕耘語文本體教學這塊田地，都重視閱讀與寫作，都是透過把學習權還給學生，建置真正帶得走的能力，提升語文素養。

## 兩岸教材大不同

課堂是學校教育的主軸。文本是「有什麼」，課程是「教什麼」。

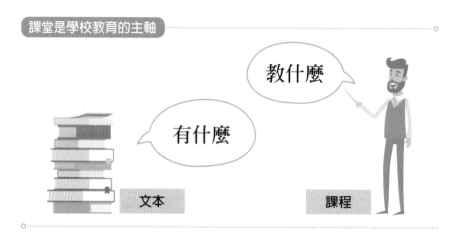

課堂是學校教育的主軸

教什麼

有什麼

文本　　　　　課程

　　教材（教科書）是課程綱要的具體化，影響教師教學和學生學習至鉅。教材，在語文教學中占有非常重要的位置，是教師讓學生學習語文能力的例子。教材和一般的讀本是不同的，因為被賦予的責任不同，所以我們要先認識「教材」的目的，才能正確運用。麗雲本身編寫教材已長達十多年，深深知道，編寫教材是一件非常複雜龐大且辛苦至極的工作，因為整個課程體系必須在腦海裡清楚成型，因為教材和一般文本不同，所以，教材的文本很特別，也有人戲稱是「教科書體」。但唯有清楚認知「教材」的角色，我們清楚知道編者意圖，教學時才不會誤會或誤用它，才能讓它發揮最佳、最大的價值。

　　所有的文本進入教材之後，便具有二種價值：**原生性的閱讀價值，創生性的教學價值**。文本一旦成為課程的教材後，這個文本便

兼具教學使命，教師要從「教課文」到讓學生「學語文」，所以，不僅要知道文本「有什麼」，還要思考教材「教什麼」，一切都要符合語文的核心價值；接著思考「怎麼教」、「教到什麼程度」。

| 評量 | | 語文教學 | | 目標 | |
|---|---|---|---|---|---|
| 學生學到什麼 | | 的思考 | | 為什麼教 | |

| 教師 | 教法 | 教材 |
|---|---|---|
| 教到什麼程度 | 怎麼教 | 教什麼 |

　　一般語文教師在課堂上所使用的教材是教科書。教科書是文本、編者、教師、學生一起對話的地方。兩岸的教科書，在一綱多本的精神下，創造出屬於自己的獨特風格。分析彼此的課例，對我們的語文教學意義是深刻且重要的。多年前，我和幾位伙伴曾做過兩岸教材的比較。當時我們所做的是高年級（第三學段）四冊課文各選一個版本進行精密的比較。當時選擇兩岸市占率相對高的版本進行比較。於是，選用了臺灣市占率最高的康軒版和大陸較為通行的人教版進行評比。迄今，身為參與臺灣教材編寫者的我，也經常翻閱大陸課文，對於兩岸教材的差異，不管是課次量還是取材內容的迥異，都有很深入的看法。兩岸課文的差異，基本上有以下幾點：

❶ 數量：大陸課文相較於臺灣課文，最明顯的是數量懸殊。大陸一冊課文30～40課，而臺灣目前只有14+2課（14課課文+2課閱讀課文），數量可能未及二分之一。

❷ 大陸課文分為精讀課文、選讀課文，中高年級還有略讀課文；而臺灣課文並未區分，因為課數少，所以每一課都是精教精讀。

❸ 臺灣一週的語文課大約是5～6節課（課時），所以平均一週只教一篇文章；而大陸約1～2節課（課時）便需完成一課課文。

❹ 內容：大陸課文詞語生難，語言簡練，結構清晰，但學生的經驗相對缺乏；而臺灣課文內容相對淺白簡短，卻很生活化，大部分從孩子的經驗入手。

❺ 兩岸課文的作／編者編配，都是以**現當代作家的選文比例居冠**，也有編輯部自行創作、古典文學和外國作家的作品。從外國作家作品的比例觀之，人教版則較康軒版高出許多，學生可從中閱讀更多的翻譯作品，認識外國作家，開闊視野。

❻ 以課文文體編排來看：**記敘文**比例皆居冠，人教版高於康軒版許多（當然也因課次多很多之故）**說明文**比例差異不大，唯呈現方式不同，人教版會排一整個單元都是說明文；康軒版在每冊都會出現，但散見於各單元。**議論文**的編排，人教版至第十二冊才出現，篇數不多；康軒版在第九、十、十一、十二冊陸續出現。**應用文**，人教版形式較為多樣化（採訪稿、日記、演講稿），康軒版只出現日記及書信、採訪稿。**詩歌**，人教版和康軒版都有現**代詩和古典詩詞**。康軒版在高年級才會出現古詩詞和古文（課綱中，文言文是在第三階段才出現），人教版則很早就出現。

**7** 臺灣的教材是以單元方式出現，每冊課本四個單元，每個單元都有單元主題名稱（每個單元主題都有3～4課）。而大陸課文是一組一組的，沒有單元主題名稱，但每一組課文前都有引導文，寫出教學重點與目標。

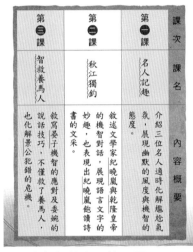

第一單元

機智的故事

本單元透過閱讀古今名人的故事，從他們身上，可以知道面對尷尬、緊張或危急的場面時，若能展現幽默與機智的風采，將可以巧妙化解困難與危機。讓我們一起學習名人處世的態度，成為一個善用智慧、隨機應變的人。

| 課次 | 課名 | 內容概要 |
|---|---|---|
| 第一課 | 名人記趣 | 介紹三位名人適時化解尷尬氣氛，展現幽默的風度與機智的態度。 |
| 第二課 | 秋江獨釣 | 敘述文學家紀曉嵐與乾隆皇帝的機智對話，展現語言文字的妙趣，也表現出紀曉嵐飽讀詩書的文采。 |
| 第三課 | 智救養馬人 | 敘寫晏子機智的應對及委婉的說話技巧，不僅救了養馬人，也化解景公犯錯的危機。 |

臺灣康軒版第九冊第一單元

**8** 大陸的教材具有國家意識，人教版每冊就均有這樣的主題，介紹共產黨員、忠心愛國的人物等。而臺灣的語文教材基本是圍繞著孩子的生活經驗，沒有任何政治人物的相關介紹。

大陸人教版

❾ 臺灣的教材每個單元後面都有統整活動，所以每一冊各有四個統整活動。康軒版的「**統整活動**」，各有2～4個學習主題，分別以說明、舉例、圖片、操作等方式，教導各項的程序性知識，沒有固定形式，依所介紹的內容呈現不同面貌。人教版的「**綜合性學習**」只著重在詮釋一個主題，呈現方式皆是固定的，有其單元名稱（遨遊漢字王國、走進信息世界、輕叩詩歌的大門、難忘小學生活），皆分成二項：1.活動建議：提示學生的學習活動及重點；2.閱讀材料：配合該單元內容的詩或文。康軒版的「統整活動」，聚焦在**閱讀**、**寫作策略**部分，每一冊都有讀寫相關策略與知識介紹，包含「**修辭技巧**」在內。

最特別的是，2017年9月後，大陸全國小學生和初中生將陸續使用「部編本」語文教材，各種版本教材將陸續退出舞臺。（大陸在2017年8月前，語文教材編寫出版是「一綱多本」，小學有12種版本，初中有8種版本）。2019年9月後，大陸初中和小學（1-6年級）的語文教材，都將統一使用「部編本」。

大陸新的「部編本」有一個非常明顯的變化：**傳統文化的篇目增加了**。小學一年級開始就有古詩文，整個小學6個年級12冊共選優秀古詩文124篇，占所有選篇的30%，比原有人教版增加55篇，增幅達80%。平均每個年級20篇左右。初中古詩文選篇也是124篇，占所有選篇的51.7%，比原來的人教版也有提高，平均每個年級40篇左右。體裁更加多樣，從《詩經》到清代的詩文，從古風、民歌、律詩、絕句到詞曲，從諸子散文到歷史散文，從兩漢論文到唐宋古文、明清小品，均有收錄。革命傳統教育的篇目也占有較大的比重。小學選了40篇，初中29篇。魯迅的作品選有〈故鄉〉、〈阿長與山海經〉等9篇。

「部編本」力圖突破既有的模式，在突出綜合能力的前提下，注重基本寫作方法的引導。寫作方法和技能訓練的設計編排照顧到教學順序，讓老師能夠落實，克服隨意性。但也注意到避免應試式的反覆操練。這些想法與麗雲所主張的各年級訓練學生閱讀、寫作能力序列的概念，非常近似。

大陸統一的「部編本」和之前的教材有著若干的改變。關於「部編本」教科書的編寫理念，崔巒老師（人民教育部編審，大陸教育部課程教材研究所研究員）曾說：

1. 語文教材要把立德樹人放在首位，來解決育什麼人、育什麼樣的人的問題。要通過語文學習，潤物無聲、潛移默化地幫助學生成為有信仰的、有道德的人。

2. 把語文素養作為壓艙石來解決基本能力的問題。包括聽說讀寫書，其中有寫字，書法。強調要識好字，寫好字，要有一定的詞彙量，打好語文基礎。爭取讓學生們多識字、早讀書，同時還要解決學生閱讀能力不強、閱讀量太少的問題。部編本語文教材總主編溫儒敏教授說部編本從小學到高中就是要根治語文教學中，內容分析多，讀書少的頑疾。

3. 要解決由於老師指導弱，學生練習少而導致的習作（臺灣稱寫作）能力不強的問題，還有教材結構上人文主題突出，讀寫訓練系統過於模糊的問題。要把培養學生讀書習慣做為重要任務，使讀書成為學生的一種生活方式，讓孩子由愛閱讀到堅持讀到養成習慣，最終讓閱讀成為生活的一部分。

4. 要在用中學會解決實際問題。把服務日常學習和生活，作為語文學習的出發點和歸宿。解決語文教學和語文學習與日常生活

語言文字運用脫節的問題。不僅要在口語交際課上練口語，在課堂作文中練習寫作，還要引導學生在生活當中學語文。

所以，「部編本」語文教材的改變是：

1 主張在教材中體現，多認少寫，認寫分開。

在教材中體現把課堂識字和在生活中自主識字的無師自通結合起來，最終能夠獨立地在生活當中識字。為此，小學的「部編本」教材在低、中年級每個單元後邊的語文園地設了一個「識字加油站」的欄目，每次引導學生在一個方向一個領域一個方面自主識字，引導學生對識字有興趣，漸漸地養成隨時隨地識字的習慣。同時加強寫字指導，在每個單元的語文園地裡設了「書寫提示」的欄目，歸類的、整合的來指導學生寫好一類字。

2 在閱讀方面，教科書努力體現單篇教讀、群文閱讀、讀整本書的閱讀一體化。將課內閱讀向課外閱讀延伸，於是，教科書裡採取了一系列的措施。首先，更新課文。「部編本」小學語文教科書新換的課文大約有一半（1/2），在歷次的教材編寫中是更換課文最多的一次。以前一般差不多更換1/3，其中，古詩文有較大幅度的增加。小學階段，12冊教科書引導學生讀誦古詩文、小古文一共是129首／篇，約占課文總量的1/3，增加的幅度很大。目的是引導學生多讀一點古詩詞、小古文，不僅可以感受文言，傳承文化，培養文言文書面語的語感，有助於學生們深入的理解今天的語言。因為，在文言裡有70%的詞彙、詞義，還活在現代語言裡，讀文言有助於更深入理解今天的語言。其次，採用雙線結構來組織單元。以往都是突出人文主題，這次的雙線結構一條線是人文主題線，一條線是語文要素線。語文要素主要包括讀和寫的訓練重點，還有閱讀和寫作的方法策略等。

**3** 從三年級開始，編排了閱讀策略指導的單元，把一些常用的閱讀策略做為單元的訓練點來組織成「**閱讀策略單元**」。如預測、提問、閱讀速度、帶著目的來閱讀等等。這是希望老師在閱讀教學要加強讀書方法策略的指導。低年級要引導學生借助圖畫閱讀，讀文字想畫面；中年級學生要學會帶著問題讀書，邊讀邊畫批註，學習閱讀群文，進行比較閱讀，還要讀文字書，兒童文學書。高年級學生要引導讀整本書後，學會整體把握，讀後要有自己的個人感受，要學讀非連續性文本，課外，要讀一些名著。此外，在閱讀方面，「部編本」還增設了「快樂讀書吧」（後改為「我愛閱讀」）、「和大人一起讀」兩個欄目，體現了親子閱讀的理念，這些措施都是為了提高閱讀的量和質。

**4** 加強語言文字的運用。

在課後增加了語言文字運用的練習，低年級側重詞和句，中年級側重句和段，高年級側重段和篇，在單元後的語文園地設立了語言文字運用欄目，在課後或者單元中靈活的穿插了各種形式的小練筆，增加練習的次數。例如三年級安排了「就社會上的某一種現象談談你的看法」這樣的練筆，跟北京高考的微寫作（談談你對家長送考的看法。）的內容和形式是很貼近的。三年級也設立習作（寫作）單元，這是以往的各個版本教材沒有的。這是為了局部解決語文教科書重閱讀輕寫作的問題（不可能根治）。從三年級開始設習作單元抓住一個關鍵點，培養學生的習作能力。同時，為了加強語言文字運用，從三年級開始設語文的綜合性學習。

　　當然，語文能力的學習，重點不在於教材，而繫於教室的靈魂人物——教師。

我們應該把世界當成教材，而不是把教材當成世界。課堂，是教材、教師、學生三者完全對話的過程，每一個課堂都是不可重複的激情與智慧激盪所生成的過程。教師應用**教材教，而非教教材**。

優秀的教師拿到任何文本教材，當然都可以教出語用能力；但一般課堂上每一位教師未必能立即快速的掌握語文核心價值。教材，是希望每一位教師都能：會用、適用、慧用。所以，若能擁有好的教材文本，以兒童的角度思考，以兒童的學習視角解讀的好教材，教師能發揮語用的傳情達意，教師的教、孩子的學，會更是輕鬆愉快有效益，才能發揮語文教育最大的價值，不是嗎？

##  未來語文課程與教學改革方向

世界在改變，世代在改變，時代在改變，許多的教育理念、思維、課程、教學，都必須跟著時代脈動一起改變。但是，這其間，唯一不變的是——「人」，這是一個「人」的社會，這也是一個「人與人」的世界，尤其是教育現場，我們面對的是「人」，我們教的也是——「人」。

課程與教學，最重要的關鍵點在「教師」。教師的認知，深深影響課程與教學的改革。教師的教學必須有明確的目標，具體的步驟，生動的方法。未來的世界瞬息萬變，我們的孩子唯有擁有品德力、自學力、創造力，才有能力面對未來的世界潮流。全人教育、適性揚才就是我們教育需要的目標，而這一切，需要跨界閱讀來形塑。這時候，「語文」就顯得非常重要了！

余光中教授曾說：「國家的文化是一個大圓，圓心無所不在，圓周無處可循，而，語文就是半徑。」是的，語文是國家的命脈，是學習所有學科的基礎。如何適切的傳情達意，如何與外界溝通互動，語文是第一個關鍵。換言之，要形塑孩子核心素養，許多課程與教學就需要改變。素養導向教學課程設計，也強調：**整合知識、技能與態度，情境脈絡化的學習，學習方法及策略，活化實踐的表現**。如圖：

**課程的改變（教師）── 朝向素養導向的教學**

**①** 領域核心素養、理念目標、學習重點、融入議題、跨領域（學科）

**②** 整合知識、技能與態度　情境脈絡化的學習　學習方法及策略　活化實踐的表現

1. 整合知識、技能、態度：強調學習是完整的，不能只偏重知識層面。
2. 注重情境化、脈絡化的學習：能將學習內容和過程與經驗、事件、情境、脈絡進行適切結合。
3. 兼重學習歷程、策略及方法：課程規劃及教學設計能結合學習內容與探究歷程，以陶養學生擁有自學能力，成為終身學習者。
4. 強調實踐力行的表現：讓學生能學以致用，整合所學遷移應用到其他事例，或實際活用於生活中，更可對其所知所行進行外顯化的思考，而有再持續精進的可能。

資料來源：國教院

改變與出發，都需要方向，我認爲語文教學要符應未來世界，有幾個方向可以思考：

## 注重語文實踐 🖉

我認爲：**語文素養是在語文實踐中提升的**。素養教育強調以學生爲主體進行教學，教學取向著重學生學習歷程中的體驗。大陸的義務教育語文課程標準也是如此說：「語文課程是一門學習語言文字運用的綜合性、實踐性課程。」（2011年版）

讓學習與眞實生活產生連結，學生更能清楚知道學習的意義與需要。語文本就源自於生活，教師要努力創造情境，讓學生有**情境脈絡化的學習**，課堂上有**學習方法及策略**，能整合知識、技能與態度，重要的是有活用實踐的表現。有句話說：「告訴我，我會忘記；教我，我會記得；讓我參與，我會學到。」所有的學習在實踐中都是最深刻的。

語文課程致力於培養學生的語言文字運用能力，提升學生的綜合素養，爲學好其他課程打下基礎；爲學生形成正確的世界觀、人生觀、價值觀，形成良好個性和健全人格打下基礎；爲學生的全面發展和終身發展打下基礎。

臺灣108課綱提到：

語文教育旨在培養學生語言溝通與理性思辨的知能，奠定適性發展與終身學習的基礎，幫助學生了解並探究不同的文化與價值觀，促進族群互動與相互理解。

所以，語文教學最重要的是從實踐中習得語言文字的運用，教師引導，學生自主，而不是知識的灌輸和片段的記憶。現在很多教學爲了應試，幾乎是把語文教學當成知識影印機，要孩子死背活

背，這樣的學習讓孩子卻步，也不曉得學習語文是要做什麼用。目前，兩岸核心素養都強調「**社會參與**」，就是重在**活用學習**。

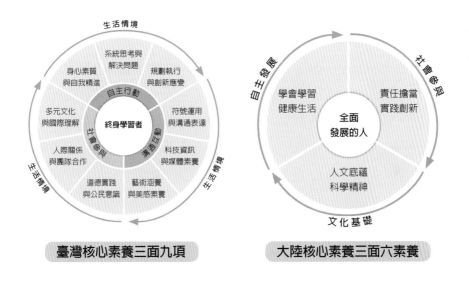

臺灣核心素養三面九項

大陸核心素養三面六素養

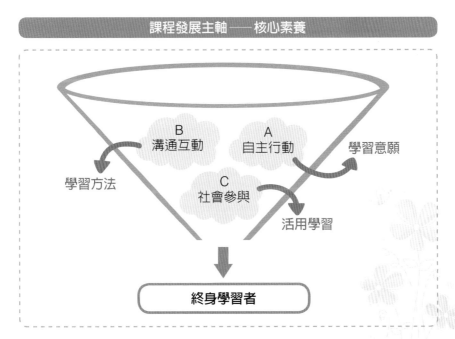

所以，語文課一定要在實踐中完成，讓學習與生活真正接軌，學能所用，學為所用，提高學習意願，提升學習效益。

## 聚焦語文學科本質

　　語文課堂裡，因為文本都是一篇篇的文學作品，教學目標不像數學、自然科學那麼簡單清楚，從單元名稱一看就知道要教什麼。所以，語文課經常是不知不覺耕了別人的田，教師用了很多力，學生的語文能力卻未見提升。那就得回頭思考：教學目標是否符合語文的學科本質，還是不小心把語文課上成社會課、自然課，或人生情感課。換言之，語文課要更聚焦於工具性和人文性的有效協調，要把「語言文字的學習、理解、運用」放在第一個重要的位子。

　　例如：〈音樂家的故事〉，音樂老師關注在教導音樂家的創作歷程和音樂家的生平故事；語文老師聚焦於介紹讀懂名人傳記的書寫方式。〈飛向藍天的恐龍〉，社會或科學老師教導恐龍演化的過程與科學探究的思辨；語文老師則是藉文章當例子介紹說明文的閱讀寫作方法；〈海豚〉，自然科學老師強調海豚的生態與知識，語文老師教導說明文的特色。唯有聚焦語文學科本質，學生才能有語用能力。我看過老師上〈曹沖秤象〉，整堂課一直教導如何秤重，一直在鑽研如何教導秤出大象的方法。其實，這一課應該教導敘事順序的連接詞（首先……接著……然後……最後……）的使用，才合乎語文的學科本質。教師理念無論如何先進，教法無論如何創新，語文課始終要聚焦語文學科的核心素養，才能培養學生真正的語用能力。

## 加強閱讀寫作能力 ✐

　　閱讀力是學習力的基礎，寫作力是批判性思考的起點。未來的**5G**世界，人工智慧（AI）將會取代人類很多工作。傳統教育重視的讀（reading）、寫（writing）、算（arithmetic）**3R**能力，已無法應付複雜的環境和新型社會；強調以解決問題為導向的**4C**能力：批判思考與解決問題（critical thinking and problem solving）、有效溝通（effective communication）、團隊共創（collaboration and building）、創造與創新（creativity and innovation）是最重要的。越是這樣的高科技時代，閱讀寫作的能力更顯重要。蘋果公司執行長提姆·庫克（Tim Cook）：「我不擔心人工智慧會取代人類……我擔心的是人類變得越來越像機器，失去了價值與熱情。而唯有提升讀寫素養，才能讓我們的孩子活得『更像人』。」所以，大陸的清華大學2018年開始，將寫作課列為所有大一新生的必修課。只有讀，才會讀；只有寫，才會寫；只有多寫，才會寫好。未來的網路世界，與人溝通互動，除了雲端視訊面對面的口語交際能力之外，更重視的是文字精準的傳達。訓練「獨立思考」最好的方法是寫作和閱讀。愛因斯坦說：「任何人閱讀太多，但是實際應用太少，就會淪落為懶惰思考。」閱讀能教會學生尊重生命、仰望未來；寫作能帶領他們擁抱世界，改變一生。 所以，語文課將會以加強閱讀、寫作能力為主軸，培養孩子的思考與思辨能力。以我常用來培訓語文教師備課思考的圖，說明語文課將更加強閱讀寫作能力的訓練。

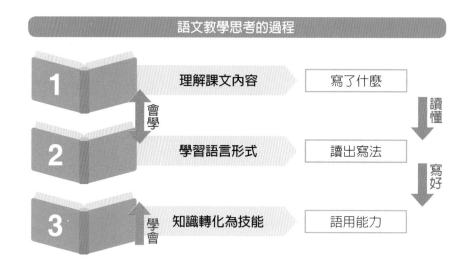

語文教學思考的過程

| 1 理解課文內容 | 寫了什麼 |
| 2 學習語言形式 | 讀出寫法 |
| 3 知識轉化為技能 | 語用能力 |

會學 學會 讀懂 寫好

## 突出學習策略與方法

　　教學，不是灌輸知識，而是給予學生一把打開知識大門的鑰匙。教學，是教如何學，給方法才有用，才能學習遷移，培養自學力。知識經濟時代，資訊如潮水般湧來，書永遠讀不完，問題常是第一次出現，沒有前人經驗可供借鑒。擁有「自學力」才能擁有競爭力。所以，語文教師一定要先教導閱讀學習策略，這樣孩子才能學習遷移，將知識活化。

　　例如2018年臺灣學測的寫作能力測驗，給了一首楊牧的詩〈天〉：

> 你在傾聽小魚潎瀲的聲音
> 張望春來日光閃爍在河面
> 微風吹過兩岸垂垂的新柳
> 野草莓翻越古岩上的舊苔
> 快樂的蜥蜴從蟄居的洞穴出來

看美麗新世界野煙靄靄——

在無知裡成型。你在傾聽

聽見自己微微哭泣的聲音

一片樹葉提早轉黃的聲音

然後，提問：問題（一）：詩中有聲音的傾聽，有視覺的張望，也有快樂與哭泣。作者描寫春天的美麗新世界，但詩題為何命名為〈夭〉？請從詩句中的感官知覺與情感轉變加以說明。

一看就知道，這是評量學生預測策略（標題）的能力，能根據已知的訊息加上線索推論、預測標題。會預測標題，才能審題。所以即使學生沒讀過這首詩，但讀過「桃之夭夭，灼灼其華」，知道〈夭〉是「草木茂盛的樣子。」就能運用預測策略進行解題。

108課綱「學習表現」中就明訂在各學段要教導閱讀策略。例如：

| 讀書方法、閱讀技巧、策略 | |
|---|---|
| 第一階段<br>（低年級） | 5-I-4 了解文本中的重要訊息與觀點。<br>5-I-6 利用圖像、故事結構等策略，協助文本的理解與內容重述。<br>5-I-7 運用簡單的預測、推論等策略，找出句子和段落明示的因果關係，理解文本內容。 |
| 第二階段<br>（中年級） | 5-II-3 掌握句子和段落的意義與主要概念。<br>5-II-6 運用適合學習階段的摘要策略，擷取大意。<br>5-II-7 就文本的觀點，找出支持的理由。<br>5-II-8 運用預測、推論、提問等策略，增進對文本的理解。<br>5-II-9 覺察自己的閱讀理解情況，適時調整策略。 |

| 第三階段<br>（高年級） | 5-III-4 區分文本中的客觀事實與主觀判斷之間的差別。 |
| | 5-III-6 熟習適合學習階段的摘要策略，擷取大意。 |
| | 5-III-7 連結相關的知識和經驗，提出自己的觀點，評述文本的內容。 |
| | 5-III-8 運用自我提問、推論等策略，推論文本隱含的因果訊息或觀點。 |
| | 5-III-9 因應不同的目的，運用不同的閱讀策略。 |

　　教方法，才有用。教，是為了不教；學，是為了自學。未來的語文課堂，一定會結合資訊載具，整合後更落實學習策略與方法，讓學生成為學習真正的主人。


## 跨領域整合運用

　　跨領域、生活化的統整學習，是未來教育的焦點，有助於養成孩子創造思考、與人溝通、團隊合作及解決問題等多方面的能力。核心素養導向課程設計關鍵要素，包括「領域核心素養」、「學習重點」、「議題融入」與「跨學科／領域」的統整。核心素養導向教學強調培養學生解決問題的能力，所以，學生運用所學知識，以不同學科／領域分析探究問題，進而提出解決方法。主題式教學，跨領域的統整，議題的融入（可參見附錄二），語文是不可或缺的一環。即使是數學、自然科學或社會科學，也都需要閱讀輸入和語言表達、文字表述。（唯需注意的是，「議題融入」與「跨學科／領域」需視學生學習需求彈性搭配，切莫為融入而融入，加重學生學習負擔，本末倒置。）

　　學習是為了生活，分領域（科）學習的目的是為了打造各課程

所需的基本功。但是，生活是一個有機體，不會只單用某一個領域或學科，所以，跨域整合是必然且必要的趨勢。例如要做繪本，需要的不僅只是語文課，還有藝術美勞課程。香港每個年級的孩子都會做一份主題報告，所運用的學科不僅是語文，還包括對環境的觀察（自然），對周遭的實地踏查（社會）可能還有圖表輔助（數學）、研讀劇本……。許多主題式的綜合課程包含了領域的特性和主題的共性，需要不同領域相互協作。現在很多課程已經開始跨域整合，冀望給孩子一個完整的學習課程，包括國際教育課程、環境教育或是人權教育……。所以，跨學科整合運用是未來語文課的重要發展方向。

## 校本化、多元化、關注非連續性文本

　　未來世界講求創新，教育將以學生為主體，尊重個體多元發展，邁向個性化教學，適性揚才，就需要校本化、多元化。

　　我們一般使用的教材沒有辦法周全照顧到各地差異與學生屬性。試想不同縣市的發展、環境、生活都不同，其中城鄉差異、山巔海邊的殊異更是存在。而未來教育講求適性化，發展校本課程是時代的需求。學校環境不同，學生背景、族群不同，便需要有適合當地學生的課程。校本課程能緊緊的結合地區、學校特色和學生特性。對學生而言，校本課程的教材就是屬於他們的、具有個性的、獨特的、熟悉的、實用的課程。在校本化的課程下，也可以有個性化的設定──教師可以讓不同能力的學生有不同的學習任務，能力較弱的學生需要個別指導加強基本能力（扶弱），學習力強的學生可以按照個人興趣進行深度學習（拔尖）。像這樣與學生生活、程度息息相關的課程，更增添學生學習的意願和趣味，直接影響學習效益。

生活就是一本大書。以前，教科書是全世界；未來，全世界都是教科書。根據十二年國教國語文課程綱要，其基本理念指出語文教學旨在「理解本國語言文字，培養語文能力；經由閱讀、欣賞各類文本，開拓生活視野、關懷生命意義；再經由研讀各類經典，培養思辨反省能力，理解文明社會的基本價值，開展國際視野。」也就是說，未來語文教學的重要目標是培養學生「多元文本識讀素養」，以理解語文，並透過語文理解世界。所以，我們要積極在生活中發掘出教學材料。教科書不是唯一的教材，任何有文字的新聞稿、廣告、說明書、相片、廣播、相聲……都可以是教材。即使教的是古詩詞或是文言文，也要從情境中引導，讓學生理解學這些東西和現今生活的關連，知道為何而學，讓學生感到語文和生活緊密連結。多元而生活化的教材才能啟動學習動機，才能感知學語文是一件有用且有趣的事。

　　一般語文教材都是篇章或是整本書，由句子、段落組成，屬於連續性文本。非連續性文本則是以不同的方式來組成材料，常見的類型有圖表、數據、圖示、地圖、廣告證書等。非連續性文本的閱讀強調閱讀能力的培養與生活相結合，透過閱讀策略、理解推論、歸納統整、比較批判等多角度的引導，讓學生關注日常生活中常見的非連續性文本，更能運用在生活中。非連續性文本的閱讀策略有以下幾種操作形式：

| 步驟 | 內容 |
|------|------|
| 表格統整與歸納 | 根據文本內容做成表格梳理文本內容，也可以進行比較或統整、歸納。 |
| 人物關係圖 | 讀完書籍或故事後，找出書中主要人物，繪製人物角色關係圖。 |
| 比較分析 | 用思考地圖對書中重點或角色進行比較，也可以進行同主題、同作者、同文類比較。 |
| 設計名片 | 閱讀完小說後，教導學生為最具特點的人物設計名片。 |

其實，非連續性文本是現代語文非常重要的一部分，與生活和語用息息相關，而且非連續性文本也是一種做事節奏、思維方式的體現呢！

 ## 落實語用的策略

語文是個工具學科，語文課始終追求工具性和人文性的統一與協調。但最重要的，應該還是語文的實踐性，也就是學語文的目的，是為了「運用」，而不是為了應試與寫作業而已。我們現在真實的語文課堂，包括我看過不少的教學觀摩或公開課，有的教師講述過多，自顧自的跑教案；有的太過喧鬧和浮躁，像綜藝節目，課堂氣氛表面很熱鬧，學生分組討論很活躍，但課堂結束後，問孩子「學到」了什麼語文課程內容，孩子卻答不出來。那麼，我們費盡心力，究竟上了一堂什麼樣的課呢？

好的語文課是一場思維的盛宴，好的語文課就要品味出精采的文字，品讀出語言文字的溫度和熱度，沉浸在文字的曼妙裡，不僅

知其意，還要知其豐富，知其生動形象，最終要能自我咀嚼，優游運用。這樣的教學，學生才會真正提高讀寫力，才能真正有語文表達力。所以，以「語用」為方向，輔以有效的方法，應該是我們可以達到的目標。

所謂「教無定法」，教學沒有絕對的方法，只有相對有效、高效的辦法。因為人生沒有「最」，只有「更」。我們無法達到「最好」，只希望讓教學可以邁向「更好」、「更有效益」的美好境界。我們對教材的解讀，要從表面粗淺的理解走向深刻的感受；而進行教學時，又是從感性走向理性的過程。教學研究的價值在於發展，發展的前提在於不斷的自我省思、修正，讓課程更聚焦，自己更上層樓。為了讓課堂落實語用，為了讓教師教學更有效益，為了學生學習更具體有收穫，以下提供幾個有效策略，協助教師課堂的進行。

一課一重點　讀寫結合　單元統整

## 一課一重點

進行教學準備時，我們會做文本分析。這時，一課只要找到一個教學重點，讓學生結結實實學會「一」種專業的語文能力。所以，我們進行一課的備課時，要經營專賣店，而不是百貨公司。每一課什麼東西都教，每一樣都是重點，那，就是沒有重點。一如走入花園裡摘花，什麼都想摘，什麼都難割捨，就會～越挑越花。

很多教師最大的疑問，是：那這一課，是要教什麼呢？**語文教學，讀法決定教法。**所以，我想，**發現文本最大的教學價值**，找出文章的特色，確認教學目標後，才能進行教學活動與設計。這時，最重要的是記住：**把語文課上成語文課，別耕了別人的田。**例如：〈小孩秤大象〉，重點不是教秤象的原理，而是品味文字如何表達曹沖的聰慧，如何有順序的說明秤象的過程。

## 第13課 小孩秤大象（康軒二下）

「秤出大象有多重了！」聽到大家高聲歡呼，曹操開心的看著曹沖。因為連大人都不知道如何秤大象，小小年紀的曹沖竟然可以想出辦法呢！

有一天，有人送給曹操一頭大象，他很高興，便帶著兒子和親朋好友去看大象。大象高大的身子像小山，粗大的腿像柱子。大家都想知道：這頭大象到底有多重呢？

曹操高聲的問：「誰有方法可以秤出大象有多重呢？」有人說：「可以砍下大樹做成大秤。」有人說：「那也不行，誰有那麼大的力氣提起這個大秤呢？」還有人說：「把大象分成一塊一塊的再來秤。」曹操聽了直搖頭。

這個時候，曹沖走過來說：「我有一個好方法。首先，把大象牽到大船上，看船身下沉多少。接著，沿著水面，在船身上畫一條線。然後，把大象牽上岸，再往船上裝石頭，直到船下沉到畫線的地方。最後，秤一秤船上的石頭，石頭有多重，大象就有多重了呀！」

「把大象分成好幾部分再來秤。」曹操聽了直搖頭，覺得這些方法都不可行。

這個時候，曹沖走過來說：「我有一個好方法。**首先**，把大象牽到大船上，**接著**，沿著水面，在看船身下沉多少。**然後**，把大象牽上岸，再往船上裝石頭，直到船下沉到畫線的地方。**最後**，秤一秤船上的石頭，石頭有多重，大象就有多重了呀！」

岸 少 沉 率 部

所以，習作相關的設計是：**有順序的運用連接詞**。例如：

五、依照洗碗的順序將四幅圖標上①②③④的序號，並填入正確的詞語。

首先 接著 然後 最後

① 將洗碗精擠在菜瓜布上

④ 把碗放到碗架上

② 拿有泡沫的菜瓜布將碗刷乾淨

③ 用清水把碗上的泡沫沖掉

（**首先**），將洗碗精擠在菜瓜布上，擠出泡沫。（**接著**），拿菜瓜布將碗小心的刷乾淨。（**然後**），打開水龍頭，用清水把碗上的泡沫沖掉。（**最後**），把碗放到碗架上，就大功告成了。

我幫媽媽洗碗。

92

確認「教什麼」是教師的首要工作，也是教學成功的首要、最重要的部分。一般，我們可以從文章的形式、內容或大單元的方向

進行思考，當然，臺灣還有「習作」，裡面是編者爲其所設計的工具性練習，也是可以提供思考的部分。又如：

**兩兄弟**　改寫自托爾斯泰　兩兄弟　　（康軒四上第十二課）

　　兩兄弟一起去旅行，半路上發現一塊石頭。上面寫著：「發現這塊石頭的人，就往前走進森林。那裡有一條河，游過河到了對岸，會看到一隻母熊和牠的寶寶。抱走小熊，然後頭也不回的跑到山頂。山頂有一棟房子，在那裡，幸福正等著你。」

　　當他們讀完，弟弟對哥哥說：「走吧！我們照石頭上寫的去做，就能擁有幸福。」

　　哥哥憂心的說：「我不想這麼做，而且，我勸你也別這麼做。首先，誰知道石頭上的話是不是真的？也許它只是開個玩笑，也有可能是陷阱。接著，就算那些話可信，等我們走進森林，天已經黑了，我們會迷失在森林裡，不容易找到那條河。即使找到那條河，如果河寬水急，怎麼游過去呢？就算游過去，要從母熊身邊抱走小熊，不是容易的事。如果成功了，也不可能一口氣跑到山頂。最後，也最重要的是，石頭並沒有告訴我們會得到什麼樣的幸福，可能等在那裡的，並不是我們希望得到的呀！」

　　「那些話說得相當明白。依我看，試一試不會有什麼損失。如果不試，我們什麼也得不到。」弟弟說完就往森林走去，哥哥就回到村中。

　　不久，弟弟發現那條河，他游到對岸，果然有一隻母熊在那裡休息。他偷偷抱走小熊，頭也不回的跑到山頂，有個人出來迎接他，並用馬車載他進城，城裡的人請他當國王。直到鄰國發動戰爭，城市被占領，弟弟只好到處流浪。

　　有一天，弟弟回到村裡，來到哥哥家的門前。哥哥依然住在那裡，沒有變得富有，也沒有變得貧窮。他們見了面很高興，彼此敘述著分開後發生的事。

哥哥說：「你看，我是對的。當年我沒有照著石頭上的話去做，日子才能過得這麼平順；而你，雖然當上國王，卻也遇到很大的難題。」

「我一點兒都不後悔，也不會難過，因為我擁有美好的回憶……」弟弟回答說。

關於課一篇文章，我透過磨課，一次次找尋最適切的教學目標。如下圖：

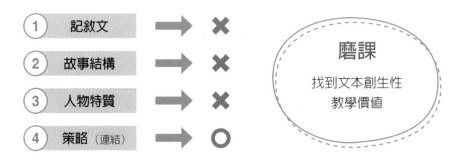

拿到這一篇文本，我思考著教學目標，我想教什麼？1.教記敘文不夠經典，因為太多文章都是記敘文，這篇不具代表性（何況這篇是托爾斯泰的短篇小說）；2.教故事結構不夠典型，因為沒有故事三個起伏的特色；3.教人物特質似乎比較可行，但這篇故事只推論人物特質亮點不夠，而且前面同一冊第二單元「人物寫真」都教過了，教師不該重複教相同的東西。思考許久，我發現這篇文章，很特別的是文章有「因果」關係：石頭上寫的話，跟後面所有的行動和故事發展都有關係。做完文本分析，如圖：

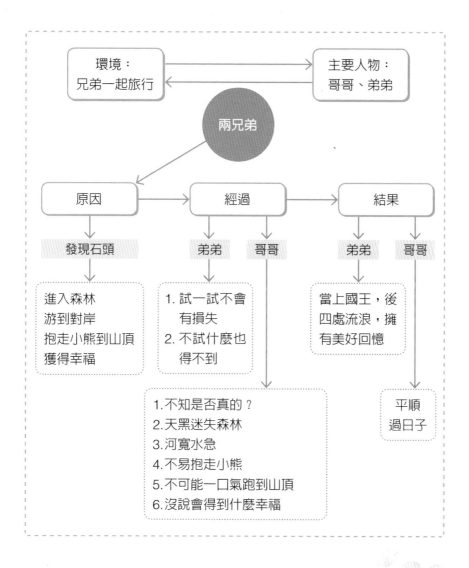

　　於是，我的一課一重點是：連結策略。所謂連結策略，是指讀者閱讀文章時將文本內容與自己的經驗與先備知識連結，並能連結文本中的訊息，包含句子間與段落間的連結，使閱讀達到連貫性進而理解。

連結策略的功能是：1.建立句子間和段落間的連結，讓讀者漸形成文章整體的意義。2.建立生活經驗與文章內容的連結，讓讀者進一步獲得與舊經驗相關、整合較好、較容易存取的背景知識與經驗。3.建立文本與文本的連結，能讓讀者能對相似文章進行對照。

我決定以這篇文本教導「連結」策略，也就是學習連結前後文本，推論故事發展。

一旦決定「**教什麼**」（教學目標），我便開始準備「**怎麼學**」，為孩子學習準備鷹架與階梯，設計教學活動。畢竟，語文能力不是靠傳授，語文能力重在實踐中獲得、習得，所以只有學生操作後所學習到的知識和能力，才真正屬於他們的。我設計的活動如下：

▎**活動一**：寫出幸福～「你認為什麼是幸福？」，寫下來。

（這是連結個人經驗，提出對此議題的看法，找出文章議題）

▎**活動二**：

1. 讀完石頭上的話後（第一段），畫出石頭上的話。並和旁邊的人分享。（這是透過圖像化，連結個人經驗與文本，確認理解文義）

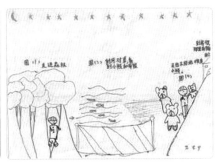

2.提問：

⑴ 你願不願意進入森林尋找幸福？（這是連結個人經驗與文本，確認文本角色立場）

⑵ 你認為哥哥想去嗎？（這是連結文本與文本，進行預測）

▌**活動三**：排出文本順序

1.將哥哥說的5句話做成教具，打散後請學生排排看，並說出是根據什麼線索來排呢？（可以提示按照因果順序和時間關係）

| 打散的句子 | 排序的句子 |
|---|---|
| A. 成功了，也不可能一口氣跑到山頂。<br>B. 找到那條河，如果河寬水急，怎麼游過去呢？<br>C. 就算那些話可信，等我們走進森林，天已經黑了，我們會迷失在森林裡，不容易找到那條河。<br>D. 游過去了，要從母熊身邊抱走小熊，不是容易的事。<br>E. 最重要的是，石頭並沒有告訴我們，會得到什麼樣的幸福。可能等在那裡的，並不是我們所希望得到的啊！ | C. 就算那些話可信，等我們走進森林，天已經黑了，我們會迷失在森林裡，不容易找到那條河。<br>B. 找到那條河，如果河寬水急，怎麼游過去呢？<br>D. 游過去了，要從母熊身邊抱走小熊，不是容易的事。<br>A. 成功了，也不可能一口氣跑到山頂。<br>E. 最重要的是，石頭並沒有告訴我們，會得到什麼樣的幸福。可能等在那裡的，並不是我們所希望得到的啊！ |

這時，學生需要思考，該如何排序？有的孩子會立刻連結到剛剛第一段石頭上說的話，而且因為有讓他們畫出石頭上的話，所以印象深刻，就能運用連結文本訊息排出文本的順序；也有的孩子是按照句子間連結的關係，從寫作邏輯順序來排，例如：「不容易找到那條河。」後面就會接：「找到那條河」；「怎麼游過去呢？」後面就接「游過去了」。

當然，也可以同時進行語言的訓練，因為進行排序時特意將一些連接詞隱藏，這時可以還原這些連接詞，達到語言的訓練。

> 首先，誰知道石頭上的話是不是真的？也許它只是開個玩笑，也有可能是個陷阱。接著，就算那些話可信，等我們走進森林，天已經黑了，我們會迷失在森林裡，不容易找到那條河。即使找到那條河，如果河寬水急，怎麼游過去呢？就算游過去了，要從母熊身邊抱走小熊，不是容易的事。如果成功了，也不可能一口氣跑到山頂。最後，也最重要的是，石頭並沒有告訴我們會得到什麼樣的幸福，可能等在那裡的，並不是我們所希望得到的啊！

2.接下來故事如何發展？將第四段～第八段做成教具，打散後請學生排出文本順序，並說出是根據什麼線索來排呢？（可以提示按照因果順序和時間關係）

| 打散的句子 | 排序的句子 |
|---|---|
| A. 哥哥說：「你看，我是對的。當年我沒有照著石頭上的話去做，日子才能過得這麼平順；而你，雖然當上國王，卻也遇到很大的麻煩。」「我一點兒都不後悔，也不會懊惱，因為我擁有美好的回憶……」弟弟回答說。 | C. 「那些話說得相當明白。依我看，試一試不會有什麼損失。如果不試，我們什麼也得不到。」弟弟說完就往森林走去，哥哥則回到村中。 |
| B. 不久，弟弟發現那條河，他游到了對岸，果然有一隻母熊在那裡休息。他偷偷抱走小熊，頭也不回的跑到山頂，有個人出來迎接他，並用馬車載他進城，城裡的人請他當國王。直到鄰國發動戰爭，城市被占領，逃亡的弟弟只好到處流浪。 | B. 不久，弟弟發現那條河，他游到了對岸，果然有一隻母熊在那裡休息。他偷偷抱走小熊，頭也不回的跑到山頂，有個人出來迎接他，並用馬車載他進城，城裡的人請他當國王。直到鄰國發動戰爭，城市被占領，逃亡的弟弟只好到處流浪。 |
| C. 「那些話說得相當明白。依我看，試一試不會有什麼損失。如果不試，我們什麼也得不到。」弟弟說完就往森林走去，哥哥則回到村中。 | D. 有一天，他回到村裡，來到哥哥家的門前。哥哥仍住在那裡，沒有變得富有，也沒有變得貧窮。他們見了面很高興，說著分手後發生的事。 |
| D. 有一天，他回到村裡，來到哥哥家的門前。哥哥仍住在那裡，沒有變得富有，也沒有變得貧窮。他們見了面很高興，說著分手後發生的事。 | A. 哥哥說：「你看，我是對的。當年我沒有照著石頭上的話去做，日子才能過得這麼平順；而你，雖然當上國王，卻也遇到很大的麻煩。」「我一點兒都不後悔，也不會懊惱，因為我擁有美好的回憶……」弟弟回答說。 |

有過前面排句子的訓練，這次進入段落的排序。學生會思考文本進行的順序，一樣是連結石頭上的話，進行文本訊息的連結，所以弟弟的際遇就是「弟弟說完就往森林走去」，進到森林後，按照石頭上的文本訊息發展。同時按照兄弟二人不同的境遇，當他們見面後，「說著分手後發生的事。」

因為文本具有時間的因果關係，所以可以讓孩子運用連結策略進行文本訊息的理解。

**▍活動四**：深入提問，總結文本訊息

　　當對文章寫作順序有了理解之後，可以加入深度提問，讓文本的主旨深化。例如：

**❶ 找一找**

● 從文章找出代表性的句子，說明兄弟兩人對「幸福」的看法。

● 用自己的話，說說兄弟兩人的個性。（這是連結個人經驗和文本，歸納全文的主要意義）

**❷ 想一想**

● 你覺得作者主要的想法是什麼？為什麼？

● 你覺得文章裡還可以加些什麼，讓兩兄弟對「選擇」的意義更加完整？

● 讀完這篇故事後，你對「幸福」的看法和原來有什麼不一樣嗎？（這是連結個人經驗和文本，比較文本與自己的差異）

　　整課以一課一重點的方式切入，讓教學目標聚焦，透過操作、討論、排序等活動連結文本，理解文本，具體知道：可以透過文本句子與句子間的連結，段落與段落間的連結梳理文章脈絡；讀者經驗也可以與文章內容的連結，以跨文本的連結，進行更高層次的思考，檢視自己的想法和作者的差異。

## 讀寫結合 🖉

　　從閱讀到寫作的歷程，必須經過「記憶→理解→回應」，從「讀過→讀懂、讀通→讀透」，才能轉化成自己的寫作力。這也是為什麼要訓練寫作力，必先有閱讀力的主因。

　　進行語文課堂時，要先「讀懂」（讀出寫法）才能「寫好」（向讀學寫）。我們要在課堂上精準的讓孩子學習語言文字的運用，以讀寫結合的方式，讓孩子學會用語文傳情達意。

　　進行讀寫結合時，教師可以從文章形式、內容、單元統整等幾個方向思考教學目標。目標確立之後，再進行教學的設計與活動。

例如：**從空中看臺灣　齊柏林**（康軒五上第二課）

　　　德國以前有一種飛船，叫做「齊柏林」。我的姓名也叫做齊柏林，似乎是血液裡帶有天生的因子，我從小就嚮往飛行，經常想像從雲上探出頭會看到什麼。當我第一次搭直升機飛上雲端，看到自己生活的土地，讓我更愛飛行。

　　　二十多年來，我常在空中拍攝臺灣的各個角落。在我心裡產生一個更大的夢想，就是拍一部空拍影片。原本打算等退休後才做，但我的體力和眼力已不如從前，一場風災所造成的變化，也催促我趕緊去記錄。於是在四十七歲那年，我辭去安定的工作，專心做這件事。這是個昂貴而艱難的計畫，拍攝三年才完成。我想讓觀眾透過我的眼睛和我的心，看見臺灣這塊土地的美麗與哀愁。

　　　臺灣的確很美！山巒青青，如同碧玉。縱谷又深又長，河流像臍帶似的連接了土地和海洋。海浪拍打著海岸，響著從遠古以來就不曾停過的潮水聲。陽光在海水中閃耀、移動，無聲無息，卻又那麼明亮。在鄉村，農婦走過田埂，稻

浪隨風擺動。在城市，高樓林立，路上的車子一如甲蟲。每次從空中看到這些景象，我總在心中喊著：「這就是我的家！」

但我的家由於天災與人禍，也出現了殘破的一面。為了種植檳榔樹和高山作物，人們砍掉原本栽種在山坡地的樹木，減弱水土保持的功能。怪手一鏟一鏟的挖山，只為了製造水泥，換取經濟上的利益。河流被汙水染黑，像得了難治的病。西部海岸更由於超抽地下水，地層不斷的下陷。我們擁有世界最大的火力發電廠，但它的二氧化碳排放量也是世界第一。種種的現象，都讓人感到深深的憂愁。

多麼期待我們看見的臺灣，多點美麗，少點哀愁。天災不易躲過，人禍卻是可以避免的。正如吳念真先生在影片裡的旁白：「呵護我們的土地，土地才會呵護我們的子子孫孫。」從現在開始，我們都要學會怎麼善待這塊土地。

在影片中有九個大腳印的圖形，是為了表達「腳踏實地愛臺灣」的意念。循著這些大腳印，我也將走入你的心裡，對你說一句：「讓我們一起努力，把家園變得更美好！」只有為家園的美好努力過，我們才能在看見臺灣的同時，也看見幸福！

這篇文章是齊柏林拍攝《看見臺灣》這一部紀錄片，所思考的心路歷程。他以「鳥」的角度，帶領觀眾飛到臺灣上空，看到美麗與醜陋並存的臺灣。這篇文章雖然是記敘文，但夾敘夾議，重點在第三、四自然段。於是，我的教學設計便是從內容主旨出發，以寫作為導向設計閱讀課，讓學生透過閱讀與思考，寫一篇「看見臺灣的美麗與哀愁」的文章。進行教學時，我著重在找出「臺灣的美麗」與「臺灣的憂愁」各在哪裡？文章中的第三、四段是非常好的

教學材料，可以讓學生學習、運用，學習具體描寫。當然也可以補充人文之美、藝術之美或社會的哀愁現象。於是，學生寫下了：

〔七〕寫作大觀園（學生範文欣賞）

臺灣的美麗與哀愁

新北市沙崙國小 沈亮蓁

臺灣是美麗的，但也是哀愁的。臺灣的美，美在青翠的高山中，美在觀光的小漁村，美在死寂的人們關心，忠在黑心的工廠裡，就讓我們一同看見，臺灣的美麗與哀愁。

陽光在清澈的溪水中閃耀著，照耀著我，跳躍著，我更看見了各色各樣少數的新聞畫面。有些無情無義、沒血沒淚的人，關懷他人，但那單單是少數的人情味，雖然，在如今遠個社會中，大部分臺灣最美的景觀——人情味。

下映現場好多人，紛紛朝路中央的人，總是於舉助他人。中，我看見，一位老奶奶在過馬路遊中，一步的路上，不小心跌了。動，也讓利現場的各自離開。事後，一旁的老奶奶還說，那位老奶奶的還說，還讓她感動。

昔老奶奶退喝，也有人至出手機上前關心，有人到自己的事，美麗看見，臺灣人情味，回到寫著。

圆了遇來，臺灣的生動養亂，外界物優的本土植物，這真的Ａ員和Ｂ議員在立法院上演肢鬧劇，電視上不時出現不的主要空閒；我看見，臺灣的政治很糟，讓民眾看得，了我看見，臺灣那令人失望的政治報導，引發了現在令人羨慕的。

的人，也是助人為小時候欲之父母的關愛，只好。胡須，我也看見，韓建因為小時候欲之父母的關愛。勝頃，我運看見，黑心工廠裡。精田設戰的線上。

北捷校人案；我還看見，黑心工廠目前來經通往何處理。的廢氣，廢水排放至這里氣和小溪中，造成了難以解決的里。

如果臺灣最可怕的哀愁，臺灣最美的景觀為臺灣無限。哀愁總少不被的表臺灣美。只要可以爭取養利，就給了毫不知情的倒楣消者了，心工廠即將人員，撕下為丈深淵。因光，他們將可以l的心態。退，實在是。

氣財家及水消家，還養造者有著數百萬貨的食品，那些黑心製造者，將自己不家使用的鉤和油，至。25和事員到的大公司，為了利益，已將自己的良知深埋衣。

必須全民一起努力才行。近年來，還少口號為時代，晉可以做上活中做起，立法機關可以修法時嚴去排；多操行關燈，價格高昂，我直接卻令得工。或本低廉，的工廠真去发，只要剪去傳l。邪魔和利妨，投稿處，環保意識招頭，近鳥等等關機，難處難以自行車代步。臺灣最可怕的哀愁，哀愁總少不被的美麗覺。

現在關她，身做對臺灣為益肉事，為未來的某一天，我們便能看見，臺灣更美，因為臺灣己不。

臺灣最美，但也很哀愁。不過，我相信，只要我們從心上做起？所以，我對自己心中的良知，同回到原本的美麗，我便要和的，未來臺灣回歸錢就能美，共同回到原本的美麗。夫臺臺灣，只要我們從。

　　我們的教材是以單元方式編寫的，每個單元3～4課的課文。一般，教師教學時是按課次依序進行教學。教導課文，我們通常是一篇一篇的教；那麼，我們能不能一個主題一個主題的教呢？當然可以！文章不僅可以一篇一篇的教，也能一個主題一個主題的教。有的單元，是一個單元教導一種語用的主題，例如康軒三上第三單元「臺灣好風情」，四篇文章都是介紹臺灣的景點，一看就知道是要教導寫景的技巧與方法；四上第二單元「人物寫真」，四篇文章都是人物傳記，後面統整活動的閱讀指導也是「認識人物傳記」，所以可以立刻找到教學點。

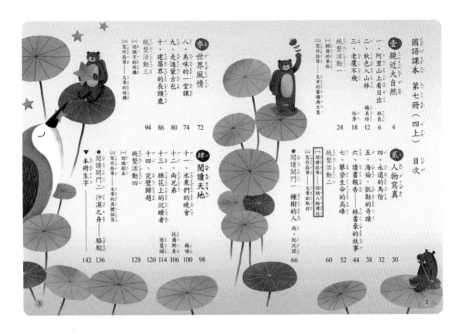

**2**

在課堂形塑語文素養

但有的單元不是這樣，遇到工具性沒有這麼強的單元，我們可以怎麼做呢？其實，教師是可以調整教材的，若是為了教學需要，教師可以這麼做：**合併一些單元、配合學校活動調換單元順序、調整修改某些單元主題、增加內容**（進行跨領域／學科），進行主題學習。主題學習，一般有二個方式：

1+X　以教材為主，強調單元整合，以單元整組或課內多篇閱讀教學為代表，所以我們可以從教材裡重組，整理文本的順序。

A＋B＋C　突破了教材，課內一篇帶多篇或課外多篇，增加課外閱讀，所以這是以主題（議題）的方式進行教學，文本可以自己尋找或改寫。

例如：

| 1＋X | | | A＋B＋C…… | |
|---|---|---|---|---|
| ❶<br>單元重組 | 阿里山上看日出（都是四上寫景文章) | 走進蒙古包建築界的長頸鹿 | ❶<br>體裁 | 詩歌、繪本、故事、童話、小說，例如可以比較童話裡的小豬～相同點。 |
| ❷<br>一篇帶一群 | 名人記趣（都是名人機智的故事） | 機智的卓別林幽默的雷根 | ❷<br>節日 | 配合節日，例如母親節、父親節、冬至、過年、端午、中秋、清明節……。 |
| ❸<br>一篇帶一本 | 狐假虎威（出自戰國策） | 鷸蚌相爭南轅北轍 | ❸<br>主題 | 配合相關議題，例如環境、人權、性平、生命、海洋、品德、生涯發展……。<br>例如：林書豪、盧彥勳、曾宇謙的故事可以一起讀，都是勇於追夢的文章。 |
| ❹<br>文體統整 | 海豚（都是說明文） | 動物的尾巴蜘蛛的電報線 | ❹<br>翻譯作品比較 | 同一首詩或文，不同人翻譯的比較閱讀（訓練語感）。<br>例如：最後一片葉子、愛心樹。 |
| ❺<br>主題連結 | 空城計（都是解決問題的經典故事） | 草船借箭完璧歸趙 | ❺<br>同內容不同體裁 | 寫作目的不同，文體就不同，例如詩歌中的太陽、月亮，就和說明文、百科全書中的太陽、月亮不同。 |
| | | | ❻<br>觀點相左、相關 | 例如〈心動不如行動〉的兩個和尚，還有〈兩兄弟〉，遇到同樣的情況觀點卻不同。 |

閱讀，有一個重要使命，是為寫作做準備。像這樣針對主題進行讀寫，學生對這個主題相對有感，以讀促寫，搭起語文課與讀寫之間的橋梁，讓教師的教有意識，讓學生的學更聚焦，在讀寫中自然而然打造出語文力與競爭力。

# 第三章

## 我這樣教語文

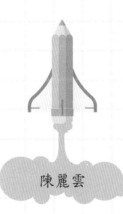

陳麗雲

記敘文和說明文怎麼分？

　　在我們的教材裡，收錄各種多元的文體，期望我們的孩子大量閱讀多元文本，辨識文本中重大議題的訊息或觀點，把握各文體的表達特性，能更適切的傳情達意。在108課綱裡，「學習內容」的「文本表述」載明要學記敘、抒情、說明、議論及應用文本。例如：

| 1.記敘文本 | |
|---|---|
| **學習階段** | **學習內容** |
| 第一學習階段 | Ba-I-1　順敘法。 |
| 第二學習階段 | Ba-II-1　記敘文本的結構。<br>◎Ba-II-2　順敘與倒敘法。 |
| 第三學習階段 | ◎Ba-III-1　順敘與倒敘法。 |

◎表示跨學習階段的學習表現或學習內容，標記於低的學習階段。

| 2.抒情文本 | |
|---|---|
| **學習階段** | **學習內容** |
| 第一學習階段 | ◎Bb-I-1　自我情感的表達。<br>◎Bb-I-2　人際交流的情感。<br>Bb-I-3　對物或自然的感受。<br>◎Bb-I-4　直接抒情。 |
| 第二學習階段 | ◎Bb-II-1　自我情感的表達。<br>◎Bb-II-2　人際交流的情感。<br>Bb-II-3　對物或自然的情懷。<br>◎Bb-II-4　直接抒情。<br>◎Bb-II-5　藉由敘述事件與描寫景物間接抒情。<br>Bb-II-6　抒情文本的結構。 |

| 2.抒情文本 | |
|---|---|
| **學習階段** | **學習內容** |
| 第三學習階段 | ◎Bb-III-1 自我情感的表達。<br>◎Bb-III-2 人際交流的情感。<br>　Bb-III-3 對物或自然的感悟。<br>◎Bb-III-4 直接抒情。<br>◎Bb-III-5 藉由敘述事件與描寫景物間接抒情。 |

| 3.說明文本 | |
|---|---|
| **學習階段** | **學習內容** |
| 第二學習階段 | Bc-II-1 具邏輯、客觀、理性的說明，如科學知識、產品、環境等文本。<br>Bc-II-2 描述、列舉、因果等寫作手法。<br>◎Bc-II-3 數據、圖表、圖片、工具列等輔助說明。 |
| 第三學習階段 | Bc-III-1 具邏輯、客觀、理性的說明，如科學知識、產品、環境等。<br>Bc-III-2 描述、列舉、因果、問題解決、比較等寫作手法。<br>◎Bc-III-3 數據、圖表、圖片、工具列等輔助說明。<br>Bc-III-4 說明文本的結構。 |

| 4.議論文本 | |
|---|---|
| **學習階段** | **學習內容** |
| 第三學習階段 | ◎Bd-III-1 以事實、理論為論據，達到說服、建構、批判等目的。<br>Bd-III-2 論證方式如舉例、正證、反證等。<br>Bd-III-3 議論文本的結構。 |

| 5.應用文本 | |
|---|---|
| **學習階段** | **學習內容** |
| 第一學習階段 | Be-I-1 在生活應用方面,如自我介紹、日記的格式與寫作方式。<br>Be-I-2 在人際溝通方面,以書信、卡片等慣用語彙及書寫格式為主。 |
| 第二學習階段 | Be-II-1 在生活應用方面,以日記、海報的格式與寫作方式為主。<br>Be-II-2 在人際溝通方面,以書信、卡片、便條、啓事等慣用語彙及書寫格式為主。<br>Be-II-3 在學習應用方面,以心得報告的寫作方法為主。<br>Be-II-4 應用文本的結構。 |
| 第三學習階段 | Be-III-1 在生活應用方面,以說明書、廣告、標語、告示、公約等格式與寫作方式為主。<br>Be-III-2 在人際溝通方面,以通知、電子郵件、便條等慣用語彙及書寫格式為主。<br>Be-III-3 在學習應用方面,以簡報、讀書、演講稿等格式與寫作方法為主。 |

在語文領域「學習表現」的閱讀、寫作這兩個類別中,更直接標明各年段需要學習的文體。

例如:

5-I-5　認識簡易的記敘、抒情及應用文本的特徵。

5-II-4　認識記敘、抒情、說明及應用文本

5-III-4　認識議論文本的特徵。

6-I-3　寫出語意完整的句子、主題明確的段落。

6-II-4　書寫記敘、應用、說明事物的作品。

6-II-5　仿寫童詩。

6-III-4　創作童詩及故事。

6-III-5　書寫說明事理、議論的作品。

課綱中明訂中年級起開始必須讀記敘文、說明文，習寫記敘文、說明文。

記敘文是我們比較熟悉的文體，那麼，說明文是什麼呢？它有什麼特性呢？

說明文是客觀介紹實物或事實的一種文體：

只要是解說事物特點，或是介紹某方面知識的文字，就是「說明文」。

## 比一比　說明文和記敘文的不同

說明文最重要的是客觀介紹事實，而不像記敘文會有作者的心情感受。以〈我的學校〉為例：

> 　　每天一早，我總是開心的背著書包到學校。因為學校就像一座遊樂園，深深吸引著我。我的學校是修德國小，它是一個美麗的校園，四周都有翠綠的大樹，樹下的花園裡有許多美麗的花兒。每天，我總是連跑帶跳的走進校門，大聲的跟導護老師問好後，走進教室和同學們一起上課學習，和同學們一起玩鬧嬉戲。
>
> 　　上課時，我們會很認真的聽老師講解，也會把老師在課堂上說的話寫下筆記。麗雲老師有時會讓我們分組討論，老

師說同學也是很好的老師，我們可以互相幫忙，透過討論相互學習，激盪彼此的想法。我很喜歡分組討論，因為總是會聽到與自己不同的看法，還可以解決我的困惑。我們小組裡有睿智的陳昕、愛搞笑的可雲和寫字工整的宗霖，讓我們的討論不僅快速，而且充滿笑聲。

學校常會舉辦很多活動，我最喜歡的是各學年的體育競賽。今年我們高年級舉辦的是大隊接力比賽，那可是會讓全校師生都陷入瘋狂的活動。記得上個月大隊接力比賽，我們班榮獲五年級第一名，要跟六年級第一名的班級，還有校長、老師和家長會各隊一起比賽。當聽到「各就各位」口令時，全校師生都屏息等待。「ㄅㄧㄤˋ」的炮聲一響，各路人馬像箭一樣急射出去。一開始，我們班一路遙遙領先，沒想到第五棒竟然跌倒、掉棒，我們從敬陪末座再開始勇往直追，鼓勵吶喊聲響徹雲霄。輪到我時，我使出吃奶力氣死命的往前衝，奮力奔跑的同時，鞋子竟然飛出去了。我不顧一切的往前跑著，直到交給下一棒才回頭找鞋子。這時，我看到全校師生都笑翻了，老師和全班的嗓子雖然都喊啞了，但也都帶著歡樂的笑容。

我好喜歡我的學校，它是我天天都很期待去的歡樂學園！

像這樣，述說著自己在學校發生的事，並在最後一段表達頌讚學校的心情，便是記敘文。而，一樣是介紹自己學校，〈修德國小〉這一篇的寫法就不同：

　　細雨一絲絲飄落，飄落在彩虹跑道上，也飄落在球場運動員汗水淋漓的身上。這是新北市三重區修德國小──一個在都市裡，曾經得獎無數、文武全才的學校。雖然學校現在的規模已經不大，但它帶給學生的美麗與充實卻足夠回憶一輩子。

　　修德國小的校舍是由「進德樓」、「修業樓」（現為「夢想樓」）、「龍鳳樓」三棟大樓和一座宏偉的體育館所組成。操場可以跑步、打網球、打籃球。站在「夢想樓」上往下眺望，校園內外的景致都能一覽無遺，每週一還能在戶外草地上聽「熊貓媽媽說故事」和「修德選秀會」的演出，每個同學的才藝都令人讚嘆。

　　修德國小建校已經52年，培養了許多傑出校友，他們是修德之光，也是臺灣的驕傲。例如：打進溫布敦網球賽前八強的「亞洲球王」盧彥勳；獲得世界柴可夫斯基音樂銀質大獎的曾宇謙；學測只考37級分，但苦讀一舉拿下4項司法考試的葉芮羽。更特別的是，沒有足球場的修德國小卻培養出早期木蘭隊的足球明星呢！修德國小的語文競賽，更是蟬聯三重、蘆洲區30年的總冠軍，讓人不禁豎起大拇指呢！

　　修德國小有占地五間教室、藏書十萬冊，中央系統冷氣空調的圖書館。每個人都擁有借書證，可以自由借閱書籍回家。圖書館還有300多套可以提供班上共讀的書箱，讓學生享受一起閱讀的樂趣。去年開始，推動閱讀的麗雲老師，還製作了一本閱讀護照，讓大家可以「悅讀、閱讀、越讀」，培養大家「會讀、慧讀」。

　　在修德國小，除了接受詩、書、禮、義的教育外，也接受校訓「親切、自然、優質、實在」的洗禮──親切童語笑顏開，自然鐸聲洗胸懷，優質校風桃李頌，實在修德育英才。在修德國小成長的孩子，都因修德國小而美！

像這樣，以介紹說明方式自己學校的地理位置、建築、校史、特色、傑出校友、校訓……就是說明文。我們可以再以二篇同主題的文章做比較閱讀，讀出寫法的差異。例如〈**大熊貓觀賞記**〉：

　　今天，我跟爸爸媽媽到動物園玩。我非常喜歡大熊貓，所以一到動物園便拉著爸爸媽媽直奔大熊貓的住所——大熊貓園。

　　經過半小時的等候，我們終於進入大熊貓園。我最先看到大熊貓樂樂，它好動貪玩，一會兒在地上不停的翻跟頭，一會兒又爬到樹椏上玩耍，活像個又胖又頑皮的小孩，有趣極了！

　　住在樂樂隔壁的是雌性大熊貓盈盈。我最初覺得盈盈的樣子幾乎跟樂樂一樣，後來仔細觀察，才發覺它臉上的黑眼圈比樂樂的長。它一直低著頭，好像在思索什麼似的。突然，盈盈抬起頭，一雙烏黑發亮的眼睛緊盯著我。我雀躍歡呼：「媽媽，您看，盈盈在看著我呢！」話音未落，盈盈卻像被嚇著似的，突然轉身回屋裡去了。爸爸告訴我，盈盈比較文靜、害羞，警惕性很強，一聽到較大的響聲就會走避。我聽了十分懊悔。

　　接著，我們又來到大熊貓安安和佳佳的住處。佳佳正躺在地上，肚子朝天，時而舉起手，時而抬起腳，時而轉動身子，時而用前爪輕拍肚子，睡姿十分有趣。安安則盤著腿，把石頭當成椅背，倚著石頭舒舒服服的坐著。它用前爪抓起竹子往嘴裡送，然後大口大口的咀嚼。嘴裡的竹子還沒吃完，它又拿起地上的竹子往嘴裡送，吃飽了，又大口大口的喝水解渴。它那副饞嘴的模樣，真惹人發笑。

　　離開大熊貓園時，我依依不捨的回頭張望，期盼能與這四隻可愛的動物再次會面。

這篇文章，內容與寫作結構如下表：

| 時間 | 今天 |
|---|---|
| 地點 | 動物園 |
| 人物 | 我、爸爸、媽媽 |
| 事情原因 | 我很喜歡大熊貓，一到動物園便立即到大熊貓園 |
| 事情經過 | 觀賞樂樂玩樂的情況 |
| | 觀察盈盈的個性 |
| | 觀察佳佳的睡姿 |
| | 觀察安安的吃相 |
| 事情結果 | 我依依不捨的離開大熊貓園 |

　　我們可以從文章標題〈大熊貓觀賞記〉、文章中敘述事情要素、個人表達感受理解這是一篇記敘文。而同樣是寫大熊貓，下方這一篇〈國寶——大熊貓〉文章，表達方式就大不同。

　　自從大熊貓團團、圓圓定居臺北以後，大熊貓成了臺北的「貴賓」。因為大熊貓是大陸特有的珍稀動物，也是世界上最負盛名的瀕危動物。

　　大熊貓體態豐盈，四肢粗壯，尾巴短禿，毛色奇特，頭和身軀乳白色，而四肢和肩部黑色，頭上有一對黑耳朵，還有兩個黑眼眶，很像戴著一副墨鏡。大熊貓長相可愛，性情溫馴，給人諧趣、活潑的印象。

　　大熊貓如今在大陸分布地域十分狹窄，僅見於四川、甘肅、陝西等一些海拔二千公尺以上的高山。那裡人煙稀少，山坡上覆蓋著茂密的原始森林，林間泉水豐富，竹類叢生。這樣的環境最適合大熊貓過著隱居的生活。

大熊貓喜歡吃竹子，可是竹子的營養成分不多，所以一頭成年的大熊貓每天最少要吃十五至二十公斤竹子。

大熊貓的活動範圍與季節關係很大。冬、春兩季，牠們多生活在海拔三千公尺以下、積雪較少的山谷地帶；夏、秋兩季，則多在海拔三千公尺以上的地帶活動。天氣炎熱時，為了降低體溫，大熊貓會到小溪、小河旁大量喝水，喝得「醉」倒不能走動，以至於有「熊貓醉水」的說法。

別看大熊貓笨重肥大，可爬起樹來卻挺高明。大熊貓爬樹不但可以逃避敵害，還可以享受陽光、嬉戲玩耍、求偶婚配。

大熊貓的繁殖力很低，一般每胎產一子。剛誕生的熊貓小得像隻小老鼠，體重僅相當於母體重量的千分之一，因此不易成活。由於大熊貓繁殖艱難，存活不易，所以如今大陸野生的大熊貓屈指可數，估計只有一千五百隻左右。

大熊貓是大陸國寶，已列為一級保護動物。他們已建立了十三個以保護大熊貓為主的自然保護區，採取了一系列保護措施，以拯救這一瀕危物種，促使大熊貓子孫繁衍，家族興旺。

這篇文章，內容與寫作結構一如下表：

| 第一段 | 大熊貓是珍稀、瀕危的動物。 | 總說 |
|---|---|---|
| 第二段 | 大熊貓的長相、性情。 | 分說 |
| 第三段 | 大熊貓的分布地域。 | |
| 第四段 | 大熊貓的飲食習慣。 | |
| 第五段 | 大熊貓的活動範圍和生活習性。 | |
| 第六段 | 大熊貓的特殊（爬樹）技能。 | |
| 第七段 | 大熊貓的繁殖艱難和存活不易。 | |
| 第八段 | 為拯救大熊貓所採取的保護措施。 | 總結 |

〈國寶──大熊貓〉這篇文章以介紹有關大熊貓的知識為主，主要表達方法就是說明。當然，把這二篇文章的寫作方式擺在一起，更可以一目了然。

|  | 大熊貓觀賞記 | 國寶──大熊貓 |
|---|---|---|
| 寫作物件 | 都是寫大熊貓 ||
| 表達方法 | 敘述 | 說明 |
| 寫作內容 | 敘說事情經過與作者的經歷 | 說明事物的性質、特徵 |
| 寫作結構 | 事情的發生先後次序（敘述六要素） | 按事物的特性和有關知識（總分總） |

由此更清楚的知道：記敘文重在「感」，是以交代人物的經歷、事情的經過為主，內容較為主觀；說明文重在「知」，是以解說事物及傳遞知識為主，著重客觀事實，避免個人好惡。所以，當你想表達心情和感受時，便可以使用記敘文來書寫；當你想客觀介紹事物或說明的時候，就用說明文來書寫喔！

再舉一個例子，2015年寒假，我和家人到了北海道旅遊，我的雙胞胎兒子對北海道的風景有不同感受。大兒子說，他想要寫一篇文章，描寫寒假和家人去北海道遊玩的經歷，並表達他的心情的感想，所以他適用敘述的寫作手法；小兒子說，他也想寫一篇文章，介紹北海道的文化、地理景觀、歷史、面積、生活方式等，那他就適用說明文的寫作技巧。

**敘述**
以交代人物的經歷、事情的經過為主,內容較為主觀。

**說明**
以解說事物及傳遞知識為主,著重客觀事實,避免個人好惡。

我想寫一篇文章,交代寒假我和家人去北海道遊玩的經歷,並表達我的感想。

我想寫一篇文章,介紹北海道的文化、地理景觀、歷史、面積、生活方式等。

所以,學習文體,是為了在生活中可以更適切的表達所思所感,精準的傳情達意啊!

 # 說明文這樣教　　我是這樣「玩」說明文

所謂「教無定法」,教學沒有絕對的方法,只有相對有效的辦法。進行文本分析時,可以「一課一重點」的概念找出教學重點,貪多務得反而吃力不討好,孩子也不清楚要學習的主題是什麼。進行備課時,我們可從寫作形式著手,也就是從每個文體的特殊性去設計教學重點。

在我們的教材裡,收錄各種多元的文體,期望我們的孩子大量閱讀多元文本,辨識文本中重大議題的訊息或觀點,把握各文體的

表達特性，能更適切的傳情達意。課綱中明訂中年級開始必須讀說明文，習寫說明文。那麼，說明文是什麼呢？它有什麼特性呢？該如何進行教學呢？

## 說明文是什麼 🖊

說明文與其他文本是有不同的，它往往運用簡單、樸素的語言，把事物的形狀、性質、特點、成因關係等解說清楚，沒有大量的鋪陳與渲染。我們教材裡收錄最多的是科普類說明文，但別以為說明文只是講述枯燥的知識，它也有獨特的美學情味，一如愛因斯坦說的科學的美學就是「真簡美」，凸顯出與一般文學作品溫柔含蓄和情意深遠的不同。

說明文是客觀介紹實物或事實的一種文體：

只要是解說事物特點，或是介紹某方面知識的文字，就是「說明文」。

也就是說，說明文是以說明的方式來表達內容的，要將說明物件的特徵、功能、發展……說清楚、講明白。所以，舉凡使用說明、操作手冊、食譜、旅遊指南、字典、教科書、實驗報告……都屬於說明文。

說明文一般分為二種：

Ⓐ 事物說明文：指說明的事物是具有形體的東西，可以是仔細敘述物品的外貌、功能、特徵、重要性，以明確說明事物。例如：

松鼠的尾巴又寬又大，用處很多，最主要的功用就是讓牠在樹林間飛跳時，能保持身體的平衡；當松鼠從樹上跳下來時，也可以利用尾巴讓身體如降落傘般平穩著地；天冷時，牠們就用毛茸茸的尾巴，把自己裹起來，像一條溫暖的大圍巾。（〈動物的尾巴〉康軒版五下）

山椒魚小時候很像魚，是用鰓呼吸，長大以後才改用肺呼吸。別看山椒魚小小的，牠們身上的黏液有毒，可以保護自己。遇到敵人的時候，牠們會抬起尾巴，讓對方不敢接近。（〈臺灣的山椒魚〉康軒版三下）

不少人看過象，都說象是很大的動物。其實還有比象大得多的動物，那就是鯨。目前已知最大的鯨約有十六萬公斤重，最小的也有兩千公斤。我國捕獲過一頭四萬公斤重的鯨，約十七米長，一條舌頭就有十幾頭大肥豬那麼重。它要是張開嘴，人站在它嘴裡，舉起手來還摸不到它的上顎，四個人圍著桌子坐在它的嘴裡看書，還顯得很寬敞。（〈鯨〉香港，培生朗文版四下）

松鼠是一種漂亮的小動物，乖巧，馴良，很討人喜歡。它們雖然有時也捕捉鳥雀，卻不是肉食動物，常吃的是杏仁、榛子、櫟實和橡栗。它們面容清秀，眼睛閃閃發光，身體矯健，四肢輕快，非常敏捷，非常機警。玲瓏的小面孔，襯上一條帽纓形的美麗尾巴，顯得格外漂亮。尾巴老是翹起來，一直翹到頭上，自己就躲在尾巴底下歇涼。它們常常直豎著身子坐著，像人們用手一樣，用前爪往嘴裡送東西吃。可以說，松鼠最不像四足獸了。（〈松鼠〉人教版五上）

**B** 事理說明文：主要回答「為什麼」的問題，說明抽象的概念，或介紹事物的本質屬性，或陳述事情的原因等。一般按照事實真相解釋，可以從事理的正面、反面做比較或是舉例說明，讓人更容易理解要敘述的道理。例如：

海邊捕魚的人，大都知道潮汐的起落。可是有人格外細心觀察，發現漲潮、退潮和月亮的圓缺，竟然有意想不到的「巧合」。經過不斷的探索，人們發現了其中的祕密，原來「潮汐」是月亮和地球玩的拉力遊戲。（〈處處皆學問〉康軒版四下）

　　布袋戲又名「掌中戲」，在臺灣傳統社會中，常是迎神廟會或各地慶典的重要表演。簡單的戲臺和手掌大的戲偶，透過師傅熟練的技巧以及生動的口白，精采的演出總讓人回味無窮。（〈掌中天地〉康軒版四下）

　　說到恐龍，人們往往想到兇猛的霸王龍或者笨重、遲鈍的馬門溪龍；談起鳥類，我們頭腦中自然會浮現輕靈的鴿子或者五彩斑斕的孔雀。二者似乎毫不相干，但近年來發現的大量化石顯示：在中生代時期，恐龍的一支經過漫長的演化，最終變成了凌空翱翔的鳥兒。（〈飛向藍天的恐龍〉人教版四上）

　　**內容嚴謹正確、語言簡潔準確、結構具體清楚**是說明文的寫作特點。**準確性**是說明文語言最基本的特點。如何讓孩子體會說明文語言的準確性呢？我常透過相互比較法，讓孩子透過對照，理解說明文語言的精確度。例如：

● A.在中生代時期，恐龍的<u>一支</u>經過<u>漫長的</u>演化，最終變成了凌空翱翔的鳥兒。

● B.在中生代時期，恐龍經過演化，最終變成了凌空翱翔的鳥兒。

　　我們可以讓孩子比較一下，這二句意思相近，但意思有完全一樣嗎？畫線的詞語能否去掉，為什麼？

　　A句是指恐龍的<u>一支</u>經過<u>漫長的</u>演化，最終變成了凌空翱翔的鳥兒。意思是只有其中一支變成了鳥兒，並非所有的恐龍都變成了鳥兒，而且時間要經過漫長的歲月。

　　B句減省了「<u>一支</u>」與「<u>漫長的</u>」，這樣的說明就不精確，會誤以為恐龍都能蛻變為鳥兒。

　　透過這樣的相互比較，就能理解說明文的用詞嚴謹準確的要求，

所以畫線的詞語是不能去掉的。又例如〈蝙蝠和雷達〉，我會透過問題快速梳理文本，讓孩子了解重點。於是我會提出這樣的句子：

科學家們從（　　）得到啟示，發明了（　　），使（　　）能夠（　　　）。

很多學生會說：

科學家們從（蝙蝠身上）得到啟示，發明了（雷達），使（飛機）能夠（在夜間飛行）。

我會繼續追問：科學家們從蝙蝠的什麼特性得到啟示？哪一個獨特的部分呢？因為「從蝙蝠身上得到啟示。」這句話不夠精確，飛機能夠夜航，都是因為「蝙蝠夜間探路的方法」這特性得到啟示，光說「從蝙蝠身上」得到啟示是含糊籠統的說法，不符合說明文嚴謹正確的要求。

當然，採用了**列數字**、**下定義**的說明方法更能體現語句的準確性。例如：

鯨是胎生的，長鬚鯨剛生下來就有十多公尺，七千公斤重。它靠吃母鯨的奶，每天能長三十公斤到五十公斤，兩三年就可以長成大鯨。鯨的壽命很長，一般可以活幾十年到一百年。

**列數字**：利用數字說明事物的特點，能加強說服力，讓人覺得真實可信。

鯨生活在海洋裡，因為體形像魚，許多人管它叫鯨魚。其實它不屬於魚類，而是哺乳動物。在很遠的古代，鯨的祖先跟牛羊的祖先一樣，都生活在陸地上。後來環境發生了變化，鯨的祖先生活在

靠近陸地的淺海裡。又經過了很長很長的年代，它們的前肢和尾巴漸漸變成了鰭，後肢完全退化了，整個身子成了魚的樣子，適應了海洋的生活。

> 下定義：用簡潔而精確的語言，說明事物的本質，讓人對事物有明確的概念。

「學習內容」中對說明文該學習的技巧，也有明確的要求。例如：

| 說明文本 | |
| --- | --- |
| **學習階段** | **學習內容** |
| 第二學習階段 | Bc-II-1 具邏輯、客觀、理性的說明，如科學知識、產品、環境等文本。<br>Bc-II-2 描述、列舉、因果等寫作手法。<br>◎Bc-II-3 數據、圖表、圖片、工具列等輔助說明。 |
| 第三學習階段 | Bc-III-1 具邏輯、客觀、理性的說明，如科學知識、產品、環境等。<br>Bc-III-2 描述、列舉、因果、問題解決、比較等寫作手法。<br>◎Bc-III-3 數據、圖表、圖片、工具列等輔助說明。<br>Bc-III-4 說明文本的結構。 |

所以，我們可以用這些方式協助孩子讀懂說明文，學習說明文。

說明文因為要介紹事物或說明事理，所以一般的寫作方式都具有清楚的結構以合乎邏輯。最常見到的說明文結構形式為：先對說明的物件作總的概括介紹，然後導入具體說明，也就是我們很熟悉的「**總－分－總**」的寫法。說明文的結構由事物的性質確定，不同物件的說明文寫法就會不同。一般來說，確定它的結構可從以下兩個方面考慮：按說明物件的自身條理性來安排結構，或是按人們對說明物件的認識規律安排結構。

　　說明的順序一般常用：空間順序、時間順序（包括發展順序）、事理順序（邏輯順序）等。例如〈飛向藍天的恐龍〉就採用時間發展順序介紹科學家研究恐龍的歷程與發現：

| 時間 | 科學家 | 證據 |
|---|---|---|
| 19世紀 | 英國赫胥黎 | 恐龍和鳥類在骨骼結構上有許多相似之處。 |
| 鳥類不僅和恐龍有親緣關係，而且很可能就是一種小型恐龍的後裔。 | | |
| 20世紀末期 | 中國科學家 | 在遼寧西部發現了保存有羽毛印痕的恐龍化石，頓時使全世界的研究者欣喜若狂。 |
| 遼西的發現向世人展示了恐龍長羽毛的證據，給這幅古生物學家們描繪的畫卷塗上了「點睛」之筆。 | | |

## 我是這樣教說明文 🖊

　　了解說明文特性之後，我們該怎麼進行教學設計呢？我以〈蝙蝠和雷達〉為例，進行說明。

備課時想一想：

關於說明文教學：

● 第一目標，讀懂文本**說了什麼**

● 第二目標，文本用了**哪些說明的方法**（怎麼說）

所以，**讀懂為什麼要說**，掌握主旨，是說明文的最高境界。

〈蝙蝠和雷達〉

　　清朗的夜空出現兩個亮點，越來越近，才看清楚是一紅一綠的兩盞燈。接著傳來了隆隆聲，這是一架飛機在夜航。

　　在漆黑的夜裡，飛機怎麼能安全飛行呢？原來是人們從蝙蝠身上得到了啟示。

　　蝙蝠是在夜裡飛行的，還能捕捉飛蛾和蚊子；而且無論怎麼飛，從來沒見過它跟什麼東西相撞，即使一根極細的電線，它也能靈巧的避開。難道它的眼睛特別敏銳，能在漆黑的夜裡看清楚所有的東西嗎？

　　為了弄清楚這個問題，一百多年前，科學家做了一次試驗。在一間屋子裡橫七豎八的拉了許多繩子，繩子上繫著許多鈴鐺。他們把蝙蝠的眼睛矇上，讓它在屋子裡飛。蝙蝠飛了幾個鐘頭，鈴鐺一個也沒響，那麼多的繩子，它一根也沒碰著。

　　科學家又做了兩次試驗：一次把蝙蝠的耳朵塞上，一次把蝙蝠的嘴封住，讓它在屋子裡飛。蝙蝠就像沒頭蒼蠅似的到處亂撞，掛在繩子上的鈴鐺響個不停。

　　三次不同的試驗證明，蝙蝠夜裡飛行，靠的不是眼睛，它是用嘴和耳朵配合起來探路的。

　　科學家經過反覆研究，終於揭開了蝙蝠能在夜裡飛行的祕密。它一邊飛，一邊從嘴裡發出一種聲音。這種聲音叫做超聲波，人的耳朵是聽不見的，蝙蝠的耳朵卻能聽見。超聲

波像波浪一樣向前推進，遇到障礙物就反射回來，傳到蝙蝠的耳朵裡，蝙蝠就立刻改變飛行的方向。

科學家模仿蝙蝠探路的方法，給飛機裝上了雷達。雷達通過天線發出無線電波，無線電波遇到障礙物就反射回來，顯示在螢光屏上。駕駛員從雷達的螢光屏上，能夠看清楚前方有沒有障礙物，所以飛機在夜裡飛行也十分安全。

〈蝙蝠和雷達〉是一篇說明文。面對文章時，首先要想想：我要教什麼？確認我是語文教師，不是自然科學教師，所以各種蝙蝠的生態、居住環境、食性和生理構造……不是我的教學主軸。像這樣，回到語文課的本質思考，就容易聚焦了。

疑點澄清：教什麼？

像這樣屬於科普知識的事物類或事理類說明文，如果上課的重心是放在介紹蝙蝠的習性，補充蝙蝠的相關自然知識，似乎把語文課上成自然課了。當然，行有餘力自是可以補充，也就是說把語文課的主要本質內涵上完，要補充蝙蝠的知識或延伸閱讀當然是可以的。就怕上課時教學目標模糊偏頗，讓語文課成了自然課。

## 文本分析

〈蝙蝠和雷達〉是說明類的文章，屬於說明事理：說明科學家是如何從蝙蝠夜間探路的方式得到靈感，進而發明了雷達，讓飛機得以在夜間依然能夠飛行。因此，我們可以把教學目標訂為「讀懂

說明文的特色與寫法。」這是從「教課文」到「學語文」的概念，體現「用教材教」的思維。既然目標明確，是理解說明事理的方法，於是就可以透過提問與操作，讓孩子讀出寫法。

〈蝙蝠和雷達〉這篇文章，結構清楚。其中第六～八段說明雷達如何模仿蝙蝠進行工作。在閱讀時，每一個字詞可能都懂，但是看完段落後，學生能否具體清楚明白蝙蝠和雷達之間的對應關係？這時，教師備課可能就得思考如何讓學生「讀懂」。

圖像化是可以讓學生梳理文本的有效方法，爲了把複雜的事物說清楚，可以採用圖表法，使人看了一目了然，以彌補單用文字表達的缺欠，對某些事物解說更直接、更具體。教師可以透過畫圖或是找到圖片讓學生理解文具和文章內容，獲得學習的方法。

此時，正是「閱讀」和「閱讀教學」需思考的點。教師進行的是「閱讀教學」，要讓孩子「懂讀」，**所以要給教學方法**；學生是在進行「閱讀」，**是解讀文本**，進行「讀懂」的過程。所以。教師要爲孩子搭起學習階梯，事先備課就顯得更爲重要。

## 教學設計

我是以組塊教學進行課程的，因爲組塊教學有這樣的優點：

一、目標明確集中（字詞解碼、理解文意、讀出寫法）

二、每個組塊可聚焦一個目標開展多層次、立體式教學設計（時間可調整）

三、使教學設計從複雜到簡單

❶ **教學過程**：「教什麼」（目標）確認後，接著要思考讓孩子「怎麼學」？要透過哪些方式或活動爲孩子搭起學習鷹架，建立學習步驟。我的教學步驟是：

⑴KWL的學習（二人一組相互說）

K：What do I know？（關於蝙蝠和雷達，我已經知道些什麼？）
W：What do I want to learn？（關於蝙蝠和雷達，我想要學些什麼？）
L：What have I learned？（下課前再問：關於蝙蝠和雷達，我學會了些什麼？）

⑵字詞解碼：讀文章，透過所學的閱讀策略梳理字詞，

● 下面畫線的字，你用什麼方法知道它的字義？（部首、偏旁）

蝙蝠、蚊子、捕捉、蒼蠅、鈴鐺

● 如何寫好「蝙蝠」兩個字？（寫字的禮讓原則）
● 課文中其他不認識的字詞，你會用什麼方法知道它們的意思？（詞語閱讀的方法）

⑶標題解碼

出示蝙蝠和雷達的說明：

蝙蝠是全世界唯一「真正」會飛行的哺乳動物。主要的食物是瓜果和昆蟲。他們晝伏夜出，白天大多用後肢倒掛在樹葉、洞穴石壁或建物中休息，到晚上才活動，四處覓食。

雷達是用無線電的方法發現目標並測定它們空間位置的一種裝置，也就是利用電磁波探測目標的電子設備。廣泛運用在軍事、氣象、資源探測。

一個是哺乳動物，一個是電子設備，為何課題是〈蝙蝠和雷達〉呢？他們之間有什麼關係呢？讓孩子先對課題有一個疑問或想法，帶著質疑或想法進入課堂，學習會更直接且聚焦。

⑷ 掌握文本重點

這部分，我運用了一個句子讓孩子當抓手，可以快速掌握文章重點。

> 科學家們從（　　）得到啟示，發明了（　　），使（　　）能夠（　　　）

這裡要仔細傾聽孩子的回答，確認能精準掌握重點，初步理解說明文嚴謹正確的特性。

> 科學家們從（蝙蝠夜間探路的方法）得到啟示，發明了（雷達），使（飛機）能夠（在夜間安全的飛行）。

這裡需要回答出「蝙蝠夜間探路」，而非僅只「蝙蝠身上」，以符合說明文嚴謹正確的特點。

⑸ 讀出寫法

> 蝙蝠是在夜裡飛行的，還能捕捉飛蛾和蚊子；而且無論怎麼飛，從來沒見過它跟什麼東西相撞，即使一根極細的電線，它也能靈巧地避開。

透過朗讀，讀出蝙蝠夜間飛行探路的高超本領，理解「無論……從來沒……即使……，也能……」這些詞語對描寫蝙蝠本領的用處。說明文既不似記敘文充滿感情，那要怎麼寫，才能讓人理

解箇中的奧妙，文字的運用就很重要了。讀懂之後，再鞏固學習，運用這個句型，誇一誇蝙蝠的飛行本領。例如：

蝙蝠的飛行本領真絕啊！無論（是在茂密的叢林或是在漆黑的樹林），從來沒見過它跟什麼東西相撞，即使（比頭髮還細的樹枝），也能（輕巧的避開）。

讓語文課回到語文課，讀出如何誇讚蝙蝠的本領，並學會以這樣的文句進行仿作，是語文老師該帶領孩子們學習的。

接著，我問了孩子：為了知道蝙蝠是如何在夜間能出神入化的飛行，科學家們做了實驗，下方的這個句子，有哪些詞語吸引到你的注意？

在一間屋子裡橫七豎八地拉了許多繩子，繩子上繫著許多鈴鐺。

孩子們很快的都找出：橫七豎八、許多繩子、許多鈴鐺。從中開始品讀出作者是如何經營這篇文章的。透過「橫七豎八、許多繩子、許多鈴鐺」這樣的詞語，更顯示出這個實驗裡，蝙蝠飛翔的難度。

⑹ 讀出說明文的特性

體會說明文其特有的寫作要求，是這篇文章的重點。文章的第四、五、六段，是科學家做了三次實驗的結果。如何讓孩子讀懂這三次實驗之間的異同（實驗必有控制變因），是我在教學時思考的。每一個字孩子可能都讀得懂，但這三個實驗到底歸納出什麼樣的結論，孩子有辦法理解嗎？於是，我想到了運用表格，讓三次實

驗的異同與結果可以綱舉目張，一目了然。說明文以文字說明科學
事實，要讓孩子「讀懂」，表格化是一種很好的學習方式。

| 試驗順序 | 試驗方式 | 試驗結果 | 試驗結論 |
|---|---|---|---|
| 第一次 | 在一間屋子裡橫七豎八地拉了許多繩子，繩子上繫著許多鈴鐺。科學家將蝙蝠的眼睛蒙上。 | 蝙蝠飛了幾個鐘頭，鈴鐺一個也沒響，那麼多的繩子，它一根也沒碰著。 | 蝙蝠夜裡飛行，靠的不是眼睛。 |
| 第二次 | 在一間屋子裡橫七豎八地拉了許多繩子，繩子上繫著許多鈴鐺。科學家將蝙蝠的耳朵塞住。 | 蝙蝠就像沒頭蒼蠅似的到處亂撞，掛在繩子上的鈴鐺響個不停。 | 蝙蝠夜裡飛行，需要靠耳朵。 |
| 第三次 | 在一間屋子裡橫七豎八地拉了許多繩子，繩子上繫著許多鈴鐺。科學家將蝙蝠的嘴封住。 | 蝙蝠就像沒頭蒼蠅似的到處亂撞，掛在繩子上的鈴鐺響個不停。 | 蝙蝠夜裡飛行，需要靠嘴。 |

① 這時，可以問孩子，從以上三個實驗可以得知科學家各得到
什麼結論，總結出什麼結論。孩子可能會說：

➤ 結論1：蝙蝠夜裡飛行，靠的不是眼睛，它是用嘴和耳朵來
　　探路的。

➤ 結論2：蝙蝠夜裡飛行，靠的不是眼睛，它是用嘴和耳朵配
　　合起來探路的。

可以跟孩子討論，二個結論哪一句話比較正確呢？結果當然是
結論2，因為光靠嘴或耳朵，蝙蝠還是無法安全飛行，只有嘴和耳
朵相互搭配合作探路，蝙蝠才會飛行。由這裡可以再次歸納說明文
寫作的要求是：嚴謹正確。

② 比較科學家做實驗時，分別是將蝙蝠眼睛蒙上、耳朵塞上、嘴封住，這裡「蒙、塞、封」有什麼差異。讓孩子發現，眼睛蒙上就看不到，但耳朵和嘴蒙上還是可以聽到或發出聲音。耳朵要聽不到聲音，需要「塞」住，嘴需要「封」住才不會發出聲音。由此更具體掌握了說明文用詞準確的特性。

③ 文章第一段和第二、三次實驗，作者分別是這麼寫的：

> 在一間屋子裡橫七豎八地拉了許多繩子，繩子上繫著許多鈴鐺。他們把蝙蝠的眼睛蒙上，讓它在屋子裡飛。蝙蝠飛了幾個鐘頭，鈴鐺一個也沒響，那麼多的繩子，它一根也沒碰著。

> 一次把蝙蝠的耳朵塞上，一次把蝙蝠的嘴封住，讓它在屋子裡飛。蝙蝠就像沒頭蒼蠅似的到處亂撞，掛在繩子上的鈴鐺響個不停。

有沒想過，第二、三次實驗作者為何不像第一次實驗那樣，寫得清楚而詳細？孩子透過觀察文字，會發現若像第一次實驗那樣寫，會顯得「重複、囉唆」，所以，可以理解說明文寫作簡潔的特性。而且第一次實驗是詳細描寫，第二、三次簡單描寫，理解說明文詳略得當的特點。

⑺ 文章最後，科學家終於揭開了蝙蝠夜裡飛行的祕密。但這二段該如何讓孩子讀懂呢？於是，圖像化是可以協助孩子閱讀理解的。透過圖示相互對照，可以理解雷達是如何學習蝙蝠，是怎麼進行工作的。

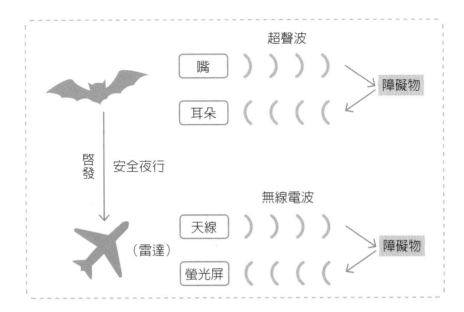

超聲波

嘴 ) ) ) → 障礙物

耳朵 ( ( ( (

啟發 安全夜行

無線電波

天線 ) ) ) → 障礙物

螢光屏 ( ( ( (

（雷達）

　　這裡，還可以問問孩子，用一個詞比喻蝙蝠和雷達他們的關係（回到課題）。孩子們會說：雷達是蝙蝠的後裔；他們是親子關係、是師生、是兄弟……。是的，其實：蝙蝠是會飛的雷達；雷達是電化的蝙蝠。他們之間很緊密的關係，都是科學家仿生學的靈感來源。在此，不僅回扣課題，理解蝙蝠和雷達之間的關係，更可以具體感受仿生學對生活的助益。

❷ 讀寫結合

　　閱讀有一個重要的任務，就是為寫作做準備。在這一課說明文裡，我想確認孩子是「學會」的，他們的所學是清楚的。於是，我布置了一個讀寫結合的環節：

　　　在一個漆黑到伸手不見五指的晚上，蝙蝠飛出來。他一邊飛，一邊發出超聲波，突然發現前面有很大的障礙物，正

要繞過去時，沒想到那個大個子竟然親切的跟他打招呼。

「嗨！親愛的蝙蝠，你是來看的我嗎？」說話的正是雷達。蝙蝠奇怪的看著那個大個子，情不自禁地迎了上去。接下來，他們之間將會有怎麼樣的交流呢？

這時，孩子可以發揮想像盡情進行創作，也可以將教材裡文章中相關的內容當作寫作的材料，把剛剛老師所搭的梯架和提問內容都寫進去。這樣，就不會擔心學生「不會寫，不知寫什麼，寫不出來」這樣的問題。

說明文雖有其屬於說明文一致的特點，但每一篇說明文仍有其各自的特性，無法一一套用，所以必須掌握每一篇文章不可被取代的教學價值，從文本找出屬於這篇文章的教學點。例如〈飛向藍天的恐龍〉，第四段的內容最長，也最難讀懂。

地球上的第一種恐龍大約出現在兩億三千萬年前，它和狗一般大小，兩條後腿粗壯有力，能夠支撐起整個身體。數千萬年後，它的後代繁衍成一個形態各異的龐大家族：有些恐龍像它們的祖先一樣兩足奔跑，有些恐龍則用四足行走；有些恐龍身長幾十米，重達數十噸，有些恐龍則身材小巧，體重不足幾公斤；有些恐龍兇猛異常，是茹毛飲血的食肉動物，有些恐龍則溫順可愛，以植物為食。其中，一些獵食性恐龍的身體逐漸變小，長得也越來越像鳥類：骨骼中空，身體輕盈；腦顱膨大，行動敏捷；前肢越來越長，能像鳥翼一樣拍打；它們的體表長出了美麗的羽毛，不再披著鱗片或鱗甲。它們中的一些種類可能為了躲避敵害或尋找食物而轉移到樹上生存。這些樹棲的恐龍在樹木之間跳躍、降落，慢慢

具備了滑翔能力，並最終能夠主動飛行。不過，有些科學家認為，飛行並非始於樹棲生活過程。他們推測，一種生活在地面上的帶羽毛恐龍，在奔跑過程中學會了飛翔。不管怎樣，有一點毋庸置疑：原本不會飛的恐龍最終變成了天之驕子——鳥類，它們飛向了藍天，從此開闢了一個嶄新的生活天地。

　　這一段相對難讀，可以先讓孩子讀一讀，看恐龍的演化過程主要經歷了哪幾個階段？在文中畫出相關語句。因為太難懂，所以，我也是採用圖像的方式協助孩子讀懂。但這次的圖像策略，我是讓孩子將文字轉化成圖像後再排序，以理解恐龍的演化過程主要經歷了哪幾個階段，讓學生從中學習到讀書的方法。例如：

**我會讀書～讀懂文章～排順序**

這裡也可以透過表格梳理文本，以理解作者從哪些方面介紹恐龍的。例如：

| 懂讀文章～恐龍的一支怎樣演化成鳥類？ | | |
| --- | --- | --- |
| 恐龍的龐大家族 | | |
| 恐龍的演化過程 | 它們的特點 | 說明角度 |
| 第一代恐龍（二億三千萬年前） | 和狗一般大小，兩條後腿粗壯有力 | 外形 |
| 繁衍成型態各異的龐大家族 | 有些兩足奔跑 | 動作 |
| | 有些四足行走 | |
| | 有些身長幾十米，重達數十噸 | 外形 |
| | 有些身材小巧，體重不足幾公斤 | |
| | 外形有些凶猛異常，是茹毛飲血的食肉動物 | 個性食性 |
| | 有些溫順可愛，以植物為食 | |
| 其中的獵食性恐龍 | 身體漸小，越來越像鳥類 | 外形動作 |
| | 骨骼中空，身體輕盈 | |
| | 腦顱膨大，行動敏捷 | |
| | 前肢越來越長，能像鳥翼一樣拍打 | |
| | 長出了羽毛，不再披著鱗片或鱗甲 | |
| | 轉移樹上生存，逐漸具備滑翔能力 | 生活習性 |

換句話說，這課的重點，不僅理解了恐龍演化成鳥類的歷程，在寫作設計部分，可以擺在如何描寫一種動物，例如表格裡的外形、動作、食性、個性⋯⋯。

又例如教到〈海豚〉（康軒五上）或〈鯨〉這類文章，其實這些文本有許多說明事物的寫作方法，於是我們不僅可以透過心智圖來分析這一課從哪些面向來寫「海豚」、「鯨」，從文章學習動物類說明文的取材與結構，還可以教導**說明事物的方法**。例如：

（分類別）把事物分類，讓說明更有條理。

（列數字）利用數字說明事物的特點，能加強說服力，讓人覺得真實可信。

（作比較）拿熟悉的事物作比較，令事物的特點具體、清楚。

（下定義）用簡潔而精確的語言，說明事物的本質，讓人對事物有明確的概念。

（舉例子）用事例說明事物的特點，使說明更加具體、清晰。

（運用比喻）把一件不易看到或較抽象的事物，比作另一件常見或較具體的事物，令事物的特點更形象。

所以，〈海豚〉或〈鯨〉這類科普文章，可以進行二種寫作練習：一是文體或人稱的改寫，另一個是說明文的仿寫。例如：讀了〈海豚〉或〈鯨〉這一課，你是否對鯨豚有更多的認識呢？你可以：

A. 改寫：請以「海豚（鯨）的自述」、「海豚（鯨）的真情告白」為題目，寫一篇文章。可以參考課本中對海豚或鯨的說明與介紹，引用相關語句；但要記得是以「第一人稱」（我）來寫喔！（人稱改寫、文體改寫）

B.仿寫：寫一篇動物類說明文：選定一種動物，試著根據下列
提示，搜尋有關動物的資料。可提供寫作思考面向供參，例
如：

▌**定　　義**：◎你所選的動物屬於什麼類？（哺乳類？鳥
類？……）

◎牠們屬於瀕危物種嗎？

▌**外形特徵**：◎牠們的外形樣貌、動作是怎樣的？

▌**活動範圍**：◎牠們主要分布在哪裡？

▌**生活習性**：◎牠們喜歡吃什麼東西？

◎牠們喜歡做什麼？有什麼專長？

▌**繁殖情形**：◎什麼時候是牠們的繁殖期？

◎牠們是胎生的？卵生的？

◎長大成年需要多少時間？

「告訴我，我會忘記；給我看，我會記得；讓我參與，我會
了解。」以表達為本位，以閱讀為階梯，有意識的培養學生的自學
力。課堂上多關注閱讀方法的指導，讓學生在「語言內容」和「語
言形式」的練習中，把握口頭表達與書面表達的方法，從而讓學生
在學習文本這個例子的過程中獲得一種有效的閱讀策略，建構學習
的方法，這是我們努力的方向。

# 改寫教學：將文章改頭換面

在學習寫作時，有許多種方式，最常見的是可以自己書寫進行創作，還可以模仿形式或內容進行「仿寫」，當然也可以「改寫」。學習表現中的寫作項目，也有明示如何運用寫作策略。例如：

6-I-4　使用仿寫、接寫等技巧寫作。

6-II-5　仿寫童詩。

6-II-6　運用改寫、縮寫、擴寫等技巧寫作。

6-III-6　練習各種寫作技巧。

所以，中年級就可以運用改寫。

那麼，「改寫」是什麼呢？

「改寫」是訓練寫作的重要形式，也是一種重要的寫作能力。所謂「改寫」，是在**保留原來句子或短文意思的原則下**，將原句、原詩、原文的形式、體裁，做不同的改變，仿照文本中現有的內容，加以練習、摹寫。也就是不更動中心思想，不改變原作主旨、意識的前提下，將原作的形式加以改變，以達到靈活運用不同體裁的能力。

所以，「改寫」通常以一篇現成作品為基礎，在不改變原作題材及中心思想下，按照寫作要求，將原作品重新造型設計，寫成新作品。換言之，「改寫」就是改變原作形式或內容的寫作方法，**幫文章改頭換面，但精神不死。**這樣的方式可以訓練學生放開自己，大膽表達，克服寫不出作文的毛病。

改寫有以下幾種常見的形式：

① 改變人稱：如第一人稱改爲第三人稱。

② 改變體裁：如詩歌改寫爲白話散文。

③ 改變結構：如分述法改爲起承轉合四段論法。

④ 改變敘述方式：如倒敘、插敘改爲順敘；如文言文改爲白話文，（並非原作翻譯，而是進一步擴展、深入再創造）。

⑤ 綜合改寫：融合以上各類改寫，按寫作要求，靈活運用的改寫方式。

比較簡單的是：

一、改變人稱：

改變人稱是指依照原意，改變範文中的人稱，再創作的寫作方式，共有：第一人稱、第二人稱、第三人稱三類。運用不同人稱，可以使用不同的角度和感情描寫人物或事情。改寫時，可依照各種人稱寫法的優點，將文章重新詮釋，創作出不一樣的新穎風格。例如〈太空梭〉：

一架飛機在天空自由自在地飛著。他一會兒俯衝，一會兒爬升，一會兒翻筋斗，覺得很得意。

突然一聲呼嘯，一個龐然大物騰空而起。只見他三角形的翅膀，尖尖的腦袋，方方的機尾，轉眼間便飛得無影無蹤了。飛機想：「這是什麼呀？怎麼飛得這樣快呢？」

他找到智慧老人，想問個究竟。智慧老人笑著說：「剛才你見到的是太空梭。他比你飛得更高更快。你能飛兩萬公尺，他卻能飛幾十萬公尺。從東海之濱到帕米爾高原，你要飛行四個多小時，他只需要飛行七分鐘。」智慧老人停了停，又說：「太空梭的本領可大了！他能繞著地球轉圈圈，

在太空中釋放和回收人造地球衛星。衛星出了毛病，他就伸出巨大的手臂把衛星撈回機艙，帶到地面上來維修。」

　　飛機越聽越不自在，智慧老人看出了飛機的心思，親切的說：「太空梭有他的長處，你也有你的長處。你的作用也是太空梭替代不了的呀！」

　　文章中的這個「他」是主角飛機，使用第三人稱的敘述方法，可以改為第二人稱的「你」，感覺就像在和文章主角對話一樣，可以抒發自己對文章主角的感情；也可以將裡面的角色改為第一人稱的「我」，把自己當成文章的主角，用自己的角度寫文章，可以更有說服力，讓讀者有深刻的感動。例如：

### 〈太空梭〉改寫：

　　可愛的小星星，你們好！我叫太空梭，是飛機家族中的一份子，但是個頭特別大。你看我長得是否有點笨拙？三角形的翅膀，尖尖的腦袋，方方的機尾。

　　然而，我飛行的時候一點也不笨手笨腳，可靈活啦！你瞧！我可以快速地俯衝，可以快速地爬升，還能像孫悟空一樣翻筋斗呢！我比一般的飛機飛得更高更快。普通飛機能飛兩萬公尺高，我能飛幾十萬公尺高，遨遊太空。從東海之濱到帕米爾高原，普通飛機要飛行四個多小時，我只需要飛行七分鐘，眨眨眼就到了。

　　我在太空繞著地球飛行，有自己的軌道，不會和別的太空飛行器碰撞；我可以釋放和回收人造地球衛星。如果衛星出了毛病，我可以伸出長長的巨大手臂，把衛星撈回機艙，帶到地面上來維修。說不定將來的某一天，我還能帶著人類去星際旅遊呢！

二、改變體裁：如將詩歌改寫為白話散文或故事。

例如古詩詞〈漁歌子〉：

西塞山前白鷺飛，桃花流水鱖魚肥。青箬笠，綠蓑衣，
斜風細雨不須歸。

可以依照上課內容，先讓學生了解詩意後，改寫為一篇文章。例
如：

## 改寫1：〈漁歌子〉

我曾是朝廷上的一員小官，隨著母妻死去，本就極度
煩厭官場的我悲痛欲絕，辭去官位，隱居太湖。皇上看我可
憐，賞給我一個奴僕和一名婢女，我也萬分感激。

太湖的風景很美，每年春天，西塞上都一片鬱鬱蔥蔥，
雲遮霧繞，宛如仙境。幾隻白鷺在薄霧中悠然自得的飛著。
水邊桃花樹上花瓣紛飛，飄入流水之中，經過我的船舷和魚
線。腳邊水中，鱖魚又肥又大，繞著花瓣翩翩起舞。我頭戴
竹笠，身著蓑衣，周圍飄著濛濛細雨。我不必回船篷，更不
必回那朝堂之上。

我哥哥看到了我寫的一首詩，表達自己不想出山，也回
詩勸我回朝廷，可他哪知道這種清閒的感覺呢？（六年級：
步暄）

## 改寫2：張松齡訪弟志和

我很不理解我的弟弟張志和，他為什麼放下官場的大
好前程，非要到深山野林隱居。我曾賦詩一首勸他：「樂是

風波釣是閒，草堂松徑已勝攀。太湖水，洞庭山，狂風浪起且須還。」他卻回敬我：「西塞山前白鷺飛，桃花流水鱖魚肥。青箬笠，綠蓑衣，斜風細雨不須歸」。

這一次，他又拒絕了皇帝的邀請不願回朝廷。於是，我決定親自去說服他。

（一天以後……）

我終於到了弟弟隱居的地方，遠遠望去，西塞山上蒼翠欲滴，層巒疊嶂，山前的白鷺像朵朵白雲飛過。走近後，一片桃林映入眼簾，斜風細雨中，落英繽紛。清澈的河水中，肥美的鱖魚自在的游來游去。河的中央，停著一葉扁舟，一個身著蓑衣，頭戴箬笠的人正在垂釣，奇怪的是他並不用魚餌，只是靜靜的坐著，那個人竟然正是我的弟弟張志和。

此情此景令人安心、自在，在這美麗的景色中，我好像突然理解他了！（三年級：濯塵）

改寫是根據別人的意見，用自己的文字寫出來的作文。有時是改寫別人已經寫好的文章，有時是根據別人的材料，將整篇內容消化整理，重新組織。所以，要把握原創作的精神旨趣，再進行改寫。例如張曉風〈不朽的失眠〉便是改寫自〈楓橋夜泊〉，生動傳神的讓落第的張繼和清冷孤寂的夜色出現在我們面前。

「改寫」的時候應注意原文的完整性並充分表達出原文的精神與意境，所以不只是依照表面上的文字加以改寫或翻譯而已，更要增加一些詞彙，讓前後句與前後文能連貫，但增加的詞彙卻不能改變原意，要保留原文的正確性。改寫不等於翻譯，是將故事以不同形式呈現，它有以下幾點原則：

❶明確文章中心，擬訂合適的標題。例如：有的原文是記事的，要

求改成寫人的，標題自然不適合沿用原文，要按照內容確定中心，按中心擬定標題。

❷ 改寫後的文章中心思想及人稱必須一致，語氣及風格要統一，敘述角度和立場必須不變。

❸ 融入個人風格，展示獨特魅力。改寫是需要想像力的，應融入自己的寫作風格，避免千人一面，展示自己的語言和行文風格。

❹ 若干改寫需要調整結構，在抓住原文的前提下，根據表達的需要，可將順敘改爲倒敘、插敘，或倒敘改爲順敘等。這種改寫，或刪或增，但必須注意前後的自然銜接和照應，不能脫節和錯位。

❺ 形式改寫容易和白話翻譯混淆，必須明辨。將文言或詩歌改寫成白話散文、新詩或小說，要重新組織文章結構，是一種中心思想不變的大翻修，而不是只有翻譯而已。這樣在內容或形式上的創新，或許會比原文更有趣、更有新意。

如果從經典進行改寫，那麼學生不僅學習到寫作，也可以有閱讀經典的機會。我曾讓學生改寫〈空城計〉，因爲國語課本上也有出現這篇文章。〈空城計〉出自《三國演義》這本家喻戶曉的歷史小說。在羅貫中筆下，三國時代的人物鮮明生動。故事中的孔明足智多謀、博學多聞，成爲輔佐劉備的最佳功臣。〈空城計〉就是孔明急中生智，全身而退的經典故事。

課本中的〈空城計〉是以故事的方式進行敘述，作者以第三人稱的觀點敘述空城計這個事件，所以直接說出孔明和司馬懿的名字，以旁述取代直述。要改寫空城計之前，要先確認改寫的是文體還是人稱。

　　我設定的是「改變人稱」的改寫，也就是要用第一人稱敘述，是要把自己當作孔明或司馬懿或故事中的任何人物，選擇其中一個人物的觀點，把空城計的故事說出來。

　　改寫文章時，為了讓文句和內容更順暢、更流利，可以改變描述的方法，例如將敘述改為描寫，也可以在改寫中加上符合故事主人翁性格的神態或動作，這樣，能進一步豐富學生的想像能力。

　　要將〈空城計〉的故事，以人物觀點改寫，首先要點出故事發生的時代背景和原因，這時要先選擇用什麼人物的身分當敘述者，以第一人稱口吻敘述事件發生的經過。若以孔明為第一人稱，可以在應對司馬懿大軍時，描述孔明「我」的內心，對於司馬懿看到空城的反應和作法，也能揣摩孔明「我」掌握大局的神情與對話。在敘述這個關鍵的事件畫面時，可以運用文章中原來的語詞和句子，寫出故事發生的情節與經過，凸顯出人物的特性。最後，寫出故事的結果，也就是孔明「我」的空城計成功了，心情一定是如釋重負又滿足的。藉由改變人稱的改寫方式，讓人物特性躍然紙上。

- - - - - - - - - - - - - - - - - - - - - - - - - - - - - - - - - - - - - - - - - - ○

空城計（改寫）　　　　　　　　新北市修德國小　林博堯

　　「報告將軍，軍隊已訓練完畢，只待將軍下令。」「好，全軍準備，全力出擊！」哼！這真是一個難得的好時機，孔明一定想不到我會乘勝追擊。諸葛亮啊諸葛亮！今日你與我司馬懿一決高下，我一定把你打得落花流水，讓你嘗嘗失敗的滋味。想到這裡，我的腦海中浮現孔明落寞悔恨的畫面，嘴角便不自覺的微笑起來。

　　「一、二、一、二……」士兵們個個精神飽滿，雄赳赳、氣昂昂，似乎勝利就在前方，我心中不自覺振奮起來，想必孔明看到我軍氣勢磅礴、萬馬奔騰，一定嚇得不知如何

是好。走著走著，忽然看見先鋒快馬加鞭，以飛快的速度衝了過來，以急促的語速說：「報告將軍，前方城門大開，不見任何士兵、軍隊，只見幾名百姓在清掃街道。」聽到這則消息後，我心中覺得有異，馬上止住三軍，親自騎上快馬一探究竟。

　　當看到孔明坐在城門的樓臺上，若無其事的談著琴，四周鴉雀無聲，只有一陣柔和、優雅的琴聲，絲毫沒有半點慌張的感覺。頓時，我心中充滿莫名的不安，啊！不好，孔明定是想要騙我，才故意打開城門引我們入甕，等我們一攻城，大批伏兵就會衝出來包圍我們，狡猾如孔明，果然是兵不厭詐，但我哪會那麼容易上當呢？

　　「快！快撤退！前軍改為後軍，後軍改為前軍，朝北方山路撤退！」我以明確卻急促的聲音下令，深怕等伏兵出來就來不及了。這時，次子司馬昭忽然問：「說不定孔明是沒有兵力，所以故布疑陣，父親為何輕易撤軍？」年輕人果然莽撞易騙。我說：「孔明一生行事謹慎，絕不輕易冒險，如果我軍進攻，必定中計讓他得逞，還是撤軍比較妥當。」

　　緊急撤軍的路上，我頻頻回頭，卻心存疑惑：為什麼孔明的軍隊沒有追上來？他沒發現我識破他的詭計，已經撤軍了嗎？正當我百思不得其解時，忽然聽見士兵來報：「報告將軍，剛才發現孔明的兵力都已經出城搬運糧草，城內的確沒剩多少兵力，現在孔明已經出城了……」剎那間，彷彿晴天霹靂般，我驚訝得跌坐在地上，空城卻故布疑陣騙我，虛虛實實間讓我猜不透，我是真的中他的計了，原來這不是「引君入甕」，而是〈空城計〉啊！頓時，我不禁覺得又悔恨又佩服，既恨自己不該輕易退兵，又打從心底佩服孔明，利用這空城計，逃過一劫。

　　只是，再多的悔恨，也於事無補……

# 主題學習群文閱讀讓你～
# 「會讀」、「慧讀」

沒有一艘船能像一本書
也沒有一匹馬
能像一頁跳躍的詩行那樣
把人帶往遠方
　　　——艾米莉·狄金森

　　21世紀，閱讀力就是我們的超能力。我們都知道，面對各類資訊如潮水般湧來的數位時代，懂得「閱讀」且「樂於」閱讀的人，才能成為學習的主人，擁有自學力與思考力，才會有競爭力。

　　閱讀能力的高低不僅對我們自己個人學習有巨大的影響，更直接影響到一個國家和民族的未來。任何天才，都只能在繼承前人的基礎上創新，而閱讀是最好、最快的繼承。我們的知識建構，從直接經驗獲得的不到20%，而通過閱讀得到的間接經驗卻在80%以上。所以，我們想要擁有高效學習，擁有智慧，擁有更高視野，就需要多閱讀、多思考！

　　不積跬步，無以致千里；不積小流，無以成江海。多讀書、多積累是我們傳統語文教學的寶貴經驗。目前，世界各國都紛紛推動大量、海量閱讀。大陸《語文課程標準》（2011年版）課程標準裡明訂閱讀量：

| 第一學段（低年級） | 第二學段（中年級） | 第三學段（高年級） |
| --- | --- | --- |
| 積累自己喜歡的成語和格言警句。背誦優秀詩文50篇（段）。課外閱讀總量不少於**5萬**字。 | 積累課文中的優美詞語、精彩句段，以及在課外閱讀和生活中獲得的語言材料。背誦優秀詩文50篇（段）。 | 積累課文中的優美詞語、精彩句段，以及在課外閱讀和生活中獲得的語言材料。背誦優秀詩文50篇（段）。 |
| | 養成讀書看報的習慣，收藏圖書資料，樂於與同學交流。課外閱讀總量不少於**40萬**字。 | 擴展閱讀面。課外閱讀總量不少於**100萬**字。 |

　　世界各國也非常重視兒童的閱讀量，美國紐約州規定小學生每年必須讀25本書，臺灣推動「小一新生閱讀起步走」也已經多年，送給每一個小一新生一本新書，就是為了讓孩子愛上閱讀，喜歡學習。

　　量變是質變的必要準備，質變是量變的必然結果。目前我們的語文教學，大部分教師仍然把教材當作聖經，重視教材課文閱讀的教學。以小學語文12冊教材為例，臺灣每冊教材都只16篇課文，每篇課文平均500字計算，閱讀總量只有10萬字左右，這樣的閱讀量是遠遠不夠的。於是，很多教師和家長都開始推閱讀學習，不管讀什麼，只要讀就對了。坊間一堆書單流竄，每每遇到親職講座，家長問的問題都是要我給書單，好像書單是汪洋大海中的浮木一般。

　　我想，閱讀本身是一件幸福的事，但大量閱讀若是亂槍打鳥，病急亂投醫，閱讀量未必能和學習效益成正比。所以，現在我們孩子負擔重，教師壓力大，臉上沒什麼笑容，學習和教學都變得苦不堪言。如果可以透過主題學習，教材裡有什麼主題或文本，我們就

提供主題相關的大量文本和訊息以深化學習，讓孩子具體學，教師輕鬆教，這不是一舉兩得嗎？

我認為主題學習的群文閱讀不僅有效的增加了學生的閱讀量，擴大了學生的閱讀面，還為學生語文素養的發展提供了必要準備與能量。主題學習的群文閱讀，不僅是量的提升，更是思維與邏輯的啓發，讓學生在多篇不同作家、體裁、內容的文章閱讀中進行比較歸納、分析綜合、深入思考，讓孩子成為主動的學習者，成為有思考、有核心素養，能全面發展的人。

我經常在兩岸四地和新加坡等各地講學，發現主題學習可以讓學習具體高效，讓教學更為聚焦。我是一個語文教師，以語文課程為例，配合學校語文教材的內容，提供加深加廣的主題學習或延伸閱讀，能讓課內到課外有效連接，搭起橋梁輔助孩子的學習。例如：教材裡有人物傳記的文章，就提供大量人物傳記或相關的文章讓孩子們讀，讀完自然而然知道何謂人物傳記，該從哪些重要事蹟著手，該如何評價。又例如教材裡有方素珍老師的作品，就讓孩子大量讀方素珍老師的相關作品與介紹，讀完後可以針對方素珍老師的寫作風格、寫作內容做一個探究。透過明確、聚焦的主題學習，不僅能讀出內容情感，讀出寫作手法，還能對主題相對有感、有得，更能使得語文課的學習深刻具體。

資訊化的數位時代，每天都會產生許多新知識。為了獲取更多的資訊，我們每個人都必須運用策略、方法快速學習，此時，快速閱讀就是最重要的。法國在20世紀70年代就將快速閱讀列為獨立學科，並列入國家重點科研專案。快速閱讀是一種技能，技能是需要訓練的。這時，主題學習的群文閱讀就是最適合快速閱讀的方式。學生針對同一主題有深度、有廣度的閱讀，不僅能提高學生的閱讀

速度，提高學生快速閱讀的能力，更能提高學生思維的敏捷性和靈活性。

現在全世界都提倡「變教為學」，以學生為主體。學習不是老師講授得多，而是學生「如何學」的過程。學習再也不是學生簡單的接受教師的講解，而是學生自我建構的過程。「語文課程是實踐性課程，應著重培養學生的語文實踐能力，而培養這種能力的主要途徑也應是語文實踐。」主題學習讓學生在同一主題下，新的閱讀內容不斷激發他的閱讀期待，教師不必拚命提問、挖掘，窮追猛打。學生透過閱讀文本、思考提問、傾聽表達，在互動中實踐語文，真正成為學習的主人。

我在前一陣子開了雲端課程的閱讀寫作直播課，學生大部分來自大陸各省各城市的孩子，還有新加坡、歐洲、香港、海南、臺灣……的學生。學生從小一到國中生、大人都有。面對這樣龐大差異又眾大的學生群，我便是以主題學習的方式設計課程。一期10堂課，每一堂課我都以主題學習方式來引領學生學習，滿足來自不同地方、不同學齡和不同能力的學生們。例如寫景物類的文章，從景物類文章的寫作目的，景物類文章的內容取材，景物類文章的結構組織，景物類文章的寫作技巧……做主題式的探究。孩子們跟著我的引導，由易而難，一步一步跟著文本，理解景物類文章的獨特性，它與寫事、寫人的差異。從小一到國中，每一個孩子都反映這樣的學習很有趣，而且透過主題學習，不僅在課堂上大量閱讀相關主題的文章，學習更豐富，目標也更具體了。同一個主題讀深、讀廣後，我們都發現：其實，學習很幸福，語文很有趣！素養很容易，只要你願意！

學習，靠的是閱讀。閱讀意味著改變！聰明是天生的，沒辦法改變；但智慧是後天的，可以透過勤奮努力而改善。閱讀，教會我們尊重生命、勇於夢想；閱讀，如同一盞明燈，照見更好的自己。主題學習讓我們「悅讀、閱讀、越讀」，讓孩子「會讀、慧讀」。我們可以用主題學習幫助自己成功，也幫助每一個孩子成功，遇見更好的自己！

# 第四章

## 畢英春的語文篇
# 明明白白教語文

畢英春

# 英春的語文觀

「語文」是什麼？這個話題，我曾與多位語文教師交流，大家的說法不一：

> 語文就是學習做人。
> 生活處處都是語文。
> 語文就是語言和文字。
> 語文就是語言和文學。
> 語文就是讀書寫字。
> ……

可在我心目中，「語文」就是葉聖陶先生所講的：「平常說的話叫口頭語言，寫在紙面上的叫書面語言。語就是口頭語言，文就是書面語言。把口頭語言和書面語言連在一起說，就叫語文。」聽和說是口頭語言，讀和寫是書面語言。語言是一種工具，工具是用來達到某個目的的。就個人說，是想心思的工具，是表達的工具，是交際和交流思想的工具。

2018年5月的一次美國之行，使我對「語文」究竟是什麼，有了更深的感悟。

上了美聯航的班機，口渴了，不會說英語怎麼辦？我只能調動頭腦中可憐的一點兒辭彙，「Orange」、「Apple」，於是喝上了橙汁和蘋果汁。可13個小時的航程，我特別想喝杯熱水，可「熱」又不會用英語講，情急之下，搜索大腦中所有的記憶。突然，我想起了酒店洗浴的水龍頭，熱水一邊標著「H」，涼水一邊標著「C」，於是硬著頭皮說出了「Hot water」，呵呵，居然矇對了，我如願以償喝上了熱水。第一次感覺，語言真的重要，能解決我的

生存問題。後來，在女兒學校裡，遇到了她的教授，女兒把我和她爸爸介紹給他們。教授非常友好地和我們打招呼，並讚揚了女兒一通「這個項目，因為有了於漪，變得非常美好」等等。因我一句也聽不懂，只能傻傻地站在一邊，面帶微笑地看著對方，不能及時做出得體的回應。我這個自認為智商和情商皆備的人，此時居然變得有點弱智。畢業典禮，上萬人的會場，神聖而又熱烈。院長和脫口秀巨星歐普拉女士精采的演講，惹得臺下的家長和同學們哈哈大笑，熱烈鼓掌，口哨聲不斷。而我，只成了個看熱鬧的人，一會兒就疲倦了，兩個眼皮直打架。

……

這番經歷，使我徹底明白了——語文，最基本、最重要的就是聽、說、讀、寫。學語文，就是要學語言，就是培養「聽說讀寫」的能力，並運用聽、說、讀、寫，築牢字詞句篇章的根基。否則，無法生存！有了語言的建構與運用，才有底氣、有能力談審美的鑑賞與創造，才能更好地發展與提升思維，才能更好地傳承中華優秀文化。

比如，一年級〈小小的船〉一課：

> 彎彎的月兒小小的船，小小的船兒兩頭尖。
> 我在小小的船裡坐，只看見閃閃的星星藍藍的天。

就這首小詩歌來講，教學時，根據文本的特點，引導學生悟到「彎彎的、小小的、閃閃的、藍藍的」這些疊詞的特點，進行積累，並感受疊詞描寫的妙處。在以後的生活中，會說「清清的河

水」、「綠綠的草地」、「白白的雲朵」……語言、思維、審美都得到了提升。

## 語文能力怎樣形成呢？

　　操千曲而後曉聲，觀千劍而後識器。任何一種能力的形成，都必須經過反覆的歷練。所以，一學期僅憑一本語文教材的學習量是遠遠不夠的，必須要依據教材，聚焦學習目標，補充大量適切的文章。這也符合2011年版《語文課程標準》中對「語文」的定位：「語文課程是一門學習語言文字運用的綜合性、實踐性課程。」

　　為此，教學中，我基於課標，立足教材，一課一得（指語文素養），採用「1＋X單元授課」，實現課內海量閱讀。

　　「1」，指的是精讀課例的教學。從教材的每個單元中挑選一篇富有代表性的文章進行「精讀」。精讀課，要引導學生深入文本，實現與文本、教師、編者、同學間的平等對話，理解內容，從中品味、欣賞到蘊含在詞語、句子背後的情感、態度、價值觀，進行聽說讀寫語文基本能力的訓練，並滲透、領悟一定的學習方法。這篇文章就是葉老「例子觀」中的「例子」，擔負著「以例悟法」的艱鉅任務，起著「舉一反三」的作用。「X」，指的是若干篇略讀課例的教學。除一篇精讀課例之外，單元內的其他幾篇文章和拓展的大量閱讀文章都作為略讀課例。對這些文章，不必逐一探究每個字、詞或句子的意思，可有選擇地進行閱讀。可跳過某些段落，以求抓住文章的大概或自己所需，放手讓學生運用精讀課例中學到的方法進行自學，即「依法自學」，起到「反三歸一」的作用，旨在通過大量閱讀，最後讓孩子們感悟點什麼，實現從量的積累到質的突破。

如人教版五年級下冊〈橋〉這一課，講了一個黨支部書記在洪水到來之時，沉著淡定地指揮村民撤離，最後自己在洪水中犧牲的故事。通過與文本對話，我們可以找到以下的語文教學素養點：從體裁方面講，有短小說的特點、環境描寫、巧妙結尾等；從修辭方面講，有比喻、擬人的寫法；從寫人記事方面講，有動作、語言、神態的描寫；從讀的方面講，有邊讀邊想畫面……

儘管有這麼多的語文素養教學點，但對學生來講，有的已經掌握，有的以後還要學習，因此，並非要求教師一節課把所有的「教學點」一股腦兒地教給學生。依據《語文課程標準》對小學高段的要求：篇的訓練、表達方法、不同體裁等等，最終這一課我把教學素養點確定為「環境描寫」。

在〈橋〉這一課，學生認知到環境描寫是指對人物所處的具體的自然環境和社會環境的描寫，可以烘托人物的形象、渲染當時的氣氛等等。然後又拓展閱讀了〈七根火柴〉、〈交接〉、〈啞巴渡〉、〈魂駐小紅橋〉等四篇帶有環境描寫的文章，學生加深了對環境描寫的認知。最後，再讓學生給〈金色的魚鉤〉一文補寫環境描寫，學生寫出來的文章很自然地就運用到了積累的語句，語言生動，豐富多彩。

語文是學出來的，不是教師講出來的。科學取捨，精選目標，立足語用，滲透人文，整體建構，一以貫之，課堂教學必會省時高效。

# 閱讀教學要做到「五有」

「語文教材無非是個例子，憑這個例子要學生能夠舉一反三，練成閱讀和作文的熟練技能。」——葉聖陶

「義務教育階段的語文課程，應使學生初步學會運用祖國語言文字進行交流溝通，吸收古今中外優秀文化，提高思想文化修養，促進自身精神成長。」——《語文課程標準》（2011年版）

語言文字是人類最重要的交際工具和資訊載體，是人類文化的重要組成部分。語文課程致力於培養學生的語言文字運用能力，提升學生的綜合素養，為學好其他課程打下基礎；為學生形成正確的世界觀、人生觀、價值觀，形成良好個性和健全人格打下基礎；為學生的全面發展和終身發展打下基礎。

為此，在語文課上，我們要「教給方法」和「落實語言文字運用」上下功夫，提高學生的語文核心素養，達到立德樹人的目的。要努力做到以下「五有」：

**❶ 有「料」**

有料，指的是教學目標要指向語文學科本質的東西。

我們語文教師，要時刻牢記：我不是思品老師，不是數學老師，不是科學老師……而是一名真真正正的語文教師。因此，我們的課堂教學，要教給學生「語文」的東西。

學語文，就要學語言，學習聽、說、讀、寫。「聽」和「讀」是吸收，「說」和「寫」是表達。因此，學語文，就是用「聽說讀寫」的方式，教學字、詞、句、語法、文學、邏輯、體裁、結構

等。在運用語言的同時，吸收古今中外優秀文化，提高思想文化修養，提升思維力，促進自身精神成長。

語文學科，包含「人文素養」和「語文要點」。任何一篇文章，有內容就有一定的表達形式，有表達形式就賦予了一定的內容和情感，二者就像一個人的身體和靈魂一樣，密不可分。對於我們一線教師來講，文章的內容和情感容易找到，可對於蘊含在文章裡邊的「語言文字運用的東西」，找起來有難度。每每與大陸老師們交談，大家提的最多的問題就是：這篇文章到底該教給學生什麼樣的語文能力和方法？「一課一得」，這「一得」究竟得什麼？

之所以有這樣的困惑，我覺得第一個原因就在我們教師身上。因為多數教師壓根兒不知道，小學階段語文學科一共有多少個「語文能力的點」，這些點分別是什麼，在教材中是按什麼樣的順序螺旋上升的。再就是教師的文體意識淡薄，記敘文，說明文、議論文、非連續性文本等，分別有什麼特點？應怎樣引導學生理解不同體裁的文章，寫出不同體裁的作品？所以在教學時，慣用的做法就是不管什麼體裁的文章，都是用一種方法教學：初讀，學習字詞、感知內容——精讀，深化理解、體會情感——總結，鞏固知識，昇華情感。文體意識差、教學目標針對性不強。第二個原因就是內地現行的教材，四至六年級還沒有改成部編本教材，依然是以文選類來組織編排的，對於語文能力這方面，有些籠統和模糊。所以老師們霧裡看花、水中望月，找尋起來就有難度。2019年秋季，內地將全部使用部編教材，這一問題會得到解決。

基於此，教師們備課時更需要依據以下三點，去找「語文教學的點」：

**基於課標**——看課標中對每一學段的目標和內容是什麼。比如，低段的重點，就要放在識字教學、理解運用詞語、朗讀訓練、說話訓練上；中段應放在關鍵詞句表情達意的作用、段的訓練、總分並列結構、批註質疑推測猜想、邊讀邊想畫面上；高段則重在表達方法、篇的訓練、體裁特點、思維訓練、非連續性文本的教學上。

**基於教材**——看教材中有哪些語文教學的因素。在與「教材」和「編者」對話時，重點參照「導語」、「文本」、「課後題」、「泡泡語」以及「學習園地」。部編教材，可重點讀導語和課後題。如三年級上冊〈司馬光〉一課，在單元導語裡寫著：學習帶著問題默讀，理解課文的意思；學寫一件簡單的事。這就告訴我們，這整組教材就應圍繞這兩方面的訓練施教。課後題是：跟著老師朗讀課文，注意詞句間的停頓，背誦課文；借助注釋，用自己的話講一講這個故事；這篇課文和其他課文在語言上有什麼不同？和同學交流。用心對話課後題，我們就清楚地明白了，學習〈司馬光〉這篇小古文，要讀好停頓、借助注釋理解、感受小古文言簡意豐的特點。

原來人教版的教材，也要細細研讀課後題，比如教學〈圓明園的毀滅〉，根據課後第3題的要求：課文的題目是「圓明園的毀滅」，但作者為什麼那麼多筆墨寫圓明園昔日的輝煌？教師就可把這課的教學點定為「鋪墊」的寫作手法。至於什麼是「鋪墊」，「鋪墊」有什麼好處，就需要語文教師自己去思考、體味。

**基於學生**——要充分考慮學生的語文能力已經掌握了哪些，還需要掌握哪些。要做到三講三不講，即：學生已經會了的不講，自己能學會的不講，講了也不會的不講；三講是指講學生易混、易

錯、易漏的，講想不到、想不深、想不透的，講學生自己難以解決的。

比如，五年級上冊〈橋〉是一篇短小說，學生在四年級時已掌握了人物的動作、語言描寫，那麼執教這一課時，教師就可把教學重點放在「小說體裁的『環境』描寫」或者「小小說」的特點上。

## ② 有「序」

有序，是指符合邏輯，尊重規律，循序漸進。

俗話說：「一口吃不成胖子。」學習也是急不來的，學習語文的目的在運用，就要養成運用語文的好習慣。凡是習慣都不是幾天工夫能夠養成的。

(1) 小學階段的語言文字運用點要成序列。

比如學習「比喻句」，在低年級寫出「妹妹的臉像蘋果」這種「什麼像什麼」的句子；到了高年級，學生寫的比喻句還是「妹妹的臉像蘋果。」，那就不叫有「序」，因為學生寫比喻句的能力沒有發展。如果寫成「妹妹的臉像蘋果一樣紅，像天邊的雲霞一樣燦爛，更像綻放的花兒一樣美麗。」，那就更加生動、形象了。

可目前教學的現狀，很多教師的教學，語文能力點的培養並沒有螺旋式上升，而是原地踏步。如，人教版四年級下冊教材〈生命生命〉一組，老師們教學的重點定為「結合上下文體會含義深刻句子的意思」，到了五年級〈釣魚的啟示〉仍是「結合上下文體會含義深刻句子的意思」，到了六年級〈走進魯迅〉一組，還是教給學生這種體會含義句子的方法。究竟體會含義的句子有多少種方法，這些方法應該放到幾年級、放到哪篇課文中？教師沒有做更多的思考和研究。

還有一種更爲普遍的現象，只要一講寫人記事的文章，多數老師語文教學的重點，就定在人物的動作、神態、語言、心理活動……面面俱到，泛泛而教，也沒有一個由易到難的變化。因此，學生學了好多年，也沒有學會怎樣才能把動作寫準確，把語言寫出個性。

　　如，教學人教版五上〈慈母情深〉一課，教材前面的閱讀提示：畫出描寫母親外貌和語言的語句，體會課文是怎樣表現母親的深情的。很多教師就根據這段提示，把這篇文章的教學點定爲：「外貌」和「語言」。當然，教「外貌」和「語言」無可厚非，但是只是告訴學生要抓住人物的語言和外貌來描寫人物，是遠遠不夠的。到了高年級，怎樣憑藉語言的描寫，突出人物的個性？教師還應研究一番。就這課而言，教師可以讓學生先來讀母親的語言，看看有什麼發現？

　　　　母親大聲問：「你來幹什麼？」
　　　　「我……」
　　　　「有事快說，別耽誤媽幹活！」
　　　　「我……要錢……」
　　　　「要錢幹什麼？」
　　　　「買書……」
　　　　「多少錢？」
　　　　「一元五角……」

　　學生讀讀這段對話，就會發現母親的語言特別簡短。再往深處想：爲什麼不多和兒子聊幾句呢？再通過對比閱讀母親的表現：

**原文** 背直起來了，我的母親。轉過身來了，我的母親。褐色的口罩上方，一對眼神疲憊的眼睛吃驚地望著我，我的母親……。

**改文** 我的母親，直起背來，轉過身來，一對眼神疲憊的眼睛吃驚地望著我……。

一比較，學生就會發現，原文的描寫，進一步凸顯了母親的勞累、疲憊和工作的繁忙；幾個「我的母親」的描寫，也更好地表達出作者對母親的心疼和愛。

這樣一聯繫，教師就很容易地找到這一課的教學點，可以定為：語言描寫要符合人物所處的環境，在母親這樣一種極其勞碌的處境下，她的語言就要寫得簡短。由此想到，〈船長〉一課的哈爾威船長，為什麼語言那麼簡短有力，因為情況緊急；〈地震中的父與子〉一課中的父親，為什麼只會說：「你是不是來幫助我？」這樣一句看似精神失常的話，因為他的兒子埋在廢墟下。這樣教學，就避免了千人一面，萬人一腔。

(2) **整節課的教學環節也要有序。**

許多老師的課堂教學，目標繁雜，要的東西太多，結果適得其反，一節課下來，效率很低。如，有的教師教學〈草原〉，一會兒領著學生練習句式「那麼……那麼……」，一會兒教學觀察順序，一會兒教學比喻句，一會兒又讓學生找動態靜態描寫…… 不一會兒，黑板上出現了好多種學習方法。短短的40分鐘，環節那麼多，看上去也非常熱鬧，可熱鬧的背後，學生究竟能學會點啥？

哲學教授、導師牟宗三曾經說過：「每講一課，只要抓住一個主題，將它裡外講清楚，便是有用，便有可觀，雜博而概略是不能顯精采的，也不能解決問題。」

西班牙畫家、雕塑家巴波羅‧畢卡索也說：「消除冗餘方為藝術。」

每節課的教學，要大膽取捨，圍繞一個目標，步步推進，注重直擊目標的速度和力度，重在學會，而不是學過。一般精講課，可按以下流程操作：

a.鏈結生活，認知目標

b.對接文本，落實目標

c.拓展閱讀，實踐目標

d.創設情境，運用目標

就像〈草原〉這一課，文本中可教的語文因素很多，我們語文教師必須要清楚明瞭，你的教學目標是啥。如果你的目標定為「動靜結合」，那麼你就要以〈草原〉為例，真正讓學生知道何為動態、靜態，動態靜態描寫的好處是什麼。可按以下環節設計：

介紹身邊一景，知曉本節課學習目標——第一自然段為例，認知靜態動態描寫及好處——自讀進入陳巴爾虎旗公社，再次體會靜態動態描寫——拓展閱讀，學生體驗——創設情境，嘗試運用。

這樣，把知識跟實踐結合起來，不斷學，不斷練，才能真正學到本領。

## 3 有「趣」

多年來，我們的課堂裡究竟少了什麼，是否少了智慧和靈動？很多時候，我們過於追求知識的完整和深刻，過於追求教師的基本功，學生的批判思維、想像力、洞察力、注意力、聯結力，往往受到冷落。學生才是學習的主人，興趣才是最好的老師，人人動起來、課堂有生成，才是好課。

### (1) 鼓勵質疑

小孩子天生就愛問「為什麼」，我們的教學就要順應孩子天性，給孩子發問的機會，在一次次的質疑中，培養學生的質疑能力，從而知曉我們應該教什麼。

臺灣陳麗雲老師執教〈漁歌子〉，問學生關於〈漁歌子〉，你有什麼問題？帶著「為什麼是桃花流水鱖魚肥？而不是李花、杏花？」這樣的追問，才引出了除去因桃花粉紅，色彩更美之外，還有李白〈山中問答〉：「桃花流水窅然去，別有天地非人間」的閒適自樂。再一追問：「為何『不須歸，不須歸』？」才有了張志和大哥張松齡擔心弟弟在外面受苦，寫下的詞〈和答弟志和漁父歌〉，從而使學生理解了張志和縱情田園的樂趣和追求精神和靈魂的自由。同時，學生還學會了要根據課文中的語段提問題。

我在執教〈黃果樹瀑布〉一課，開課伊始，問學生預習後，遇到什麼不理解的問題？學生提出了「黃果樹瀑布為什麼叫黃果樹瀑布？」接下來，我讓學生去討論、猜測，才有了「或者瀑布邊上的村名就叫黃果樹村，或者是這兒周圍一片黃果樹林。」這樣精采的答案，打開了學生的思維。

教師萬不可因爲擔心時間不夠或者是和自己解答不了學生的疑問而尷尬，使學生失去了提出問題的機會。

## ⑵ 精講巧練

一篇文章，學生要自己先讀。待他讀過幾遍之後，多數同學基本上就理解了課文內容。若教師逐句逐句分析，那簡直是浪費學生的時間和精力。那教師是否就可以不講了呢？不是的。教師要在學生了解不透或不深的地方，給以點撥和引導，並且這點撥和引導也不宜太碎，教師要善於引導學生自己思考，自己多動腦筋。

如〈愛迪生救媽媽〉，有的老師教學時會問一連串的問題：愛迪生幾歲時救媽媽？媽媽患了一種什麼病？醫生怎麼說的？愛迪生用了一種什麼好辦法……這些問題，對孩子來講沒有丁點兒挑戰性，味同嚼蠟，興趣索然。這就要求教師提出的問題要儘量集中，讓學生跳一跳摘桃子。可問：愛迪生靠自己的聰明救了媽媽，媽媽遇到了什麼困難？愛迪生想出了什麼好辦法？在學習愛迪生的辦法時，讓學生比較閱讀「一溜煙似的奔出大門」，然後讓學生訓練說跑得快，還可以怎麼說？學生就會說出「下課了，同學們一陣風似的跑出教室」、「運動員像閃電似的衝向終點」、「大家向離弦的箭似的跑出去。」深入體會這種語言描寫的精妙。

## ⑶ 方式靈活

課堂上，要積極宣導自主、合作、探究的學習方式。

2015年4月，我去臺灣聽一個年輕的女老師執教〈三借芭蕉扇〉，她的課給我留下深刻的印象，她不是在「教教材」，而是在「用教材教」。她用這篇文章教給學生一種寫人的方法。在學習這種方法時，她讓學生小組合作，去梳理人物的特點：

①對一個人的描寫，我們可以用「畫人物五指山」來介紹。比如，白龍馬可以按右邊的圖來表示。

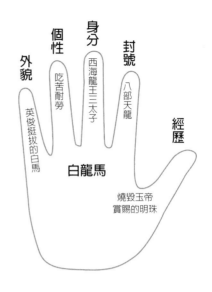

個性 吃苦耐勞
身分 西海龍王三太子
封號 八部天龍
外貌 英俊挺拔的白馬
經歷 燒毀玉帝賞賜的明珠
白龍馬

②你們小組想來介紹一下誰？請各小組從《西遊記》中的主要人物中認領一人，完成「人物五指山圖」。（各小組選了不同的人物：孫悟空、豬八戒、唐玄奘、沙悟淨，用心地寫起來；寫完後，各小組上臺講演。）

③想一想，你像《西遊記》裡的哪個人物？

三個環節，環環相扣，訓練學生提取資訊、理解、表達、聯結、想像等多種能力。正因為教師關注到了學生學習的興奮點、能力點、表現慾，所以學生們全身心投入，樂此不疲。

雖說教學有法，但真的教無定法。我們教師不要拘於模式，可根據教學目標，選擇精講巧練課、以讀代講課、彙報課、課本劇、讀寫結合課等等，使學生真正喜歡上語文，使課堂省時高效。

④ 有「量」

有量，指的是教學內容的量要適切。

當今社會，是一個知識爆炸的時代，如果學生閱讀量少，就很難跟上時代的步伐。大家來看看2017年北京市高考微作文題目（三選一）

① 《根河之戀》裡，鄂溫克人從原有的生活方式走向了新生活，《平凡的世界》裡也有類似的故事。請你從中選取一個例子，敘述情節並作簡要點評。要求：符合原著內容，條理清楚。

② 請從《紅樓夢》中的林黛玉、薛寶釵、史湘雲、香菱中選擇一人，用一種花來比喻她，並簡要陳述這樣比喻的理由。要求：依據原著，自圓其說。

③ 如果請你從《邊城》裡的翠翠、《紅岩》裡的江姐、《一件小事》裡的人力車夫、《老人與海》裡的桑地亞哥之中選擇一人，依據某個特定情境，為他（她）設計一尊雕像，你將怎樣設計呢？要求：描述雕像的體態、外貌、神情等特徵，並依據原著說明設計的意圖。

　　三個題目，全部考讀整本書，全部考原著，全部考精讀。如果學生沒有一定的閱讀量，怎能取得一個好的成績？今後高考，內地的高考試卷，題面的字數將上升到7000字，甚至1萬字。如果學生閱讀速度慢，恐怕題都看不完、答不完。

　　從小學階段，我們就要重視學生閱讀的量。有專家說：「一個學生的閱讀量，只有達到課本的4～5倍的時候，才能形成閱讀能力。」那麼，在有限的40分鐘時間裡，讀多少才合適呢？

　　量太小，學生則吃不飽。量太大，學生則難消化。根據多年的實踐，一般情況下，精讀悟法課，可一至兩課；而群文閱讀課，以3～5課為宜；自由閱讀課，篇目可再增加。

　　如何保證在加大容量的情況下，學生依然學得輕鬆？這就需要教師依據目標，有效整合。所謂「整合」，並不是簡單的疊加，而

是把一些零散的東西通過相同的目標有效地銜接，最終形成有價值有效率的一個整體。因此，做好整合，目標必須一致。至於整合哪幾篇文章，在什麼時候整合，可根據目標的完成需求來定。

如，臨沂五小的官貴元老師教學〈賣火柴的小女孩〉，她的教學目標是「幻象」，她就在〈賣火柴的小女孩〉學習後，把《野天鵝》、《拇指姑娘》中幻象的片斷補充了進來；臨沂朱陳小學的趙娜老師，教學〈鳳辣子初見林黛玉〉，她的教學目標是「暗示」，她在教學時，抓住「鳳辣子」外貌描寫體會「暗示」，抓「語言」描寫感受「暗示」，並把《紅樓夢》中其他章節一些關於「鳳辣子」語言的描寫，還有嘆詞、人物名字中有「暗示」寫法的地方整合了進來。再如，臨沂的王曉群老師執教〈悠悠離別情〉，就抓住詩中「柳」，挖掘柳是「留」的諧音和寓意，把帶有柳的送別詩整合進來……自然而不突兀，很好地完成了教學任務。

我在教學四年級〈魚游到了紙上〉時，針對「動作神態＋想像」這一教學目標，我在精讀課例上，與〈全神貫注〉整合，使學生真真切切地感受到文中作者的高明之處——抓住「動作神態＋想像」的描寫，使聾啞青年和羅丹的全神貫注躍然紙上。在「創設情境，運用目標」環節，學生描寫一個「愛讀書的畢老師」。他們自然而然地遷移運用了從教材中學到的語言，寫出了這樣的片斷：

> 只見畢老師呆呆地坐在桌上旁邊，靜靜地看著書中的文字，她一動也不動，似乎和書已經融為一體了。不一會兒，畢老師似乎是遇到難題了，只見她一會兒皺著眉頭，一會兒用手敲打著額頭，嘴裡嘰哩咕嚕的，好像跟誰在說悄悄話；她拿起筆來，在書上劃著、寫著什麼，似乎在跟誰激烈地爭

吵⋯⋯一分鐘過去了，兩分鐘過去了，她越讀越有勁，整個
世界對她來講好像已經消失了——大約過了半個小時，她臉
上閃著異樣的光，咧開嘴角笑了，輕輕地吁了口氣，把書闔
了起來。

當然，保證學習的「量」，做好整合，還包括語文學科內識字
寫字、閱讀、習作（寫作）、口語交際等的整合；跨學科的整合；
課內和課外的整合；校內和校外的整合。要充分利用學校、家庭和
社區等教育資源，開展綜合性學習活動，拓寬學生的學習空間等
等。

## ⑤ 有「效」

有效，是指課堂教學的目標達成度高。

只要做到以上「四有」，估計課堂一定是有效的。在這兒，還
有幾點，提示大家注意：

提問，要有效，避免一問一答式假提問；教學環節要有效，與
目標無關的環節，要刪除掉；多媒體運用要有效，避免為了多媒體
而多媒體，被資訊技術綁架；教學環境要有效，不要打著師生平等
的口號，讓學生假自主、假合作。

總之，閱讀教學要做到三味：語文味兒，重視聽、說、讀、
寫、書；兒童味兒，保持童心，基於學情；生活味兒，正如英國教
育家懷特海說：「教育只有一個主題，那就是多姿多彩的生活。」

# 實例篇

課例1 六上第25課 —— 伯牙絕弦（文言文）

## 文本分析

〈伯牙絕弦〉是人教版六年級上冊的一篇文言文，故事盪氣迴腸，耐人尋味。伯牙擅長彈琴，子期有很高的音樂鑑賞能力。伯牙用琴聲表達了他高山般的志向，江河般的胸懷，琴技達到了爐火純青的地步。而鐘子期的情操、智慧正好與他產生了共鳴。伯牙因得知音而大喜。子期死後，伯牙悲痛欲絕，覺得世上再沒有人能如此真切地理解他，「乃破琴絕弦，終身不復鼓。」

全文共77個字，可以把教學重點放在本組文章的編排意圖「聯想與想像」的教學上；也可以此文為例，注重閱讀策略的教學——滲透文言文的讀書方法，激發學生讀文言文的興趣。遵循「一課一得」的教學原則。我想，「聯想與想像」在〈月光曲〉、〈火燒雲〉等許多文章都可以教，而文言文在小學的篇目畢竟有限，故把教學重點放在「文言文的讀書方法」上。

小學階段的文言文學習，重在記誦積累，憑藉注釋和工具書理解大體文意即可。不必一句一句、斤斤計較文言句法詞法和現代漢語的異同，導致學生連誦讀時間也沒有了。倘若學生記住的是彆彆扭扭的「譯文」，而精采的原文反倒印象模糊，那真是買櫝還珠了。所以，在疏通大意、反覆誦讀的同時，我注重創設情境，讓學生「應用」。

## 📖 教學目標

　　運用「三讀法」學習文言文，激發學生對文言文的興趣，感受古代的交友方式。

### 教學過程

**1** 自我介紹，拉近學生與教師，與文言文的距離

> 　　畢氏之女，名英春，生於昌邑。幼讀詩文，不求甚解。繼學師範，遂奠教書匠之基。19歲，教書為業，至今29載，喜郊遊，樂交友，善教書，與生共學，樂無窮矣。
>
> 　　家有一女，學有所成。吾教書做事，均甚認真，往往吃虧，亦不後悔。

　　看學生能從教師的介紹中，對教師有哪些了解？引入文言文的學習。

**2** 以〈伯牙絕弦〉為例，悟法

(1) 一讀正音

　　出示原文：

---

　　伯牙善鼓琴，鍾子期善聽。伯牙鼓琴，志在高山，鍾子期曰：「善哉，峨峨兮若泰山！」志在流水，鍾子期曰：「善哉，洋洋兮若江河！」伯牙所念，鍾子期必得之。子期死，伯牙謂世再無知音，乃破琴絕弦，終身不復鼓。

---

著名的理學家、思想家朱熹先生講：「讀之，須讀得字字響亮，不可誤一字，不可少一字，不可多一字，不可倒一字，不可牽強暗記，只要多誦讀數遍，自然上口，久遠不忘。」讓學生自己讀文，字字響亮，讀正字音。

(2) 二讀明意

　　在「一讀正音」環節，學生可能「峨峨兮若泰山！」、「伯牙謂世再無知音」斷句錯誤。在此環節，只要學生明白了意思，就能讀好停頓了。

　　出示學習提示：

　　可借助下面的注釋，或者聯繫上下文猜讀的方法，說出文章意思。

> 絕：斷絕。
> 鼓：彈。
> 志在高山：心裡想到高山。
> 哉：語氣詞，表示感歎。
> 峨峨：高。
> 洋洋：廣大。
> 兮：語氣詞，「啊」。

　　（學生在理解時，注意四個「善」的不同意思。）

(3) 三讀出韻

　　出示學習提示：

　　想像畫面，聲斷氣連。

① 以下兩句為例，你能想像到什麼樣的畫面？怎樣讀好？

　　志在高山，鍾子期曰：「善哉，峨峨兮若泰山！」

　　志在流水，鍾子期曰：「善哉，洋洋兮若江河！」

② 「伯牙所念，鍾子期必得之。」想一想，當伯牙志在清風和明月時，鍾子期會怎麼說？

志在清風，鍾子期曰：「善哉，＿＿兮若＿＿！」

志在明月，鍾子期曰：「善哉，＿＿兮若＿＿！」

③ 思考：伯牙心裡會想到許多，為什麼文中單寫「高山、流水」？

補材料，使學生知道「高山」指俞伯牙志向遠大，「流水」指俞伯牙胸懷寬廣。

---

**資料一**

雲山蒼蒼，江水泱泱①，先生②之風，山高水長③。

——范仲淹《嚴先生祠堂記》

---

**注釋**　① 泱泱：形容水深無邊的樣子。

② 先生：指嚴子陵。

③ 山高水長：指能夠世代相傳，與山水共存。比喻志向遠大，胸懷寬廣。

---

**資料二**

以伯牙之藝，而獨一子期能知其志。

——《呂氏春秋》

---

**譯文**　伯牙的琴藝絕妙高超，然而只有子期一人才能聽懂他琴聲裡表達的志向和胸懷。

(4) 補材料，感受痛失子期之苦

> 憶昔去年春，江邊曾會君。今日重來訪，不見知音人。但見一抔土，慘然傷我心！……歷盡天涯無足語，此曲終今不復彈，三尺瑤琴為君死！

(5) 配樂背誦〈伯牙絕弦〉

**3** 拓展閱讀〈管鮑之交〉，依法自學

出示文章：

> 管仲少時常與鮑叔牙游，鮑叔知其賢。
>
> 管仲曰：「吾始困時，嘗與鮑叔賈，分財利多自與，鮑叔不以我為貪，知我貧也。吾嘗為鮑叔謀事而更窮困，鮑叔不以我為愚，知時有利不利也……吾嘗三戰三走，鮑叔不以我為怯，知我有老母也。生我者父母，知我者鮑子也。」

💡學習提示：

① 一讀，讀準字音。

② 二讀，讀通句子，理解文章的意思。

③ 三讀，想一想，你從哪兒感受到管鮑是人生知己？

學生自讀、交流。

**4** 行有餘力，推薦閱讀其他「六拜之交」

刎頸之交、膠漆之交、雞黍之交、捨命之交、忘年之交、生死之交。

**課例2** 三下第31課──女媧補天（神話）

## 文本分析

〈女媧補天〉是一個千古流傳的神話故事，講了女媧為了拯救水深火熱中的人們，冒著生命危險補天的故事，讚揚了女媧勇敢、善良、甘願奉獻的精神。

通過與文本對話，文本本身可教學的語文因素有：理解關鍵詞、想像畫面、動詞的準確使用、講故事、神話神奇的特點等等。可短短40分鐘時間，不可能面面俱到。遵循「一課一得」的原則，必須合理取捨。取什麼呢？因本組教材皆是「神話傳說」，加之課後習題一：這個故事真神奇，我要多讀幾遍。為此，我把教學重點定為「感受神話神奇的特點」。

## 教學目標

感受神話神奇與美好的特點。

## 教學過程

**1** 圖片導入，揭題激趣

出示「八仙過海、后羿射日、西遊記、哪吒鬧海」的圖片，學生觀察有什麼共同點？（都是神話故事）

**2** 以〈女媧補天〉為例，感知神話的「神奇」

(1) 預習交流，質疑問難

你已經讀懂了什麼？還有哪些讀不懂的問題？

（學生或多或少的感受到女媧非常勇敢，捨己為人。可神話的神奇究竟體現在哪些方面，學生自己是讀不懂的。）

(2) 找到「神奇」的句子，感受「奇」在哪兒（學生自學）

预設

　　學生會找到「天塌的現象、找五彩石、補天」三處。尤其是找到「現象」、「補天」兩處，要投影出示，讓學生談談理由，並有感情朗讀。

投影出示

　　遠遠的天空塌下一大塊，露出一個黑黑的大窟窿。地被震裂了，出現了一道道深溝。山岡上燃燒著熊熊大火，田野裡到處是洪水。許多人被圍困在山頂上，許多人在水裡掙扎。

　　這樣的現象（天上出現黑黑大窟窿），我們從沒有見過。這是「現象」奇！有感情朗讀，突出現象的恐怖。

投影出示

　　五彩石找齊了，女媧在地上挖個圓坑，把五彩石放在裡面，用神火進行冶煉。煉了五天五夜，五彩石化成了很稠的液體。女媧把它裝在一個大盆裡，端到天邊，對準那個大黑窟窿，往上一潑，只見金光四射，大窟窿立刻被補好了。

　　（學生抓「冶煉、端、潑」等動詞和「五天五夜」表示時間的詞，感受女媧不懼危險的品質。感受「人」和「物」的神奇。）

(3) 小結

　　神話中的自然現象、人物、工具，都具有神奇的能量。正因為有了這神奇的想像才讓故事更加生動，才讓我們更深刻的感受到女媧這一人物形象。

**③ 略讀〈夸父追日〉，實踐神話的「神奇」**

(1) 自學

描寫夸父的哪些語句，最能體現神話「神奇」這一特點呢？畫出相關語句，並和同桌或小組內交流一下分別是奇在哪些方面？

(2) 交流

「人」神奇：

於是夸父拿著手杖，提起長腿，邁開大步，像風似的奔跑，向著西斜的太陽追去，一眨眼就跑了兩千里。

夸父伏下身子，去喝黃河、渭河裡的水。咕嘟咕嘟，霎時間兩條大河都給他喝乾了，可是還沒止住口渴。

「現象」和「物」神奇：

「夸父身體變成大山」和「手杖變成桃林」兩處。

**④ 拓展運用**

哪吒自幼喜歡習武，有一天，他同小朋友在海邊嬉戲，正好碰上東海龍王三太子出來欺壓百姓，殘害兒童。小哪吒見此情景，挺身而出，與三太子搏鬥，大鬧龍宮：＿＿＿＿＿＿

他是怎麼鬧的，又是怎麼和三太子打的呢？你能不能發揮想像，把故事創編出來？看誰編得神奇，編得生動！注意人物神、現象神、物也神喲。

### 附學生作品

　　哪吒變出了三頭六臂。只見他腳踩風火輪，手持火尖槍向三太子奮力刺去，頓時海浪翻滾，白色的浪花掀起足有兩丈多高。三太子見勢不妙，轉身想逃。哪吒又拋出混天綾，混天綾像一條巨大的繩索，一直追著三太子跑，一會兒上天，一會兒入海，呼拉一下，最終把三太子死死綁住，使他動彈不得；接著哪吒舉起乾坤圈，狠狠地砸去。三太子終於招架不住，最後只好跪地求饒。

### 課例3　五下第16課 —— 橋（小說）

〈橋〉

黎明的時候，雨突然大了。像潑。像倒。

山洪咆哮著，像一群受驚的野馬，從山谷裡狂奔而來，勢不可當。

村莊驚醒了。人們翻身下床，卻一腳踩進水裡。是誰驚慌地喊了一嗓子，一百多號人你擁我擠地往南跑。近一米高的洪水已經在路面上跳舞了。人們又瘋了似的折回來。

東面、西面沒有路。只有北面有座窄窄的木橋。

死亡在洪水的獰笑聲中逼近。

人們跌跌撞撞地向那座木橋擁去。

木橋前，沒腿深的水裡，站著他們的黨支部書記，那個全村人都擁戴的老漢。

老漢清瘦的臉上淌著雨水。他不說話，盯著亂哄哄的人們。他像一座山。

人們停住腳，望著老漢。

老漢沙啞地喊話：「橋窄！排成一隊，不要擠！黨員排在後邊！」

有人喊了一聲：「黨員也是人。」

老漢冷冷地說：「可以退黨，到我這兒報名。」

竟沒人再喊。一百多號人很快排成一隊，依次從老漢身邊奔上木橋。

水漸漸竄上來，放肆地舔著人們的腰。

老漢突然沖上前，從隊伍裡揪出一個小夥子，吼道：「你還算是個黨員嗎？排到後面去！」，老漢凶得像只豹子。

小夥子瞪了老漢一眼，站到了後面。

木橋開始發抖，開始痛苦地呻吟。

水，爬上了老漢的胸膛。最後，只剩下了他和小夥子。

小夥子推了老漢一把，說：「你先走。」

老漢吼道：「少廢話，快走！」他用力把小夥子推上木橋。

突然，那木橋轟地一聲塌了。小夥子被洪水吞沒了。

老漢似乎要喊什麼，猛然間，一個浪頭也吞沒了他。

一片白茫茫的世界。

五天以後，洪水退了。

一個老太太，被人攙扶著，來這裡祭奠。

她來祭奠兩個人。

她丈夫和她兒子

## 文本分析

〈橋〉是一篇短小說，塑造了一個老黨支部書記，面對狂奔而來的洪水，他以自己的威信和沉穩，果決指揮，將村民們送上跨越死亡的生命橋。這篇課文情節跌宕起伏，語言簡練生動。在表達方法上有四個突出特點：

一是構思新穎別致，設置懸念，前後照應。文章結尾才交待老漢和小夥子的關係。二是文章多用簡短的句、段，來渲染緊張的氣氛。三是大篇幅的環境描寫，運用比喻、擬人等修辭手法，增強表現力。四是文中對老漢動作、語言的描寫，也非常精準，刻畫到位。

是否這四種表達手法都要教給學生呢？多則惑，少則得。為了實現從「學過」到「學會」、從「學會」到「會學」的轉變，我還是依據課後題：「文中有多處關於大雨和洪水的描寫，你發現了嗎？」把這篇文章的教學重點定為「環境描寫」，讓學生知道什麼是環境描寫，感受環境描寫的好處，並嘗試著進行環境描寫。

## 教學目標

學習環境描寫，並嘗試進行環境描寫。

**教學過程**

第一課時：精讀引領課
教材〈橋〉＋拓展文章〈交接〉

**❶ 看圖導入，明確目標**

出示「烏雲密布」和「風和日麗」的兩幅圖，學生談「看到什麼及感受」。知道一切景語皆情語。

**❷ 以〈橋〉為例，認識目標**

**⑴ 交流預習，質疑問難**

課前預習了課文，你已經知道了什麼？還有什麼不理解的問題？同桌或前後桌交流。

預設問題：

① 課文為什麼最後才點明是父子關係？

② 為什麼開始時要把小夥子揪出來，後來又把他推上木橋？

**⑵ 讀文悟法**

① 找老漢動作的表現。

寫人的文章，離不開人物的語言、動作、神態。看：老漢在指揮村民逃離的過程中，他的動作發生了哪些變化？請你默讀課文，標出表示老漢動作的詞。

（學生開始靜靜自學，找出：盯、喊；沖、揪；推、吼）

② 結合環境描寫思考動作的表現，走進老漢的內心。

    A. 結合環境描寫，體會「盯、喊」動作表現時的內心活動，認識老漢的果敢、鎮定。

---

黎明的時候，雨突然大了。像潑。像倒。

山洪咆哮著，像一群受驚的野馬，從山谷裡狂奔而來，勢不可當。

近一米高的水面已經在路面上跳舞了。人們又瘋了似的折回來。

東面、西面沒有路。只有北面有座窄窄的木橋。

死亡在洪水的獰笑聲中逼近。人們跌跌撞撞地向那木橋擁去。

B. 結合環境描寫，認識老漢「揪出小夥子時」時的黨性和「把小夥子推上木橋」時的父愛。

水漸漸竄上來，放肆地舔著人們的腰。

老漢突然衝上前，從隊伍裡揪出一個小夥子，吼道：「你還算是個黨員嗎？排到後面去！」老漢凶得像隻豹子。

水，爬上了老漢的胸膛。最後，只剩下他和小夥子。

老漢吼道：「少廢話，快走。」他用力把小夥子推上木橋。

③ 思考感悟：文中有這麼多環境描寫的句子，如果把環境描寫的句子都去掉，行不行，為什麼？

學生認識環境描寫的好處與用意：第一，烘托老漢的形象；第二，使故事吸引人；第三，畫面非常豐富。尤其在小說裡，環境描寫是非常重要的一個因素。再來讀讀環境描寫的句子，作者一會兒比喻，一會兒擬人，寫出了環境的惡劣、可怕。

④ 解疑：為什麼最後才說明老漢和兒子的關係？

**3** 拓展〈交接〉，強化目標

〈交接〉　　　　　　　　　　　　　　　　　　　劉吾福

　　老校長舉起手中的小鐵棒，敲響了掛在老槐樹上的二尺長的鋼管：「當──當當──當──」

　　上課了，孩子們像兔子一般蹦進了教室裡。

　　教室裡一共才九個孩子，九個孩子卻分成三個年級：三個是一年級新生，四個讀二年級，還有兩個是三年級的孩子，這是農村特有的複式教學班。

　　這所名叫「冬茅壟」的小學是霧蓋山鄉最偏遠的一所小學。小學建在山坳頂，站在學校舉目四望，盡是崇山峻嶺，白雲繚繞，幾個小村子點綴在雲霧中，時隱時現。這所貧困的小學，教室的牆是泥巴牆，牆上的裂縫就像一位飽經風霜的老翁臉上的皺褶，房頂是杉樹皮蓋的，已經布滿了青苔，有的地方還冒出了一朵朵淺黃色的小蘑菇……

　　老校長帶著娟子走進了教室，一個稍大的男孩脆脆地喊了一聲：「起立！」九個孩子立馬起立齊聲叫：「老師好！」

　　老校長環視教室一周，微笑著回答：「同學們好！」

　　孩子們看到，老校長頭上的白髮今天分外亮。

　　老校長打了一個手勢，九個孩子坐在板凳上挺直了腰。

　　老校長說：「孩子們，我來介紹一下，這位是你們的新老師、新校長，叫何娟子……從今天起，我退休了，今後就由新老師給你們上課。大家歡迎！」教室裡響起了劈裡啪啦的掌聲。

　　老校長說：「為了讓新老師儘快認識你們，我現在開始點名……」

　　「盤山伢。」

「在這裡！」一個最矮小，腦袋像蘿蔔頭的男孩站了起來。

娟子看到孩子的鼻子下還掛著兩行鼻涕呢！娟子走過去掏出手絹，把孩子的鼻涕輕輕擦去。

「盤小生。」

「哎！」娟子又走過去，看到這個小男孩的衣襟居然一邊長一邊短——原來是扣子扣錯了位。娟子把他的扣子重新扣好。

「趙三妹。」

「到！」趙三妹的嗓子很脆。娟子看到這個女孩長得很水靈，大大的眼睛忽閃忽閃的。但她穿的衣服顯然太寬大了，衣襟都遮住了大腿。毫無疑問，趙三妹穿的不是媽媽的衣服就是姐姐的衣服，衣袖上還有一個銅錢大的破洞。娟子說：「三妹中午到辦公室去，老師把你的衣服給補一補。」趙三妹抿著嘴唇，臉頰泛起一抹紅暈……

老校長對娟子點點頭。臉上露出贊許的微笑。

交接完後，老校長喊了一聲「下課」，九個孩子像小鹿一樣蹦出了教室。

老校長和娟子回到了辦公室，老校長把辦公桌上的備課本和作業本推到了娟子的面前，語重心長地說：「娟子呀，從今天起，這所學校和這九個孩子就交給你了，你一定要像待自己的親弟妹一樣待他們呀！」

娟子說：「您放心回去吧，待會兒我送您下山……」

老校長說：「不用送，我已經決定不走了！」

「為什麼？」娟子不解地抬頭看著老校長。

老校長微微一笑：「我捨不得這裡，我要留在這裡為你和孩子們做飯呢……」

娟子深情地看著老校長，突然輕輕地伏在老校長的肩頭嗔（chēn）叫了一聲：「爸……」

出示問題：

①讀一讀，把何娟子動作的詞找出來，想一想，她是個怎樣的人。

②找到環境描寫的句子劃出來。想一想，環境描寫又有什麼作用？

學生自學、交流。

環境描寫的句子：

---

這所名叫「冬茅壟」的小學，是霧蓋山鄉最偏遠的一所小學。小學建在山坳頂，站在學校舉目四看，儘是崇山峻嶺，白雲繚繞，幾個村子點綴在雲霧中，時隱時現。這所貧困的小學，教室的牆是泥巴牆，牆上的裂縫就像一位飽經風霜的老翁臉上的皺褶，房頂是杉樹皮蓋的，已經布滿了青苔，有的地方冒出了一朵朵淺黃色的小蘑菇……

---

學生從「掏出手絹、擦鼻涕、扣釦子、補一補」體會到何娟子對學生無微不至的愛。再結合著環境描寫的句子，感受到何娟子的偉大。

**4 對比異同點**

你覺得這兩篇文章有什麼相似之處，又有什麼不同的地方？

第二課時：讀寫結合課
〈金色的魚鉤〉、〈七根火柴〉、〈啞巴渡〉、〈魂駐小紅橋〉

〈七根火柴〉　　　　　　　　　　　　　　　　王願堅

　　天亮的時候，雨停了。

　　草地的氣候就是奇怪，明明是月朗星稀的好天氣，忽然一陣冷風吹來，濃雲像從平地上冒出來的，霎時把天遮得嚴嚴的，接著就有一場暴雨，夾雜著栗子般大的冰雹，不分點地傾瀉下來。

　　盧進勇從樹叢裡探出頭，四下裡望瞭望。整個草地都沉浸在一片迷濛的雨霧裡，看不見人影，聽不到人聲。被暴雨沖洗過的荒草，像用梳子梳理過似的，光滑地躺倒在爛泥裡，連路也看不清了。天，還是陰沉沉的，偶爾有幾粒冰雹灑落下來，打在那渾濁的綠色水面上，濺起一撮撮浪花。他苦惱地嘆了口氣。因為小腿傷口發炎，他掉隊了。兩天來，他日夜趕路，原想在今天趕上大隊的，卻又碰上這倒楣的暴雨，耽誤了半個晚上。

　　他咒罵著這鬼天氣，從樹叢裡鑽出來，長長地伸了個懶腰。一陣涼風吹得他冷不丁地連打了幾個寒戰。他這才發現衣服已經完全濕透了。

　　「要是有堆火烤烤該多好啊！」他使勁絞著衣服，望著那順著褲腳流下的水滴想道。他也知道這是妄想——不但是現在，就在他掉隊的前一天，他們連裡已經因為沒有引火

的東西而只好吃生乾糧了。他下意識地把手插進褲裡，意外地，手指觸到了一點黏黏的東西。他心裡一喜，連忙蹲下身，把褲袋翻過來。果然，在褲袋底部粘著一小撮青稞麵粉；麵粉被雨水一泡，成了稀糊了。他小心地把這些稀糊刮下來，居然有雞蛋那麼大的一團。他吝惜地捏著這塊麵團，一會兒捏成長形，一會兒又捏成圓的，心裡不由得暗自慶倖：幸虧昨天早晨我沒有發現它。已經一晝夜沒有吃東西了，這會看見了可吃的東西，更覺餓得難以忍受。為了不至一口吞下去，他又把麵團捏成了長條。正要把它送到嘴邊，驀地聽見了一聲低低的叫聲：「同志！——」

這聲音那麼微弱、低沉，就像從地底下發出來的。他略略愣了一下，便一瘸一拐地向著那聲音走去。盧進勇蹣跚地跨過兩道水溝，來到一棵小樹底下，才看清楚那個打招呼的人。他倚著樹根半躺在那裡，身子底下是一汪渾濁的汙水，看來他已經有很長時間沒有挪動了。他的臉色更是怕人：被雨打濕了的頭髮像一塊黑氈糊貼在前額上，雨水沿著頭髮、臉頰滴滴答答地流著。眼眶深深地塌陷下去，眼睛無力地閉著，只有頜下的喉結在一上一下地抖動，乾裂的嘴唇一張一翕地發出低低的聲音：「同志……同志……」

聽見盧進勇的腳步聲，那個同志吃力地張開眼睛，習慣地掙扎了一下，似乎想坐起來，但卻沒有動得了。盧進勇看著這情景，眼睛像揉進了什麼，一陣酸澀。在掉隊的兩天裡，他這已經是第三次看見戰友倒下來了。「這一定是餓壞了！」他想，連忙搶上一步，摟住那個同志的肩膀，把那點青稞面遞到那同志的嘴邊說：「同志，快吃點吧！」

那同志抬起一雙失神的眼睛，呆滯地望了盧進勇一眼，吃力地抬起手推開他的胳膊，嘴唇翕動了好幾下，齒縫裡擠出了幾個字：「不，沒……沒用了。」

盧進勇手停在半空，一時不知怎麼好。他望著那張被寒

風冷雨凍得烏青的臉和那臉上掛著的雨滴，痛苦地想：「要是有一堆火，有一杯熱水，也許他能活下去！」他抬起頭，望望那霧濛濛的遠處，隨即拉住那同志的手腕說：「走，我扶你走吧。」

那同志閉著眼睛搖了搖頭，沒有回答，看來是在積攢著渾身的力量。好大一會兒，他忽然睜開了眼，右手指著自己的左腋窩，急急地說：「這……這裡！」

盧進勇惶惑地把手插進那濕漉漉的衣服。這一那間，他覺得那同志的胸口和衣服一樣冰冷了。在那人左腋窩裡，他摸出了一個硬硬的紙包，遞到那個同志的手裡。

那同志一隻手哆哆嗦嗦地打開了紙包，那是一個黨證；揭開黨證，裡面並排著一小堆火柴。焦乾的火柴、紅紅的火柴頭簇集在一起，正壓在那朱紅的印章中心，像一簇火焰在跳。

「同志，你看著……」那同志向盧進勇招招手，等他湊近了便伸開一個僵直的手指，小心翼翼地一根根撥弄著火柴，口裡小聲數著：「一，二，三，四……」

一共有七根火柴，他卻數了很長時間。數完了，又向盧進勇望了一眼，意思好像說：「看明白了？」

「是，看明白了！」盧進勇高興地點點頭，心想：這下子可好辦了！他仿佛看見了一個通紅的火堆，他正抱著這個同志偎依在火旁……

就在這一瞬間，他發現那個同志的臉色好像舒展開來，眼睛裡那死灰般的顏色忽然不見了，發射出一種喜悅的光。只見他合起黨證，雙手捧起了它，像擎著一隻貯滿水的碗一樣，小心地放進盧進勇的手裡，緊緊地把它聯手握在一起，兩眼直直地盯著他的臉。

「記住，這，這是，大家的！」他蓦地抽回手去，深深地吸了一口氣，用盡所有的力氣舉起來，直指著正北方向：

「好，好同志……你……你把它帶給……」

話就在這裡停住了。盧進勇覺得臂彎猛然沉了下去！他的眼睛模糊了。遠處的樹、近處的草，那濕漉漉的衣服、那雙緊閉的眼睛……一切都像整個草地一樣，霧濛濛的，只有那隻手是清晰的，它高高地擎著，像一個路標，筆直地指向長征部隊前進的方向……

這以後的路，盧進勇走得特別快。天黑的時候，他追上了後衛部隊。

在無邊的暗夜裡，一簇簇的篝火燒起來了。在風雨中、在爛泥裡跌滾了幾天的戰士們，圍著這熊熊的野火談笑著，濕透的衣服上冒起一層霧氣，洋瓷碗裡的野菜「嘓──嘓」地響著……

盧進勇悄悄走到後衛連指導員的身邊。映著那閃閃跳動的火光，他用顫抖的手指打開了那個黨證，把其餘六根火柴一根根遞到指導員的手裡，同時，又以一種異樣的聲調在數著：

「一，二，三，四……」

〈魂駐小紅橋〉                                            李英儒

出征的隊伍綿亙十幾里，風蕭馬嘶秋冷，紅軍將士們行色悲壯。每次突破敵人的封鎖線，都要付出極大的代價。

戰鬥隊減員嚴重，而擔架隊卻越來越長，任務也隨之越來越艱鉅。一個清瘦幹練的姑娘穿梭在隊伍裡，像踩著風火輪似的，跑前跑後，安排抬擔架的、照顧負傷的。這是她的職責，她是擔架隊隊長。據說她是自己從家裡跑出來參加紅軍的，英子這個名字也是當兵後她自己取的。20歲的她，已參加紅軍4年、入黨3年，麻利、果斷、機智、勇敢的作風常

讓人忘了她是個姑娘。因此在長征前她受領了隊長一職。

臨危受命，意味的不再是權力，而是用性命兌現所有的責任。困難、問題、危險，接踵而來。擔架不夠用，傷患有增無減！有的擔架員受傷了，雇來的民工逃跑了。

十幾個擔架被扔在路上，重傷患血汗模糊地躺著，較輕一點的傷患發出陣陣痛苦的呻吟。觸目的情景讓她心如刀絞，血直往頭上衝。年輕的隊長杏眼瞪圓，咬著嘴唇，狠狠地說：「背也要背著走！」

她對擔架員的任務進行了分配，盡力找回逃走的民工，儘量安頓好每個傷患。

可安排到最後，再也勻不出擔架和人來抬一個傷勢嚴重、生命垂危的小戰士了。看著前方的路，看著奄奄一息的小戰士，英子決定背著他走。

隊員們反對，勸她留下這個傷患。因為矮小、單薄的她看上去實在不堪重負，而且這個傷患傷勢太重。可英子看著四周的荒山野嶺，說：「丟下他，不就等於讓他死嗎？決不能！」於是，再沒有多說什麼，她背著他在崎嶇泥濘的路上，邁開了沉重的步子……

傷患的手無力地搭在她的肩上，微弱地聲音說：「放──下──我，放──下──我吧……」英子充耳不聞，薄薄的嘴唇堅強地抿起。

是奇蹟嗎？弱小的她，背著比她高、比她重的戰士，翻山越嶺，竟然走過了許多路程。而受傷的戰士，也頑強地抗爭著，在缺醫少藥的情況下居然開始好轉！

一路辛苦，一路歷險，一路化險為夷。擔架隊艱難而曲折地前進著。而英子卻越來越瘦，她總是將少得可憐的食物分給擔架員和傷患；她也越來越弱，她總是將金貴的鹽和水送進戰友的嘴裡……

隊伍來到山裡的一座小橋時，彷彿春天正好等在這裡，

嬌嫩的小花與新綠撲面而來。勞頓不堪的戰士們愣了一下，然後，都恍然大悟似地停下腳步，深呼吸……

那個重傷的戰士已經可以拄著棍子走了，也許是受了這美景的鼓勵，他走到英子隊長面前，說：「隊長，我要編個花環給你！」

英子笑了，那開心而生動的笑臉讓人想起她也只是個孩子。她點點頭回答：「嗯，好。」可接著又故意板起臉說：「但是，你現在還需要休息。」這是她一生中所說的最後一句話。

為了給傷患舀水喝，她墜到了橋下的河水裡。她墜落的聲音那麼小，她甚至沒有掙扎，就順水飄去……

一去七十年！白雲蒼狗，世事變遷，很多事情改變了，但有些故事永遠不會褪色。就像此刻——一個垂暮老人，站在小橋邊，凝視遠方。山青水碧、草青花豔，和平的陽光照耀大地。他的眼睛濕潤了，半晌才說：「不一樣了，但又一點都沒有變。」

過了許久、許久，老人又開口說：「如果英子隊長多吃一點東西，可能就能堅持下去，可能就……」

老人緩緩地在草地上采來繽紛的野花，用顫抖的手認真地編起一個花環，輕輕掛在橋頭……

〈啞巴渡〉　　　　　　　　　　　　　　　　　　　　劉歡歡

我的童年，是用竹子和河水編織起來的。我的家掩藏在一片毛竹林中，離家不遠的地方，有一個渡口，擺渡的人是一個乾乾瘦瘦的啞巴老頭，鄉親們都管這叫啞巴渡。

沒有誰知道啞巴有多老，在這兒擺渡有多少年。在每一個過河的人最初的記憶裡，啞巴老人就是這個樣子；爬滿皺

紋的臉，深沉的眼睛，一條跛腿，一雙粗大布滿了老繭的手不知擺過了多少歲月。

但啞巴老人的船總是乾淨而清爽，船舷擦得亮亮的，閃著桐油的光澤，一點也不像他皺巴巴的臉。啞巴老人的船擺得又快又穩，無論是白天還黑夜，只要在岸上一吆喝，他就會從船艙裡出來，再穩穩當當地把過河人送到對岸去。春夏秋冬，從不間斷。在這裡過河的人，不用擔心會耽擱行程。

啞巴老人是孤獨的。聽人說，他曾經有個女兒，叫丫丫，是從河邊揀來的。他用一口一口的米湯把她養大。在她長大成人，即將要做母親的時候，卻不幸死於難產。從此，啞巴老人就變得更孤獨了。沒有人會注意到他，他太平凡而微不足道了，人們似乎把他遺忘了。

河水在日復一日、年復一年地流淌著，啞巴老人在這裡默默地把船擺過來、渡過去，人們已經習慣了河水、渡船和啞巴老人的存在，好像這一切都是理所當然的。

直到有一天，啞巴老人生病被送進了醫院。接替他的後生擺的船又慢又不穩，大家才懷念起以前只用一雙粗大的手說話的啞巴老人。人們想起他擺船的穩當，想起了他一毛錢的渡河錢，想起了他冬天半夜裡穿衣解纜就為了送一個行人過河。啞巴不在了，人們覺得船上空落落的。

好幾個月過去了，正當人們快要把啞巴老人淡忘了時，鄉里突然來了個當官的。鄉長說，他是一位老將軍。他手裡捧著個盒子，那是啞巴老人的骨灰盒。啞巴老人得的是肝癌，晚期，死在醫院裡。他把一生擺渡的錢全捐了出來，想在這條河上建一座新橋。

就在新橋建成剪綵的那天，老將軍含淚講述了一件讓人震驚的往事：在紅軍長征的一次戰鬥中，為了攔截追擊的敵人，還是「紅小鬼」的老將軍奉上級的命令配合班長炸掉石橋。班長冒死炸橋，身負重傷成了跛子。他知道自己不能再

上戰場了，請求留下來。後來，他找了條渡船，「橋是我炸的，讓我來擺渡吧！」從此以後，他再也不願多說一句話，默默地開始了啞巴擺渡的日子，直到走向生命的終點。

老將軍眼裡閃著淚花，舉起手中的骨灰盒說：「擺渡的啞巴老人就是我的班長！……」

河水忘記了流動，鳥兒忘記了飛翔。

鄉親們啞了，渡河啞了，天和地都啞了。

風中揚起骨灰，緩緩地落入了河水中，落入這條他擺渡四十多年，記載他一生默默奉獻的母親河。

陽光下，潔白的橋身閃爍著三個大字：啞巴渡。悠悠的河水在向你訴說一個永恆的故事，有位老紅軍生前在這裡炸掉一座橋，擺了一輩子渡，死後又留下了一座橋。

〈金色的魚鉤〉

1935年秋天，紅四方面軍進入草地，許多同志得了腸胃病。我和兩個小同志病得實在趕不上隊伍了，指導員派炊事班長照顧我們，讓我們走在後面。

炊事班長快四十歲了，個兒挺高，背有點兒駝，四方臉，高顴骨，臉上布滿皺紋，兩鬢都斑白了。因為全連數他歲數大，他對大家又特別親，大夥都叫他「老班長」。

三個病號走不快，一天只走二十來里路。一路上，老班長帶我們走一陣歇一陣。到了宿營地，他就到處去找野菜，和著青稞面給我們做飯。不到半個月，兩袋青稞面吃完了。饑餓威脅著我們。老班長到處找野菜，挖草根，可是光吃這些東西怎麼行呢？老班長看我們一天天瘦下去，他整夜整夜地合不攏眼。其實他這些天瘦得比我們還厲害呢！

一天，他在一個水塘邊給我們洗衣裳，忽然看見一條

魚跳出水面。他喜出望外地跑回來，取出一根縫衣針，燒紅了，彎成個釣魚鉤。這天夜裡，我們就吃到了新鮮的魚湯。儘管沒加佐料，可我們覺得沒有比這魚湯更鮮美的了，端起碗來吃了個精光。

以後，老班長盡可能找有水塘的地方宿營，把我們安頓好，就帶著魚鉤出去了。第二天，他總能端著熱氣騰騰的鮮魚野菜湯給我們吃。我們雖然還是一天一天衰弱下去，比起光吃草根野菜來畢竟好多啦。可是老班長自己呢，我從來沒見他吃過一點兒魚。

有一次，我禁不住問他：「老班長，您怎麼不吃魚啊？」

他摸了摸嘴，好像回味似的說：「吃過了。我一起鍋就吃，比你們還先吃呢。」

我不信，等他收拾完碗筷走了，就悄悄地跟著他。走近前一看，啊！我不由得呆住了。他坐在那裡捧著搪瓷碗，嚼著幾根草根和我們吃剩下的魚骨頭，嚼了一會兒，就皺緊眉頭硬咽下去。我覺得好像有萬根鋼針扎著喉管，失聲喊起來：「老班長，你怎麼……」

老班長猛抬起頭，看見我目不轉睛地看著他手裡的搪瓷碗，就支吾著說：「我，我早就吃過了。看到碗裡還沒吃乾淨，扔了怪可惜的……」

「不，我全知道了。」我打斷了他的話。

老班長轉身朝兩個小同志睡覺的地方看了一眼，一把把我摟到身邊，輕聲說：「小聲點兒，小梁！咱倆是黨員，你既然知道了，可不要再告訴別人。」

「可是，你也要愛惜自己啊！」

「不要緊，我身體還結實。」他抬起頭，望著夜色彌漫的草地，好久，才用低沉的聲音說，「指導員把你們三個人交給我，他臨走的時候說：『他們年輕。一路上，你是上

級，是保姆，是勤務員，無論多麼艱苦，也要把他們帶出草地。』小梁，你看這草地，無邊無涯，沒個盡頭。我估計，還要二十多天才能走出去。熬過這二十多天不簡單啊！眼看你們的身子一天比一天衰弱，只要哪一天吃不上東西，說不定就會起不來，真有個三長兩短，我怎麼去向黨報告呢？難道我能說，『指導員，我把同志們留在草地上，我自己克服了困難出來啦』？」

「可是，你總該跟我們一起吃一點兒呀！」

「不行，太少啦。」他輕輕地搖搖頭，「小梁，說真的，弄點兒吃的不容易啊！有時候等了半夜，也不見魚上鉤。為了弄一點兒魚餌，我翻了多少草皮也找不到一條蚯蚓……還有，我的眼睛壞了，天色一暗，找野菜就得一棵一棵地摸……」

我再也忍不住了，搶著說：「老班長，以後我幫你一起找，我看得見。」

「不，咱們不是早就分好工了嗎？再說，你的病也不輕，不好好休息會支援不住的。」

我還堅持我的意見。老班長忽然嚴厲地說：「小梁同志，共產黨員要服從黨的分配。你的任務是堅持走路，安定兩個小同志的情緒，增強他們的信心！」

望著他那十分嚴峻的臉，我一句話也說不上來，竟撲倒在他懷裡哭了。

第二天，老班長端來的魚湯特別少，每個搪瓷碗裡只有小半條貓魚，上面漂著一丁點兒野菜。他笑著說：「吃吧，就是少了點兒。唉！一條好大的魚已經上了鉤，又跑啦！」

我端起搪瓷碗，覺得這個碗有千斤重，怎麼也送不到嘴邊。兩個小同志不知道為什麼，也端著碗不往嘴邊送。老班長看到這情況，收斂了笑容，眉頭擰成了疙瘩。他說：「怎麼了，吃不下？要是不吃，咱們就走不出這草地。同志們，

為了革命，你們必須吃下去。小梁，你不要太脆弱！」最後
這句話是嚴厲的，意思只有我知道。

　　我把碗端到嘴邊，淚珠大顆大顆地落在熱氣騰騰的魚湯
裡。我悄悄背轉身，擦擦眼睛，大口大口地咽著魚湯。老班
長看著我們吃完，臉上的皺紋舒展開了，嘴邊露出了一絲笑
意。可是我的心裡好像塞了鉛塊似的，沉重極了。

　　挨了一天又一天，漸漸接近草地的邊了，我們的病卻越
來越重。我還能勉強挺著走路，那兩個小同志連直起腰來的
力氣也沒有了。老班長雖然瘦得只剩皮骨頭，眼睛深深地陷
了下去，還一直用飽滿的情緒鼓勵著我們。我們就這樣扶一
段，攙一段，終於走到草地邊上。遠處，重重疊疊的山峰已
經看得見了。

　　這天上午，老班長快活地說：「同志們，咱們在這兒停
一下，好好弄點兒吃的，鼓一鼓勁，一口氣走出草地去。」
說罷，他就拿起魚鉤找水塘去了。

　　我們的精神特別好，四處去找野菜，拾乾草，好像過節
似的。但是過了好久，還不見老班長回來。我們四面尋找，
最後在一個水塘旁邊找到了他，他已經昏迷不醒了。

　　我們都著慌了。過雪山的時候有過不少這樣的例子，戰
士用驚人的毅力支持著自己的生命，但是一倒下去就再也起
不來了。要挽救老班長，最好的辦法是讓他趕快吃些東西。
我們立即分了工，我去釣魚，剩下的一個人照料老班長，一
個人生火。

　　我蹲在水邊，心裡不停地念叨：「魚啊！快些來吧！
這是挽救一個革命戰士的生命啊！」可是越性急，魚越不上
鉤。等了好久，好容易看到漂在水面的蘆稈動了一下，趕緊
扯起釣竿，總算釣上來一條兩三寸長的小魚。

　　當我俯下身子，把魚湯送到老班長嘴邊的時候，老班
長已經奄奄一息了。他微微地睜開眼睛，看見我端著的魚

湯，頭一句話就說：「小梁，別浪費東西了。我……我不行啦。你們吃吧！還有二十多里路，吃完了，一定要走出草地去！」

「老班長，你吃啊！我們抬也要把你抬出草地去！」我幾乎要哭出來了。

「不，你們吃吧。你們一定要走出草地去！見著指導員，告訴他，我沒完成黨交給我的任務，沒把你們照顧好。看，你們都瘦得……」

老班長用粗糙的手撫摸我的頭。突然間，他的手垂了下去。

「老班長！老班長！」我們叫起來。但是老班長，他，他的眼睛慢慢地閉上了。

我們撲在老班長身上，抽噎著，很久很久。

擦乾了眼淚，我把老班長留下的魚鉤小心地包起來，放在貼身的衣兜裡。我想：等革命勝利以後，一定要把它送到革命烈士紀念館去，讓我們的子子孫孫都來瞻仰它。在這個長滿了紅繡的魚鉤上，閃爍著燦爛的金色的光芒！

## 一、粗淺閱讀，把握內容

1. 出示四篇文章，學生運用「粗淺閱讀」的方法來讀，獲取主要資訊。

粗淺閱讀：不逗留，不倒讀，不動唇，不指讀。

（學生快速、靜靜讀書，約8分鐘）

**2. 閱讀檢測**

螢幕顯示試題：

**我會連**

〈金色的魚鉤〉　　　無名同志　　　為給戰士找野菜，犧牲在草地上

〈七根火柴〉　　　　老班長　　　　臨終前將七根火柴交託同志轉呈上級

〈魂駐小紅橋〉　　　啞巴老人　　　擺了一輩子渡，死後留下一座橋

〈啞巴渡〉　　　　　擔架隊長英子　為救傷員墜進河裡

**我會選**

**〈金色的魚鉤〉**

課文的題目是「金色的魚鉤」，這金色的魚鉤指的是（　　　　）

Ⓐ 魚鉤是金色的

Ⓑ 老班長金子般的光輝，關心同志，捨己為人。

Ⓒ 魚鉤長滿了紅鏽，歲月久了，泛著金光。

**我會選**

**〈魂駐小紅橋〉**

文章最後，「老人緩緩地在草地上採來繽紛的野花，用顫抖的手認真地編起一個花環，輕輕掛在橋頭……」這個老人是？

Ⓐ 當年救過的奄奄一息的小戰士

Ⓑ 英子的父親

Ⓒ 英子的同事

**我會選**

〈七根火柴〉

那同志抬起一雙失神的眼睛，呆滯地望了盧進勇一眼，吃力地抬起手推開他的胳膊，嘴唇翕動了好幾下，齒縫裡擠出了幾個字：「不，沒……沒用了。」這段話側重了無名同志哪方面的描寫？可多選。

Ⓐ 神態　Ⓑ 動作　Ⓒ 語言　Ⓓ 環境

**搶答題**

1. 〈啞巴渡〉一文中，啞巴老人生病後，人們為什麼會想起他？
2. 〈魂駐小紅橋〉一文中，「白雲蒼狗，世事變遷」。「白雲蒼狗」的意思是：浮雲像白衣裳，頃刻又變得像蒼狗。比喻事物變化不定。對還是錯？

### 二、大顯身手，補寫環境

　　〈金色的魚鉤〉一文中，沒有環境描寫。為了烘托老班長捨己為人的高大形象，補寫一段環境描寫。小組討論一下，可選一處來寫。

　　① 找野菜時，當時的天、地、風、雨、草……分別是什麼樣的？
　　② 老班長犧牲後，天、地、風、雨、魚鉤又是什麼樣子的？

　　學生自己嘗試補寫，寫出來的環境描寫基本如下：

　　　　風呼呼地颳，雨嘩嘩地下，天灰濛濛的，地非常泥濘，草上沾滿了雨水……。

（這時候，學生的創作，明顯是環境描寫，但是寫出來的句子也僅僅是通順而已，距《語文課程標準》對高段的要求「內容具體，感情真實」還有差距。）

### 三、巧借語言，修改習作

出示「智慧錦囊」：

讀讀〈七根火柴〉、〈橋〉、〈啞巴渡〉中環境描寫的句子，看一看，文中是怎麼描寫環境的？文中的哪些句子你可以拿來用，改寫自己的創作？

學生交流環境描寫的句子：

---

　　草地的氣候就是奇怪，明明是月朗星稀的好天氣，忽然一陣冷風吹來，濃雲像從平地上冒出來似的，霎時把天遮得嚴嚴的，接著，就有一場暴雨，夾雜著栗子般大的冰雹，不分點地傾瀉下來。

　　整個草地都沉浸在一片迷濛的雨霧裡，看不見人影，聽不到人聲。被暴雨沖洗過的荒草，像用梳子梳理過似的，光滑的躺倒在爛泥裡，連路也看不清了。天，還是陰沉沉的，偶爾還有幾粒冰雹灑落下來，打在那渾濁的綠色水面上，濺起一撮撮浪花。

——〈七根火柴〉

　　河水忘記了流動，鳥兒忘記了飛翔。鄉親們啞了，渡河啞了，天和地都啞了。

　　風中揚起骨灰，緩緩的落入了河水中，落入這條他擺渡了四十多年，記載他一生默默奉獻的母親河。

　　陽光下，潔白的橋身閃爍著三個大字：啞巴渡。悠悠的

河水在向你訴說一個永恆的故事，有位老紅軍生前在這裡炸掉一座橋，擺了一輩子渡，死後又留下了一座橋。

——〈啞巴渡〉

（學生再讀環境描寫的句子，學習文章中擬人、比喻等寫作手法，對文章中的語言文字進行篩選運用、改寫。）

最終學生補寫的環境描寫，成了下面的樣子（學生作品）：

草地的氣候就是奇怪，明明是月朗星稀的好天氣，忽然一陣冷風吹來，就像一頭凶猛的野獸要把老班長的衣服撕碎。濃雲也像從平地上冒出來似的，像一塊巨大的黑布，霎時把天遮得嚴嚴的。接著，就有一場暴雨，夾雜著栗子般大的冰雹，不分點地傾瀉下來。雨越下越大。像潑。像倒。

被暴雨沖洗過的荒草，像用梳子梳理過似的，光滑的躺倒在爛泥裡，一些荊棘混雜在裡邊，劃得老班長的腿火辣辣地疼。不一會兒，連路也看不清了。天，還是陰沉沉的，偶爾還有幾粒冰雹灑落下來，打在那渾濁的綠色水面上，濺起一撮撮浪花。老班長只能深一腳淺一腳地摸著往前走。

 **三下第17課 —— 可貴的沉默（記敘文）**

〈可貴的沉默〉

鈴聲響了，開始上課。

我問同學們：「爸爸媽媽知道你的生日在哪一天嗎？」

「知道！」「知道！」孩子們異口同聲地回答。

「生日那天，爸爸媽媽向你們祝賀嗎？」

「當然祝賀了！」又是一片肯定的回答聲。

「『知道的』『祝賀的』請舉手！」

他們驕傲地舉起了手，有的還神氣十足地左顧右盼。

「把手舉高，老師要點數了！」我提高了聲音。「啊，這麼多啊！」

我的情緒迅速地傳染給了他們，他們隨著我一起點起數來，「15、16、17……」越點越多，越點越興奮，聲音越來越響，前排的孩子都回過頭往後看，幾個男孩子索性站了起來，我也不阻止他們。幾乎所有的孩子都在快樂地交談，談的內容當然是生日聚會、生日禮物、父母祝福……

孩子們會感受愛了，但這不夠。我想去尋找蘊藏在他們心靈深處的、他們自己還沒有意識到的極為珍貴的東西。我接著問：

「你們中間有誰知道爸爸媽媽的生日，請舉手！」

霎時，教室裡安靜下來。我把問題重複了一遍，教室裡依然很安靜。過了一會兒，幾位女同學沉靜地舉起了手。

「向爸爸媽媽祝賀生日的，請舉手！」教室裡寂靜無聲，沒有人舉手，沒有人說話。孩子們沉默著，我和孩子們一起沉默著……

他們感到了我的期待。剛才追逐我的目光，此刻全躲開了。他們有的低著頭，有的望著窗外，所有人都沉默不語。

沉默了足足一分鐘，我悄悄地瞥了一下這些可愛的孩子們——他們的可愛恰恰在那滿臉的犯了錯誤的神色之中。我的語氣緩和下來，輕輕地問：「怎麼才能知道爸爸的生日呢？」像獲得赦免一樣，那一雙雙躲閃的目光又從四面八方慢慢地回來了。先是一兩聲，繼而就是七嘴八舌了：「問爸爸！」「不，問外婆！」「自己查爸爸的身分證！」教室裡

又熱鬧起來，只是與沉默前的熱鬧已經不一樣了。

結束這堂課時，我給孩子們提了個建議：「為了給父母一份特別的驚喜，你最好用一種不被父母察覺的方式了解他們的生日，而祝賀的方式可以是多種多樣的，但記住一點，只要你表達了自己的愛，再稚拙的禮物他們也會覺得珍貴無比的。」

不久，學校召開家長會，那些爸爸媽媽不約而同地說道：「我那小傢伙真懂事了呢！」「他祝我生日快樂！」「他送了我禮物！」「他給我寫信叫我不要煩惱！」「他會體貼人了！」……

啊，我真快活！這一片沉默給了我多大的享受啊！在沉默中，這些小傢伙終於懂得要回報父母對自己的愛了

## 文本分析

這是三年級的一篇文章，《語文課程標準》對中段學生的閱讀要求，其中第3條：

> 能聯繫上下文，理解詞句的意思，體會課文中關鍵詞句表達情意的作用。能借助字典、詞典和生活積累，理解生詞的意義。

所以要重視學生「聯繫上下文理解詞語的意思，要體會關鍵詞句表達情意的作用」，進行段的訓練。

從教材本身來看，〈可貴的沉默〉和〈媽媽的帳單〉這兩篇文章，從人文主題上看，都是感受愛，回報愛的，可以整合來教。從

語文素養線方面來看，既有人物的神態、動作，進行細緻、生動地描述，又有許多體會人物情感的四字詞語。作為語用主題，教學生動作、神態等的描寫也無可厚非。但是，我想，對於動作、神態的描寫手法，在四年級〈魚游到了紙上〉、〈全神貫注〉兩篇文章更為典型。所以在整合教學這兩課時，我大膽取捨，放棄了動作、神態的語用主題，而是把教學的點，定為閱讀策略——「關鍵詞」的教學上。

從學生角度來看，儘管教師經常讓學生抓住詞語體會，但學生對什麼是關鍵詞，如何理解關鍵詞，如何讀好關鍵詞並用好關鍵詞，還是懵懵懂懂。遵循「三講三不講」的原則（學生已會的不講，學生自己能學會的不講，學了也不會的不講），把教學的重點和難點應定位在「關鍵詞」的教學上，還是符合學生年齡特點的。

### 學習目標

1. 通過抓關鍵詞、朗讀感悟等方式，感受父母對自己的愛，並懂得回報愛。
2. 培養學生運用「抓關鍵詞」來表情達意的閱讀能力。學會「找關鍵詞、理解關鍵詞、讀好關鍵詞、用好關鍵詞」。

### 教學過程

**1.預習彙報，以學定教**

⑴我已經知道了什麼？（1號同學說給2號聽）

⑵我還想知道什麼？（2號同學說給1號聽）

⑵學完這課後，我學會了什麼？（下課時，回答）

**2.認知「抓關鍵詞體會情感」的閱讀策略,感受愛,回報愛**

⑴創設情境,學習「感受愛」部分。

教師、學生進入角色,分別扮演〈可貴的沉默〉中的老師、學生,實現課堂再現。

在師生創設的情境中,出示「異口同聲、左顧右盼、神氣十足、索性地站」等關鍵詞,並結合語境理解意思。

出示含有這些關鍵詞的句子。

孩子們異口同聲地回答。

他們驕傲地舉起了手,有的還神氣十足地左顧右盼。

越點越多,越點越興奮,前排的孩子都回過頭往後看,幾個男孩子索性站了起來。

讀句子,透過這些關鍵詞,你能感受到什麼?

感情朗讀。

⑵運用「抓關鍵詞」的方法,學習「回報愛」部分。

當老師問,誰知道爸爸媽媽生日時,教室裡沉默了,你通過哪些「關鍵詞」感受到沉默呢?

出示句子:

霎時,教室裡安靜下來。我把問題重複了一遍,教室裡依然很安靜。

教室裡寂然無聲,沒有人舉手,沒有人說話。孩子們沉默著,我和孩子們一起沉默著……

學生自學，找關鍵詞，談理解。

班內交流。

### 3.實踐「抓關鍵詞體會情感」的閱讀能力，拓展閱讀〈媽媽的帳單〉

〈媽媽的帳單〉

小彼得是一個商人的兒子。有時他得到他爸爸做生意的商店裡去瞧瞧。商店裡每天都有一些收款和付款的帳單要經辦。彼得經常被派去把這些帳單送往郵局寄走。他漸漸覺著自己似乎也已成了一個小商人。

有一次，他忽然想出了一個主意：也開一張收款帳單給他媽媽，索取他每天幫媽媽做事的報酬。

一天，媽媽發現她的餐盤旁邊放著一份帳單，上面寫著：

母親欠她兒子彼得如下款項：

取回生活用品20芬尼

把掛號件送往郵局10芬尼

在花園幫助大人幹活20芬尼

彼得一直是個聽話的好孩子10芬尼

共計：60芬尼

彼得的母親仔細地讀了一遍，然後收下了這份帳單，什麼話也沒有說。

晚上，小彼得在他的餐盤旁邊找到了他想要的報酬。正當小彼得如願以償，要把這筆錢收進自己的口袋裡時，突然發現餐盤旁邊還放著一份給他的帳單。

他把帳單展開讀了起來：

彼得欠他的母親如下款項：

為在她家裡過的十年幸福生活0芬尼

為他十年中的吃喝0芬尼

為在他生病時的護理0芬尼

為他一直有一個慈愛的母親0芬尼

共計：0芬尼

　　小彼得讀著讀著，感到羞愧萬分。過了一會兒，他懷著一顆怦怦直跳的心，躡手躡腳地走近母親，將小臉蛋藏進了媽媽的懷裡，小心翼翼地把那60芬尼塞進了她的上衣口袋。

　　〈媽媽的帳單〉一文中，小彼得也懂得了要回報媽媽的愛。請你用心讀讀這兩份帳單，想說點什麼？

**彼得的帳單**

| | |
|---|---|
| 取回生活用品 | 20芬尼 |
| 把掛號件送郵局 | 10芬尼 |
| 在花園裡幫助大人幹活 | 20芬尼 |
| 彼得一直是個聽話的孩子 | 10芬尼 |
| | 共計60芬尼 |

**媽媽的帳單**

| | |
|---|---|
| 為在她家裡過得十年幸福生活 | 0芬尼 |
| 為他十年中的吃喝 | 0芬尼 |
| 為在他生病時的護理 | 0芬尼 |
| 為他一直有個慈愛的母親 | 0芬尼 |
| | 共計0芬尼 |

　　小彼得看了媽媽的帳單後，也是羞愧萬分。你從哪些關鍵詞中，體會到他的萬分羞愧呢？

　　出示句子：

　　　　小彼得讀著讀著，感到羞愧萬分。過了一會兒，他懷著一顆怦怦直跳的心，躡手躡腳地走近母親，將小臉蛋藏進媽媽的懷裡，小心翼翼地把那60芬尼塞進了她的上衣口袋。

學生抓住「躡手躡腳、怦怦直跳、小心翼翼」等詞，理解體會。

**4.運用「關鍵詞」**

詞語大挪移：

想一想，這節課積累的詞語還能用在什麼時候？用上幾個詞語說幾句話。

課件呈現：

異口同聲、驕傲地舉，神氣十足、左顧右盼、索性的站、寂然無聲、羞愧萬分、怦怦直跳、躡手躡腳、小心翼翼。

### 附學生作品

午餐的時間到了，我們快速跑到餐廳。「哇，有雞腿！」大家異口同聲地喊起來。

同學小亮買了一根雞腿，驕傲地舉著，還神氣十足得左顧右盼。而我，餐卡上錢不多了，買不到雞腿了。趁小亮去洗手的工夫，我躡手躡腳地走到他盤子邊，小心翼翼地拿走了他的雞腿，找了個僻靜的地方坐了下來。

小亮回來後，不見雞腿，告訴了老師。

老師問是誰拿走了？餐廳裡一下子寂然無聲，我的心怦怦直跳，感到羞愧萬分，雞腿再也嚥不下去。

**5. 這節課，你學會了什麼？還有什麼疑問？**

# 第五章

## 實例篇

陳麗雲　等

## 麗雲老師的教學設計

 **課例1** 我們的家（一上）

> 天空，是星星的家。
> 小河，是小魚的家。
> 大樹，是小鳥的家。
> 美麗的地球，是我們的家。

## 文本分析

　　這一篇課文屬於韻文，整篇課文只由4個句子組成，而且文章通篇用同樣的句式：（　　　）是（　　　）的家。寫成。此篇和大陸部編版一上的文章很像：

> 藍天是白雲的家，樹林是小鳥的家，
> 小河是魚兒的家，泥土是種子的家。

　　還有和楊喚的〈家〉也很相近：

> 樹葉是小毛蟲的搖籃。
> 花朵是蝴蝶的眠床。
> 歌唱的鳥兒誰都有一個舒適的巢。
> 辛勤的螞蟻和蜜蜂都住著漂亮的大宿舍，
> 螃蟹和小魚的家在藍色的小河裡。
> 綠色無際的原野是蚱蜢和蜻蜓的家園。

這篇文章的特點是結構統一，而且音樂性強。像這樣具有排比和類疊的寫法，在形式和結構上會形成一種規律反覆、強而有力的氣勢；而且最後一句具有總結的作用（分分分總結構），頗有一槌定音，讓文章意義凸顯的效用。

文章內容都是孩子生活上具體可見的情境：天空、星星、大河、小魚、大樹、小鳥，都是孩子熟悉且舉目就可以看見的，非常生活化。所以，這一課適合仿寫句子，更適合朗讀，在朗朗讀書聲中感受語文的聲音（音樂性）、畫面（繪畫性）和內容（意義性）。

## 我是這樣思考的

在108課綱裡，學習重點分為學習內容與學習表現。所以我們備課時，可以從課綱尋找符應的教學目標，思考教學點。例如：

### 十二年國教　國語課綱——低年級

| | 學習表現 | 學習內容 | |
|---|---|---|---|
| 聆聽 | 1-I-1 養成專心聆聽的習慣，尊重對方的發言。<br>1-I-2 能學習聆聽不同的媒材，說出聆聽的內容。<br>1-I-3 能理解話語、詩歌、故事的訊息，有適切的表情跟肢體語言。 | Ca-I-1 各類文本中與日常生活相關的文化內涵。 | 物質文化 |
| | | ◎Cc-I-1 各類文本中的藝術、信仰、思想等文化內涵。 | 精神文化 |
| 口語表達 | 2-I-1 以正確發音流利的說出語意完整的話。<br>2-I-2 說出所聽聞的內容。<br>2-I-3 與他人交談時，能適當的提問、合宜的回答，並分享想法。 | ◎Cb-I-1 各類文本中的親屬關係、道德倫理、儀式風俗等文化內涵。<br>Cb-I-2 各類文本中所反映的個人與家庭、鄉里的關係。 | 社群文化 |

| | 學習表現 | 學習內容 | |
|---|---|---|---|
| 標音符號與運用 | 3-I-1 正確認念、拼讀及書寫注音符號。<br>3-I-2 運用注音符號輔助識字，也能利用國字鞏固注音符號的學習。<br>3-I-3 運用注音符號表達想法，記錄訊息。<br>3-I-4 利用注音讀物，學習閱讀，享受閱讀樂趣。 | Aa-I-1 聲符、韻符、介符的正確發音和寫法。<br>Aa-I-2 聲調及其正確的標注方式。<br>Aa-I-3 二拼音和三拼音的拼讀和書寫。<br>Aa-I-4 結合韻的拼讀和書寫。<br>Aa-I-5 標注注音符號的各類文本。 | 文字篇章<br><br>標音符號 |
| 識字與寫字 | 4-I-1 認識常用國字至少1,000字，使用700字。<br>4-I-2 利用部件、部首或簡單造字原理，輔助識字。<br>4-I-3 學習查字典的方法。<br>4-I-4 養成良好的書寫姿勢，並保持整潔的書寫習慣。<br>4-I-5 認識基本筆畫、筆順，掌握運筆原則，寫出正確及工整的國字。<br>4-I-6 能因應需求，感受寫字的溝通功能與樂趣。 | Ab-I-1 1,000個常用字的字形、字音和字義。<br>Ab-I-2 700個常用字的使用。<br>Ab-I-3 常用字筆畫及部件的空間結構。<br>Ab-I-4 常用字部首的表義（分類）功能。<br>Ab-I-5 1,500個常用語詞的認念。<br>Ab-I-6 1,000個常用詞語的使用。 | 文字篇章<br>—<br>字詞 |
| 閱讀 | 5-I-1 以適切的速率正確地朗讀文本。<br>5-I-2 認識常用標點符號。<br>5-I-3 讀懂與學習階段相符的文本。<br>5-I-4 了解文本中的重要訊息與觀點。<br>5-I-5 認識簡易的記敘、抒情及應用文本的特徵。<br>5-I-6 利用圖像、故事結構等策略，協助文本的理解與內容重述。 | Ac-I-1 常用標點符號。<br>Ac-I-2 簡單的基本句型。<br>Ac-I-3 基本文句的語氣與意義。 | 文字篇章<br>—<br>句段 |
| | 5-I-7 運用簡單的預測、推論等策略，找出句子和段落明示的因果關係，理解文本內容。<br>5-I-8 認識圖書館（室）的功能。<br>5-I-9 喜愛閱讀，並樂於與他人分享閱讀心得。 | Ad-I-1 自然段。<br>Ad-I-2 篇章的大意。<br>Ad-I-3 故事、童詩等。 | 文字篇章<br>—<br>篇章 |

| | 學習表現 | 學習內容 | |
|---|---|---|---|
| 寫作 | 6-I-1 根據表達需要，使用常用標點符號。<br>6-I-2 透過閱讀及觀察，積累寫作材料。<br>6-I-3 寫出語意完整的句子、主題明確的段落。<br>6-I-4 使用仿寫、接寫等技巧寫作。<br>6-I-5 修改文句的錯誤。<br>6-I-6 培養寫作的興趣。 | 記敘文本：<br>　Ba-I-1 順敘法。<br>抒情文本：<br>◎Bb-I-1 自我情感的表達。<br>◎Bb-I-2 人際交流的情感。<br>　Bb-I-3 對物或自然的感受。<br>◎Bb-I-4 直接抒情。<br>應用文本：<br>　Be-I-1 在生活應用方面，如自我介紹、日記的格式與寫作方法。<br>　Be-I-2 在人際溝通方面，以書信、卡片等慣用語彙及書寫格式為主。 | 文章<br>表述 |

以這一篇〈我們的家〉為例：

## 學習內容

　　文字篇章：　Ac-I-2　簡單的基本句型。（句段）

　　　　　　　　Ad-I-3　故事、童詩。（篇章）

　　文本表述：　Bb-I-3　對物或自然的感受。（抒情文本）

　　　　　　　◎Bb-I-4　直接抒情。

## 學習表現

　　5-I-5 認識簡易的記敘、抒情及應用文本的特徵。

　　6-I-3 寫出語意完整的句子、主題明確的段落。

　　6-I-4 使用仿寫、接寫等技巧寫作。

✑ **教學設計**

**1** 學習目標：仿寫 | () 是 () 的家。 | 的句式完成一本繪本小書。

**2** 教學準備：延伸繪本《家》：方素珍，浙江少年兒童出版社。

**3** 教學過程

⑴ 文章導讀文後，理解 | （A）是（B）的家。 | 這樣的句式。

⑵ 說明：A要包含B，B要在A裡面。例如：「天空」（A）包含著
「星星」（B）的概念，「星星」（B）是掛在「天空」（A）中
的。所以，可以說：天空是星星的家。學生可以再想像：

　　　鉛筆盒是鉛筆的家。
　　　書包是課本的家。（所以我們要收拾好鉛筆和課本喔！）
　　　椅子是屁股的家。（所以我們的屁股要端正的坐在椅子
　　　上。）

⑶ 延伸閱讀，從課內到課外：導讀繪本《家》～例如：天空是誰的
家？學生可以先觀察或自由想像，並用完整的句子回答：

　　　天空是太陽的家。
　　　天空是飛機的家。
　　　天空是白雲的家。
　　　……

⑷ 提問：白雲是誰的家？大樹是誰的家？葉子是誰的家？荷葉是誰
的家？花兒是誰的家？心是誰的家？……讓學生自由發想並以完
整句子回答。

⑸ 讓學生自己提問〔（）是誰的家？〕，可以自己回答或和同桌同
組一問一答，然後書寫在自己的繪本中。

⑹ 完成繪本寫作和繪圖後，交換閱讀，透過閱讀學習同學的作品，
感受想像與創作的樂趣。

天空是太陽的家。

一定是身體的家。

教室是笑聲的家。

（修德的C教室。）

學生作品

葉子是誰的家？

字典 是知ㄈ的家。

子是ㄆㄧㄡ的家。

## 課例2　妹妹的紅雨鞋（一下）

妹妹有一雙新的紅雨鞋。

下雨天，她喜歡穿著紅雨鞋，開心的和雨滴玩遊戲。

妹妹在院子裡走過來、走過去。她的紅雨鞋，就像兩隻
紅金魚，在魚缸裡游過來、游過去。

　　備課時可以根據核心素養以及學習重點來思考教學點。以〈妹
妹的紅雨鞋〉為例：

### 學習內容

　　文字篇章：Ad-I-1自然段。

　　文章表述：記敘文本 ：Ba-I-1順敘法。

**學習表現**

4-I-2 利用部件、部首或簡單造字原理，輔助識字。

5-I-4 了解文本中的重要訊息與觀點。

5-I-7 運用簡單的預測、推論等策略，找出句子和段落明示的因果關係，理解文本內容。

6-I-3 寫出語意完整的句子、主題明確的段落。

6-I-4 使用仿寫、接寫等技巧寫作。

於是，我的教學目標除了教導識字（女部的字；辨識「雙、隻」、「遊、游」、「兩、雨」，我還想透過提問讓學生運用推論理解文意，最後進行文章仿寫。

**小思考**

透過提問，可以引發孩子高層次的思考，深入閱讀這篇文章，窺見整篇文章的重點；不再只是專注於字詞上片面的解釋，這樣就不會將文本分割成支離破碎的知識。

**教學設計**

**1 透過提問引導學生推論訊息**

我參照PIRLS評量四層次的提問，讓學生學習文章的主要內涵。例如：

**提取訊息** 文章中說妹妹有一雙什麼？（紅雨鞋）

**推論訊息** 妹妹為什麼喜歡穿著紅雨鞋？請從文章找出2個理由。（因為是新的；還可以玩水。）

**詮釋整合** 紅雨鞋和紅金魚有什麼關係？（都是紅色、都在水裡、都會動、形狀相同……找出他們的相似性）

**比較評估** 你覺得文章中把紅雨鞋說成紅金魚適當嗎？如果是你，你會怎麼說呢？

❷ **仿寫**

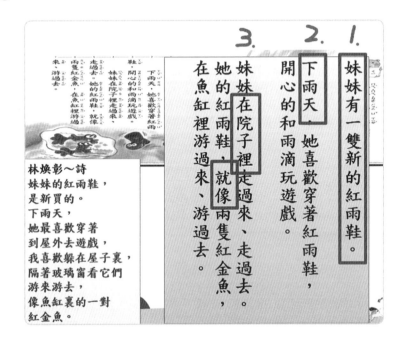

（1）找出第一段這一句（妹妹有一雙新的紅雨鞋。）是怎麼寫出來的：誰 有什麼 東西（加上形容詞）。例如：

　　弟弟有一雙黑色球鞋。
　　媽媽有一件紅色洋裝。
　　姐姐有一盒新的彩色筆。
　　妹妹有一個粉紅色的書包。
　　……

(2) 找出第二段這一句：下雨天，她 喜歡穿著 紅雨鞋，開心的（和雨滴玩遊戲。）是怎麼寫出來的：什麼時間，誰 喜歡與這 東西，做什麼事。例如：

假日時，弟弟喜歡穿著黑球鞋，開心的和爸爸去打球。
下課後，姐姐喜歡拿著彩色筆，開心的畫著畫。
……

(3) 找出第三段這二句是怎麼寫出來的：誰 在哪裡 做什麼事。他的這個這個東西 就像 什麼。例如：

弟弟在運動場上跑過來，跑過去。他的黑球鞋，就像兩隻小黑狗，開心的跟著他衝過來、衝過去。

### ❸ 識字教學
跟著課本中的語文焦點進行統整。

**課例3** 爸爸（二下）

爸爸像太陽，
散發熱力和光芒，
穿過白雲透過窗，
躲貓貓的時候，
再暗的地方都被他照亮。

爸爸像月亮，
高高掛在天空上，
微笑嘴角輕輕揚，
散步的時候，
陪我走過大街小巷。

爸爸像星星，
一閃一閃亮晶晶，
床邊故事說不停，
當我睡著的時候，
悄悄點亮床前的小燈。

星星、月亮和太陽，
時常陪在我身旁。
爸爸的臂膀，
是我永遠的避風港。

### 文本分析

這一篇文章屬於韻文，共有4段。前3段都是運用了譬喻的寫作方式：爸爸像（　　　），後面加上理由和感受。前3段分別是：爸爸像太陽，爸爸像月亮，爸爸像星星。這篇文章的特點是結構統一，而且音樂性強，而且最後一段具有總結的作用：星星、月亮和太陽，時常陪在我身旁。所以，在結構上，屬於分分分總的結構。

文章主要是以**譬喻**貫穿全文，將爸爸比成太陽、月亮、星星，並掌握住爸爸和太陽、月亮、星星之間相同的特點。所以，這一篇適合仿寫句子，並可以結合繪本小書（階梯書），做跨領域的整合。

## ✎ 教學設計

1 學習目標：運用譬喻句（爸爸像……，理由）完成一本階梯書。

2 教學準備：輔助繪本《我爸爸》：安東尼布朗，格林文化。

3 教學過程

⑴ 課文導讀完後，理解 爸爸（A）像（B）。 這樣的句式。

⑵ 說明：爸爸像太陽，爸爸和太陽一樣的地方是因為都能「散發熱力和光芒」，都能照亮黑暗的地方。所以，要掌握譬喻的特點，A像B，這 二種不同的事物 要有共同的 相似點 。

依此類推：爸爸像月亮，是因為「微笑嘴角輕輕揚」，所以這月亮是彎彎的弦月，不是圓圓的滿月。

爸爸像星星，是因為「一閃一閃亮晶晶」，在睡著時就跟床前小燈一樣可以守護我。

⑶ 延伸閱讀，從課內到課外：導讀繪本《我爸爸》～例如：爸爸吃得像馬一樣多。爸爸游得像魚一樣靈活。學生可以先觀察圖或自由想像，並用完整的句子說明理由：

| 動作或特徵 | 聯想 | 聯想原因 |
|---|---|---|
| 動作 | 馬 | 吃得多 |
| 動作 | 魚 | 靈活 |
| 體格 | 大猩猩 | 強壯 |
| 身材 | 大房子 | 又高又大 |
| 個性 | 泰迪熊 | 溫柔 |
| 特質 | 貓頭鷹 | 聰明 |

⑷ 提問：爸爸爲何會像馬？原因是什麼？

爸爸吃得像馬一樣多。（爸爸像 馬 ，因爲 很會吃 ）

依此類推各個譬喻句。

⑸ 小遊戲：運用俄羅斯輪盤遊戲，讓學生將轉到的動物以「他／她…像…一樣……」的句型造句。

## 小遊戲時間

**規則：**

將轉到的動物以「他／她……像……一樣」的句型造句。

**例如：**

馬 ➡ 爸爸吃得像馬一樣多。

大猩猩 ➡ 爸爸像大猩猩一樣強壯。

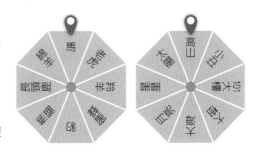

⑹ 讓學生選定一個家人，自由發想並以完整的譬喻句形容，完成階梯書。

⑺ 完成階梯書的繪本寫作和繪圖後，交換閱讀，透過閱讀學習同學的作品，感受想像與創作的樂趣。

⑻ 配合第6課〈我的家人〉，可以每一段寫一位我的家人，運用譬喻句形容家人，加上對家人的心情或感受，完成一篇完整的文章。

我住在一個很幸福又開心的家庭裡，每天平安、健康、快樂的成長。

我的媽媽，就像一隻美麗的蝴蝶，每天都為家人著想，是照顧著我們每一個人。

我的爸爸，是一位英勇的超人，常常為了家裡的工作，忙到家裡很晚才會下班回家，每天辛苦的工作。

我的姐姐，像一隻漂亮的美人魚，每當我遇到所有不會的問題時，姐姐總會幫我解決各種疑難雜症。

我的哥哥，就像一個無敵鐵金剛，用不完的精神和體力，就算生病了，依然活力十足。

我的舅舅，就像一位帥氣的武士，他常常伸長手臂陪伴我，讀我、溫暖我的心，我很開心有這位舅舅。

我愛我的家人，我也很愛我，我真是可以生長在這個溫暖又甜蜜的家庭裡，我真是幸福呀！

（作品：臺中市竹林國小陳湘琪）

4 群文閱讀：《我媽媽》、《我哥哥》、《外婆住在香水村》。

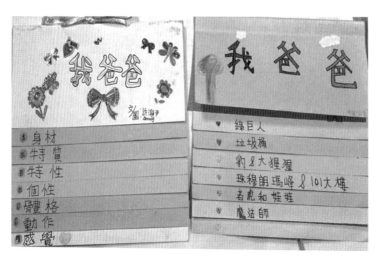

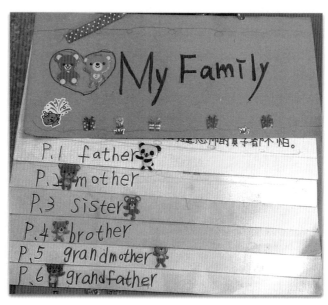

| R1 | 勇敢 |
| R2 | 厲害 |
| R3 | 肥胖 |
| R4 | 運動 |
| R5 | 溫柔又凶猛 |
| R6 | 搞笑又強壯 |

我像雨妹妹一樣愛哭。

我爸爸是有超能力的"魔法師",
只要我不舒服,
爸爸一吹我的感冒就好了。

我爸爸
像泰迪熊一樣溫柔;
有時也一像獅子一樣凶猛。

我哥哥的球技很好,
連林書豪都打不過他。

5
實例篇

**課例4** 小孩秤大象（二下）

　　「秤出大象有多重了！」聽到大家高聲歡呼，曹操開心的看著曹沖。因為連大人都不知道如何秤大象，小小年紀的曹沖竟然可以想出辦法呢！

　　有一天，有人送給曹操一頭大象，他很高興，便帶著兒子和親朋好友去看大象。大象高大的身子像小山，粗大的腿像柱子。大家都想知道：這頭大象到底有多重呢？

　　曹操高聲的問：「誰有方法可以秤出大象有多重呢？」有人說：「可以砍下大樹做成大秤。」有人說：「那也不行，誰有那麼大的力氣提起這個大秤呢？」還有人說：「把大象分成一塊一塊的再來秤。」曹操聽了直搖頭。

　　這個時候，曹沖走過來說：「我有一個好方法。首先，把大象牽到大船上，看船身下沉多少。接著，沿著水面，在船身上畫一條線。然後，把大象牽上岸，再往船上裝石頭，直到船下沉到畫線的地方。最後，秤一秤船上的石頭，石頭有多重，大象就有多重了呀！」

### 文本分析

　　〈小孩秤大象〉說的是曹沖秤象的故事。曹沖小小年紀，卻能運用智慧解決連大人都困擾的難題，這種機智、沉穩的表現，真是令人佩服！大象是陸地上最大的動物，到底有多重呢？大家都很想知道。沒有人能想出秤大象的方法，年幼的曹沖卻能有順序、有邏輯的想出以石頭代替大象，看船身下沉的深度就能測出大象的重

量，還能在大家面前說出來。這種遇到問題不慌不忙的態度，真的是勇敢又機靈，值得我們學習。

本課的人文性相當清楚，但是工具性呢？若是把此課聚焦在如何秤大象的方法，那就是把語文課上成自然科學課了。於是，翻開習作，看到的是識字教學（辦、辨、瓣）的形近字辨識，還有譬喻句的練習：「大象高大的身子像小山，粗大的腿像柱子。」加上運用四個連接詞：「首先，……接著，……然後，……最後，……」完成句子。

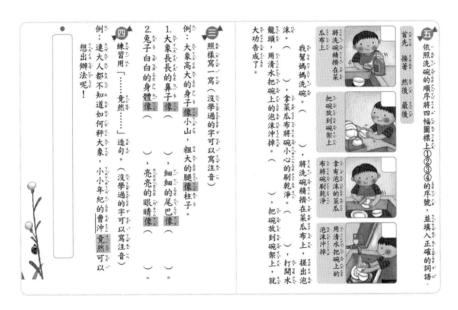

所以，備課時，當無法掌握工具性時，也可以從 習作 獲得相關的靈感喔！

這一課，以「一課一重點」的概念思考，我就聚焦在運用四個連接詞：「首先，……接著，……然後，……最後，……」完成段落寫作。

因為識字、寫字是低年級每課都會進行的重點，所以不必特別成為教學重點；譬喻又是經常出現的修辭，在前面已經教過。有次序的敘述，是孩子非常需要學習的。一件事情若有幾個動作或步驟，學生會一直「……然後，……然後，……然後，……」讓聽者完全不了解順序和條理。所以，這一課，我的一課一重點便設定在：運用連接詞有次序的敘述。

## 教學設計

1 **學習目標**：運用連接詞有次序的敘述，完成段落寫作。

2 **教學過程**

⑴ 請學生讀一讀文章，了解曹沖秤象的四個步驟，並圈出秤象順序的四個連接詞。

　　　　　首先，把大象牽到大船上，看船身下沉多少。接著，沿著水面，在船身上畫一條線。然後，把大象牽上岸，再往船上裝石頭，直到船下沉到畫線的地方。最後，秤一秤船上的石頭，石頭有多重，大象就有多重了呀！」

⑵ 將四個動作依序畫出來，標上1、2、3、4的順序，然後試著把秤象的步驟運用連接詞說一次。說的時候若有困難，可以參考課文的句子。

⑶ 觀察習作的四幅圖，這是正在做什麼呢？將圖先標示1、2、3、4，再標上連接詞：「首先，……接著，……然後，……最後，……。」運用連接詞完成看圖說話，說出這一段話的動作。例如：

① 圖1：將洗碗精擠在菜瓜布上
④ 圖2：把碗放到碗架上
② 圖3：拿有泡沫的菜瓜布將碗刷乾淨
③ 圖4：用清水把碗上的泡沫沖掉

寫完整段落：

　　我幫媽媽洗碗。（首先），將洗碗精擠在菜瓜布上，搓出泡沫。（接著），拿菜瓜布將碗小心的刷乾淨。（然後），打開水龍頭，用清水把碗上的泡沫沖掉。（最後），把碗放到碗架上，就大功告成了。

⑷ 思考做一件事情依序需要哪幾個步驟。例如一到教室 依序 要做哪些事？（開門窗、放書包、交作業、靜習）運用連接詞：「首先，……接著，……然後，……最後，……。」寫一段話。例如：

5

實例篇

203

當我早上進到教室後，首先，就把門窗打開讓空氣流通。接著，把書包放下，拿出作業。然後，將作業交到老師的桌子上。最後，我就拿起一本書靜靜的閱讀。

(5) 當然，連接詞可以替換，還有一些連接詞可以靈活運用，例如：過了一會兒、不久、30分鐘以後……只要有順序的敘述就可以了。

洗衣服
洗碗流程：
1把衣服放在水裡　2加洗衣精　3用洗衣服的刷子刷衣服
1.將洗碗精擠在菜瓜布上。　2.搓出泡沫。　3.拿菜瓜布將碗刷乾淨。
4把衣服扭乾　5把衣服放在陽台上
4.用清水把碗上的泡沫沖掉。　5.把碗放到碗架上。

我先把衣服放在水裡，接著加洗衣精，另外用洗衣服的刷子刷衣服，然後把衣服扭乾，最後把衣服放在陽台上，這樣就洗好衣服了。

我會拖地
1.拿水桶去裝水　2把拖把放進水桶裡洗一洗扭乾　3.由內向外拖　4.拖把髒了拿去洗一洗

我先拿水桶裝水，接著把拖把放進水桶裡洗一洗扭乾，然後由內向外拖，最後拖把髒了拿去洗一洗，這樣就好了。

我會掃地
1.拿掃把和畚斗　2.要關電風扇　3.由內向外　4.垃圾滿了拿去倒
我先拿掃把和畚斗，接著要關電風扇，然後由內向外掃，最後垃圾滿了拿去倒，這樣就大功告成了。

## 課例5 爸爸的相簿（三上）

翻開爸爸的相簿，我看到時間的腳步。
那一張張相片，好像帶著我，
進入爸爸的時光隧道。

在相簿裡：

> 有一個小娃娃，躺在搖籃裡，開心的笑；

有一個小孩子，包著尿布，正在學走路；
有一個小學生，拿著接力棒，大步的向前跑，
這些都是小時候的爸爸。

什麼人
在什麼地方
做什麼事

在相簿裡：

> 我看到爸爸和媽媽，坐在沙灘上，聽大海的歌聲；

我看到爸爸抱著我，坐在木馬上，快樂的轉動；
我看到爸爸和朋友站在山頂，雙手高舉，帶著得意的笑容。

誰和誰
在什麼地方
做什麼事

在相簿裡：
有一張發黃的相片，是年輕時的爺爺和奶奶。
爸爸說：
這是我最珍貴的收藏品，也是我最想念的人。

翻開爸爸的相簿，我看到時間的腳步。
那是一本成長的紀錄，
一張張，一頁頁，
都在告訴我，
許多和爸爸有關的動人故事。

## 文本分析

　　這一篇課文屬於詩歌，總共有5段。第一段總起「翻開爸爸的相簿」，第二～四段分別敘述了7張相片，從小時候的爸爸到成人後的爸爸，最後停留在年輕時的爺爺奶奶。末段總結，從相簿裡看見爸爸動人的故事。

　　這篇文章的重點在中間這些相片。第二、三段分別敘述了3張相片：第二段都是年幼的爸爸一人，第三段則是成人後的爸爸和另一人，寫作手法大都是以 什麼人 在 什麼地方 做 什麼事 方式進行寫作。（有時地點是可以省略的）例如：

有一個 小娃娃 ，
躺在 搖籃裡 ， 開心的笑 ；（ 什麼人 在 什麼地方 做 什麼事 ）
有一個 小孩子 ，
包著尿布，正在 學走路 ；（ 什麼人 做 什麼事 ～地點省略）
有一個 小學生 ，
拿著接力棒，大步的 向前跑 。（ 什麼人 做 什麼事 ～地點省略）

我看到 爸爸和媽媽 ，
坐在 沙灘上 ， 聽大海的歌聲 ；
我看到 爸爸抱著我 ，
坐在 木馬上 ，快樂的 轉動 ；
我看到 爸爸和朋友 站在 山頂 ，
雙手高舉 ，帶著得意的笑容。

（ 什麼人 在 什麼地方 做 什麼事 ）

　　只有第四段的這第7張相片，只敘述主角是爺爺奶奶，但未說明在什麼時間，做了什麼事。

剛升上三年級的孩子，有二下的學習經驗。二下的習作已經有簡單說明敘述四要素的概念。這一課，可以讓孩子學習詩歌仿寫。仿寫，是閱讀寫作的重要入門，要先讀懂，才能寫好！模仿，是最基礎的學習，從句型到片段甚至篇章的仿寫，都是孩子需要奠基的重要基本功。於是，此課就能以 什麼人 在 什麼地方 做 什麼事 的形式進行詩歌仿寫。

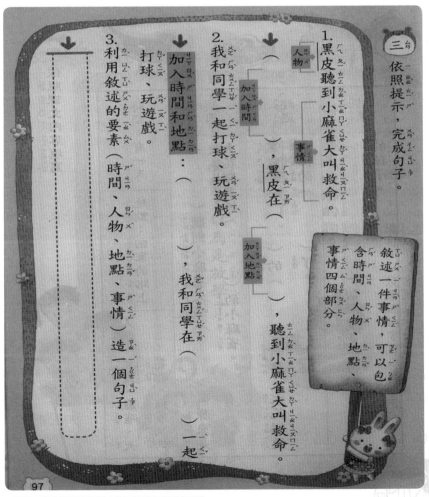

（二下習作已有敘述四要素的練習）

## 教學設計

**1** **學習目標**：運用敘述三要素進行詩歌仿寫。

**2** **教學準備**：自己小時候或孩子的相片，也可以請學生自行準備。

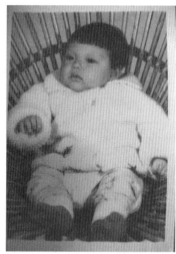

猜一猜，我是誰？

**3** 教學過程

(1) 請學生先拿出筆，圈出第二段或第三段中，三張相片裡的人物、
地點、事件（動作）。

(2) 請學生按文章內容畫出相片：什麼人 在 什麼地方 做 什麼事。
例如：

⑶ 請老師或學生拿出自己準備的相片，分享一下，這是什麼時候的自己，在哪裡，正在做什麼事。

⑷ 請學生參考相片畫出三幅圖，要像課文詩歌內容這三幅圖一樣，都要有人物、地點、事件（動作）。

⑸ 請學生說一說圖畫的內容，並按照 什麼人 在 什麼地方 做 什麼事 的順序描述，並依照所畫的圖畫內容，仿造課文中句子的形式，完成仿寫。

⑹ 小提醒：這篇詩歌仿寫的重點，是在為敘事寫作訓練基本功（複習敘述的要素）。所以重點在形式的模仿，只要文句前後邏輯合理，詞性和字數就不是要求的重點了。

### 課例6 參觀安平古堡（三上）

　　今天是校外教學的日子，我們參觀的地點是安平古堡。車子經過市區後不久，就來到了目的地。

　　我們先參觀陳列館，裡面放著許多的文物和史料，有古城的模型，還有地圖、照片和畫作等。看了這些我才知道，安平古堡是荷蘭人蓋的。後來，鄭成功打敗荷蘭人，駐軍在這裡，安平就成了當時的軍事要地。

　　陳列館外有一排古炮，炮口對著遠方，像在想念以前風光的日子，又像在保護著安平古堡。附近還有一座瞭望臺，紅紅的屋頂，白色的牆，又高又大。老師帶我們走上去，向四面遠望，可以看到附近美麗的風光。

　　接近中午的時候，我們來到旁邊的公園，裡頭有一面老城牆，上面長滿榕樹的根。雖然經過三百多年，老城牆還是很堅固。它安靜的站在公園裡，好像在說著過往的故事。

我特地買了一張安平古堡的明信片，蓋上紀念章，寄給住在臺北的堂弟，希望下次能和他一起來參觀安平古堡。

　　這次的教學參觀，我看到了很珍貴的物品，也認識了安平古堡的歷史，收穫真的好多！

## 文本分析

　　這一篇課文很生活化，是一般學校每年都有的校外教學，所以讀完這一篇，孩子應該就會寫校外教學參觀記的文章了。

　　這篇文章共有6個自然段，依照參觀的順序寫出參觀的景點，第5段還有寄出一張明信片給堂弟，最後總結心情感受。

## 教學難點

　　校外教學參觀記這樣的文章，是學生很熟悉的題材。但常會有學生寫作時主題跑掉，寫了好幾段還在車上，重要的景點沒有詳寫，似乎容易像流水帳一樣，找不到重點，教師也不知該如何指導修正。那是因為，我們對參觀景點的文章，教學目標似乎不夠精準具體。我們可以下更精準的指導語，更精確教學目標，這樣教與學才會相得益彰。

> ### 疑點澄清：教什麼？
>
> 　　〈參觀安平古堡〉這篇文章，常看見有教師的教學目標是：「認識安平古堡的歷史。」、「比較我們居住地方的建築古蹟和安平古堡的差異。」雖說教無定法，然而這樣非語文本體的教學重點，不就把語文課當成社會課了嗎？社會課本裡也有介紹到安平古堡，但寫法一定是和國語課的寫法不同啊！

還有很多老師的教學目標是：

＊教導記敘文的順敘法。

＊教導句型。

＊教導視覺摹寫、譬喻、擬人修辭⋯⋯

上述這些雖然屬於語文課的本質，但是，這一篇文本的獨特性似乎就沒被看見。因此，唯有掌握每篇文本的獨特性進行讀寫設計，真正的讀寫能力才會被激發出來。

以教導修辭而言，我們教學時是要思考：「運用修辭對文章造成了哪些影響？突出了哪些美感？」我本身是學修辭教學的，碩士論文也是研究創思修辭教學。我清楚的知道：文章沒有修辭就少了美感，不夠生動形象。美感、語感的訓練對語文的讀寫是很重要的。然而，若一味的為修辭而修辭，為句型而句型，將會讓修辭和語文教學走入誤區，使語文教學窄化了。

關於這一篇文章，我們應該思考的是：

運用視覺摹寫，對安平古堡的哪些景物造成了比較好的表達效果？
運用擬人法，是否讓景物更生動活潑而形象了起來？

所以，若把格局放大一點，教導修辭對這篇文章而言，只是為了讓描寫景物的表達更生動的手段技巧而已，就不會是這篇文章的教學主體。

若是教學目標設定在教導記敘文的順敘法，已經切入語文本質，似乎很符合語文的工具性。但是，我們再試著思考：敘述一件事的先後順序（起因、經過、結果），和本課的文章有沒有些微的差異呢？若是按順敘的方式進行敘事，那我和媽媽去跑步，和妹妹去上課，和弟弟吵架，也是一件事啊！這樣，是否沒有把〈參觀安平古堡〉這一課的創生性教學價值和獨特性表達出來？

〈參觀安平古堡〉是一篇遊記，從標題就可以看出來是一篇敘事類的文章。遊記也是敘事類文章的一種，但特別的是它緊扣的是描寫作者所見所聞的景點風光（陳列館、古炮、瞭望臺、公園老城牆），是敘述作者所思所感的心情感受。所以，〈參觀安平古堡〉的教學目標，應該把握住此課的語文獨特點——「遊記」：先讀懂這一篇遊記，進而能夠書寫一篇遊記，才能凸顯出語文課的本體內涵。

因此，像〈參觀安平古堡〉這類遊記類的記敘文。將「教什麼」（教學目標）設定在「讀懂此篇遊記的寫法，進而能習寫一篇遊記」，這便是從「教課文」到「學語文」的概念。

### 備課想一想

為了提高學生的語文運用能力，達到讀寫教學的效益，教學時可以從幾個方面來思考：

**讀一讀**

內容方面：各自然段寫了什麼，是怎樣把景點聯繫組織起來成為一篇文章的，作者表達了什麼樣的情感與思想。

形式方面：哪些語句讓人印象特別深刻？這種「深刻」是怎樣表達出來的？用了哪些技巧或語句？細細領悟這樣的表達所產生的效果。

**想一想**

想像文章中所描寫的畫面和風景，揣摩作者是怎樣寫出來的？是按照怎樣的空間（參觀順序）進行描寫的？這時，也可以讓孩子將自然段合併成意義段，理解寫作的取材與構思。

5 實例篇 (side tab)

5

實例篇

〈參觀安平古堡〉是一篇遊記，從標題就可以看出來是一篇敘事類的文章。遊記也是敘事類文章的一種，但特別的是它緊扣的是描寫作者所見所聞的景點風光（陳列館、古炮、瞭望臺、公園老城牆），是敘述作者所思所感的心情感受。所以，〈參觀安平古堡〉的教學目標，應該把握住此課的語文獨特點——「遊記」：先讀懂這一篇遊記，進而能夠書寫一篇遊記，才能凸顯出語文課的本體內涵。

因此，像〈參觀安平古堡〉這類遊記類的記敘文。將「教什麼」（教學目標）設定在「讀懂此篇遊記的寫法，進而能習寫一篇遊記」，這便是從「教課文」到「學語文」的概念。

### 備課想一想

為了提高學生的語文運用能力，達到讀寫教學的效益，教學時可以從幾個方面來思考：

**讀一讀**

內容方面：各自然段寫了什麼，是怎樣把景點聯繫組織起來成為一篇文章的，作者表達了什麼樣的情感與思想。

形式方面：哪些語句讓人印象特別深刻？這種「深刻」是怎樣表達出來的？用了哪些技巧或語句？細細領悟這樣的表達所產生的效果。

**想一想**

想像文章中所描寫的畫面和風景，揣摩作者是怎樣寫出來的？是按照怎樣的空間（參觀順序）進行描寫的？這時，也可以讓孩子將自然段合併成意義段，理解寫作的取材與構思。

5

實例篇

✎ **教學設計**

**1** 學習目標：能讀懂遊記的寫法，進而書寫一篇遊記。

**2** 教學準備：圖畫紙、校外教學DM。

**3** 教學過程

⑴ 先請學生標上自然段（共6段），請學生討論可以合併成幾個意義段（4～5個）並說明想法。例如：

| 參觀安平古堡 | | |
|:---:|:---:|:---|
| 自然段 | 意義段 | 理由 |
| 1 | 1 | 點出時間、人物、地點和事件 |
| 2 | 2 | 描寫參觀的景點：從陳列館內到外面的古炮和瞭望臺，至旁邊公園的老城牆與榕樹 |
| 3 | | |
| 4 | | |
| 5 | 3 | 寄明信片給堂弟 |
| 6 | 4 | 收穫 |

或是

| 參觀安平古堡 | | |
|:---:|:---:|:---|
| 自然段 | 意義段 | 理由 |
| 1 | 1 | 點出時間、人物、地點和事件 |
| 2 | 2 | 描寫參觀的景點：陳列館內和外面的古炮和瞭望臺 |
| 3 | | |
| 4 | 3 | 旁邊公園裡的老城牆與榕樹 |
| 5 | 4 | 寄明信片給堂弟 |
| 6 | 5 | 收穫 |

(2) 爲每個自然段內容下標題（讀懂結構），例如：

| 參觀安平古堡 | | |
| --- | --- | --- |
| 自然段 | 意義段 | 理由 |
| 1 | 原因 | 點出時間、人物、地點和事件 |
| 2 | 景點1 | 描寫陳列館內參觀的景物 |
| 3 | 景點2 | 描寫陳列館外參觀的景點 |
| 4 | 景點3 | 旁邊公園裡的老城牆與榕樹 |
| 5 | 做的事 | 寄明信片給堂弟 |
| 6 | 感受 | 收穫 |

 小提醒

這裡的結構，最好不要是：原因→經過→結果。最好是：原因→景點→感受。這樣學生才不會把不重要的「事件」寫進來。（這裡的指導語越精準，學生的寫作就會越完整。）

這裡可以透過相互比較法，問孩子哪一個標題更好？更符合此篇文章的特點？

(3) 讀懂記敘文的寫法～先讀最後一段

我們的孩子最後一段總是寫著：

「我今天玩得好高興，希望下次再來一次！」或是
「暮色中，我依依不捨跟他道再見！」

記敘文重在「感」，說明文重在「知」。所思所感是記敘文最重要的，於是，爲了不讓孩子淪爲千篇一律的「下次再來一次。」我們可以先教最後一段，看作家是如何寫收穫、感想的：

> 這次的教學參觀，我看到了很珍貴的物品，也認識了安平古堡內的歷史，收穫真的好多。

請孩子找出作者有哪幾個具體的收穫？畫下來。

> 　　這次的教學參觀，我 看到了很珍貴的物品 ，也 認識了安平古堡內的歷史 ，收穫真的好多。

　　這篇文章，作者有兩個具體收穫，於是我們可以請學生在練習簿上先寫出遊記的**兩個具體收穫**，將文章主旨定調。這樣先確認題旨的寫作，可以為孩子的寫作方向定錨，文章意旨就不會跑掉了。

⑷ 運用敘述四要素開頭

　　孩子會犯的另一個大忌，是寫一些跟參觀遊記景點無關的「廢話」，例如一直上車、下車、在車上聽音樂……。為了杜絕孩子取材錯誤，讓他們能精準構思，請孩子看看文章第一段是怎麼寫的：

> 今天是校外教學的日子，我們的參觀地點是安平古堡。車子經過市區後不久，就來到了目的地。

　　文章以敘述四要素點出他們要去安平古堡校外教學，而且首段最後一句是「車子經過市區後不久，就來到了目的地。」要求學生第一段就要直接抵達目的地，不得再上車、下車、到休息站……，再上車就只能回家了。這樣具體的要求，就能減少孩子取材錯誤和詳略不分的問題。

⑸ 完成中間景點的描寫或在景點中做的事

　　我們再帶學生來看中間景點的敘寫。不管是以時間或空間移動來寫所見的景點，都是可以的，但一定要圍繞最後一段的兩個具體收穫，才能前後呼應。

這時，可以發下圖畫紙，讓學生把〈參觀安平古堡〉的順序和位置圖畫下來，了解步移法的寫作方式。如果班上正好有去校外教學，更可以把參觀景點的位置畫出來。這時，校外教學景點的DM就非常有用了，可以幫助孩子回想和思考，更有助於寫作。

這是從「分析內容」到「學習方法」，學生的取材和結構都可以從課文中學習，也能仿用課文重要的句子或詞語，寫出一篇自己的遊記。

## 課例7 文字變變變（三上）

三位怪先生

「部」先生的耳朵長在右邊，
「陪」先生的耳朵長在左邊，
他們都想換一換耳朵的位置。

於是
「部」先生變成了「陪」先生！
於是
「陪」先生變成了「部」先生！

偶然經過的「陳」先生看了，
覺得很奇怪，
他說：
「我的耳朵明明在西邊，
為什麼大家偏偏要叫我
『耳東陳』呢？」

奇怪的田先生

　　田先生趴在山坡下，
　　風輕輕吹來，
　　他就靜靜的睡著了。

　　由先生來了，
　　探探頭，看一看，不解的說：
　　「奇怪！這個人怎麼沒有頭？」

　　甲先生來了，
　　搖搖尾巴，困惑的說：
　　「奇怪！這位先生的尾巴到哪裡去了？」

　　申先生伸伸頭，搖搖尾巴，
　　東張西望，看看四周說：
　　「奇怪！他遇見敵人了嗎？
　　為什麼要縮頭藏尾呢？」

　　田先生在山坡下，
　　靜靜的睡著，
　　好像什麼話也沒聽到。

## 文本分析

　　這一篇有二首文字詩：〈三位怪先生〉是部件的位置不同，就會形成不同字的文字趣味；〈奇怪的田先生〉則是筆畫相同，但出不出頭就會形成不同的文字。根據「一課一重點」的概念，要掌握此一文本的特性，有的文本適合教導結構，有的文本適合教導句

型，有的文本適合教導閱讀策略。而此篇，則適合玩玩漢字圖像化的趣味。可以透過詩歌仿寫的形式，理解漢字的組成，不僅辨識了形近字，也鞏固了識字、寫字的學習方法。

## 還有哪裡可以幫助備課？

除了課文這二首文字詩之外，此課的語文焦點：童詩開門〈出頭歌〉，也是筆畫一樣，但出頭與否會形成不同的文字。

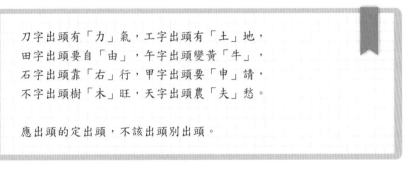

刀字出頭有「力」氣，工字出頭有「土」地，
田字出頭要自「由」，午字出頭變黃「牛」，
石字出頭靠「右」行，甲字出頭要「申」請，
不字出頭樹「木」旺，天字出頭農「夫」愁。

應出頭的定出頭，不該出頭別出頭。

三　童詩開門
出頭歌

刀字出頭有「力」氣，
田字出頭要自「由」，
午字出頭變黃「牛」，
石字出頭靠「右」行，
甲字出頭要「申」請，
不字出頭樹「木」長，
天字出頭農「夫」愁。

應出頭的定出頭，
不該出頭別出頭。

103

所以我們可以配合這幾首文字詩擴展主題閱讀，也可以運用這樣反覆的形式進行詩歌仿寫。

### 🖋 教學設計

**1** **學習目標**：仿寫一首文字詩。

**2** **教學準備**：筆畫相同所組成的字、部件相同所組成的字。

**3** **教學過程**

⑴ 先請學生讀一讀這三篇文章（含〈出頭歌〉），說一說為何這幾個字可以放在一起。

　　例如：

　　A.「部」先生與「陪」先生為何可以互換耳朵的位置？（組成的部件相同）

　　B.「陳」先生為何會在這一課出現？（跟「部」、「陪」一樣，都有耳朵。）

　　C.「由」、「甲」、「申」與「田」哪裡一樣，哪裡不一樣？（筆畫都相同，只是最後的豎筆出頭的位置不同。）

　　D.「出頭歌」為何是出頭歌？這幾組字哪裡相同，哪裡不同？

⑵ 小組討論要仿寫哪一首詩歌，有哪些字可以成為詩歌的內容？

　　老師也可以提供一些供參考，例如：

| 部件～乾坤大挪移 | | | |
|:---:|:---:|:---:|:---:|
| 部件換個位置 | | 部件換個位置 | |
| 杳 ⟷ 杲 | | 陪 ⟷ 部 | |
| 呆 ⟷ 杏 | | 昱 ⟷ 音 | |
| 裸 ⟷ 褢 | | 紋 ⟷ 紊 | |
| 邑 ⟷ 吧 | | 邸 ⟷ 阺 | |
| 忙 ⟷ 忘 | | 悲 ⟷ 悱 | |

⑶ 小組創作：請孩子分組仿做，並配合動作表演。

## 學生作品

### A：縮頭歌

力字縮頭拿菜「刀」，甲字縮頭來耕「田」，
牛字縮頭誰「午」覺，右字縮頭變「石」頭，
申字縮頭要「甲」上，木字縮頭說「不」要，
夫字縮頭「天」空藍。

不該出頭別出頭，應出頭的定出頭。

這組寫出〈縮頭歌〉，配合動作表演，一堂有趣的課程就在歡
笑聲中結束了。

學生作品

## B

呆呆熊的嘴巴長在上面，杏姐姐的嘴巴長在下面。

他們都想換一換嘴巴的位置。

於是，

呆呆熊變成了杏姐姐！

於是，

杏姐姐變成了呆呆熊！

偶然經過的「呂」先生看了，

覺得很奇怪，

他說：

「我的嘴巴明明只有一個，

為什麼大家要叫我『雙口呂』呢？」

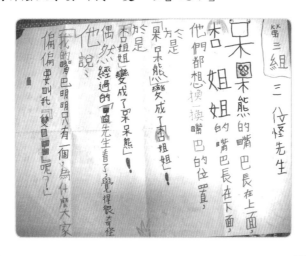

瞧！孩子的創意是不是真的無限？這樣的課程是不是很有趣呢？

**臺灣的山椒魚（三下）**

你知道在氣候溫暖的臺灣，也有冰河時期的動物嗎？就讓我們一起來認識牠吧！

山椒魚不是魚

山椒魚可不是魚，牠們是兩生類的動物，因為身上有著特別的山椒味，所以大家叫牠「山椒魚」。

山椒魚小時候很像魚，是用鰓呼吸，長大以後才改用肺呼吸。別看山椒魚小小的，牠們身上的黏液有毒，可以保護自己。遇到敵人的時候，牠們會抬起尾巴，讓對方不敢接近。

石縫裡的偶遇

山椒魚白天喜歡躲在石縫裡休息，晚上才出來找東西吃。現在，如果你想要看一看牠們的真面目，得先爬上兩千公尺的高山。在溪流邊，或是森林底層的落葉裡，翻一翻，找一找，說不定就能和牠們相遇。

山椒魚不怕冷，冬天的時候特別活躍。山椒魚媽媽會在這個時候產卵，山椒魚爸爸也會留下來，一起照顧牠們的寶寶。

山椒魚的大危機

因為山椒魚的存在，讓我們知道氣候溫和的臺灣，也經歷過冰河時期，真是令人難以想像！

臺灣的山椒魚原本就不多，近年來森林又受到人類的破壞，再加上地球暖化，牠們能居住的地方也越來越少，眼看快要消失了。希望大家好好想一想，我們可以為山椒魚做些什麼，讓牠們能在美麗的臺灣，平平安安的長大，快快樂樂的生活。

## 文本分析

　　教師教學前要很清楚知道：「為什麼教？」（要達到什麼教學目標？）因為我相信：「**讀懂**」（讀出寫法）才能「**寫好**」（向讀學寫）。

　　〈臺灣的山椒魚〉是一篇說明文。除了第一段開頭之外，共有三個小標（山椒魚不是魚、石縫裡的偶遇、山椒魚的大危機），還有大量的圖片和表格，這是說明類文章的特點。配合本課後面統整活動三「閱讀指導——讀懂說明類的文章」，〈臺灣的山椒魚〉這一課可以聚焦在說明文的讀寫，我的一課一重點設定為：**讀懂說明類文章的寫法，進而寫出一篇介紹動物的說明類文章**。（從閱讀進入寫作：從讀懂到寫好～先讀懂說明文的寫法，再習寫一篇相關的動物類說明文。）

　　備課時，要特別注意：千萬別把這一課當成自然課，把主要教學時間放在補充山椒魚的習性和相關資料，那麼教學重心將完全走偏了。當然，這些相關資料可以在延伸活動時進行補充，但絕不是本課的教學主軸。

## 教學設計

**1** 學習目標：讀懂說明類文章的寫法，進而寫出一篇介紹動物的說明類文章。

**2** 教學準備：繪製心智圖的紙張和文具、相關動物類的科普書籍。

**3** 教學過程

⑴ 讀出開頭的寫法：設問開頭

　　〈臺灣的山椒魚〉的第一段只有二句：

你知道四季如春的臺灣，也有冰河時期的動物嗎？就讓我們一起來認識牠吧！

請學生思考第一句：「你知道四季如春的臺灣，也有冰河時期的動物嗎？」這一句雖是問句，但它真的在問你嗎？還是在告訴你？也可以運用相互比較法：

你知道四季如春的臺灣，也有冰河時期的動物嗎？

四季如春的臺灣，也有冰河時期的動物。

以上二句意思相同，哪一種方式比較有吸引力？

學生都會說是第一句的問句，因為讓讀者有「神祕、吊胃口、期待、驚喜」的感覺。

所以，說明類的文章，可以用問句開頭，讓人有想一窺究竟的好奇心。這不就是教導「設問說明」、「設問開頭」最好的實例嗎？這便是從文章中學習讀寫方法的最佳範例。

⑵讀出文章內容與寫法：文章取材

除了第一段開頭之外，文章共有三個小標（山椒魚不是魚、石縫裡的偶遇、山椒魚的大危機），還有大量的圖片和表格，這是說明類文章的特點。接著，我請學生從三個小標的文章內容裡，找出文章「**從哪些方向介紹山椒魚**」，搭配著圖表說明，學習「說明事物（動物類）時，可以從種類、外形、習性、特徵、居住環境、活動範圍、特殊技能、繁殖和面臨的危機……」等方向著手，畫出心智圖，回應「讀懂說明類文章寫法」的目標。

### ⑶ 列出寫作大綱：從讀到寫

　　請學生自己選一種動物，以心智圖的方式寫出大綱（要從哪些面向介紹動物），佐以課文為架構，寫出一篇介紹動物的說明類文章。要書寫的動物若相關資料不足，可以到圖書館蒐集資料，或是上網閱讀找資料。

　　中年級學生的寫作，大部分無法達到信手拈來的創作階段，是從習作（練習寫作）入手。當手搖筆桿躊躇不知如何下筆時，可以從模仿開始，具體一步步建置學習的階梯。畢竟「無中生有」的創意是非常困難的，「有中生有」是創意的再造，也是一種自我的創新。

⑷ **動物海報製作：為寫而讀，寫時用讀，讀寫共進**

　　為鞏固學習，可以配合統整活動三「閱讀指導──讀懂說明類的文章」進行介紹動物的海報設計。這時，每人可以任選一種動物（要用之前寫作的材料也可以），全班選擇的動物盡量不要一樣，這樣寫完可以相互閱讀，相互學習。相關的資料可以到圖書館借閱

相關書籍，閱讀後完成海報。要有：標題，小子標，可以配合圖表和文字相互搭配介紹，將所學妥善活用，讓知識活化。

　　所有完成的海報，可以擺出來相互閱讀，這也是一種很好的閱讀學習。

　　備課時，讀懂文章內容重要，解構文章是怎麼寫的也很重要。如何讓孩子從閱讀中讀出寫法進而運用到寫作，是我們需要為孩子搭起的橋梁。若還不知如何進行，那就把自己想成學生，想他們在讀文章的時候，有什麼感覺？有什麼問題？多讀幾遍的時候，又有什麼收穫？想他們要下筆寫作時會遇到什麼問題？課本的文章能如何幫助我？如何讓語言從理解到運用？這樣教師的「教」就比較能與孩子的「學」接軌。

課例9　人物寫真（四上）

## 📖 備課想一想

　　目前兩岸四地教科書的文本，都是以單元主題的方式進行編寫的，一個單元有若干課的課文，會將這些文本放在同一個單元主題之下，應該是有其意義的。所以，當我們在進行教學時，可以有意識的思考：這個單元主題的意義是什麼？要教導學生什麼能力？教學時如何有意識的進行單元統整教學？

　　我們目前的國語課本都是以單元主題進行編寫的，每一冊四個單元，每一單元三～四課。這些課次會聚集在同一單元，一定有其功能性與意義性。當我們在進行文本分析時，除了可以「一課一重點」找出文本的創生性教學價值外，也可以大單元的方式看文本，以**單元統整方式進行讀寫設計**，從閱讀教導孩子讀出內容與寫法，設定與單元有關的寫作題目，從課文找出寫作鷹架，讓孩子從課文中學語文。所以，我們可以從大單元方式看教材。思考一下：

- 這三～四課為何會放在一起？
- 這三～四課要教什麼？（教學目標）
- 能教孩子什麼讀寫能力？
- 教完這三～四課，要讓孩子進行什麼寫作主題？

## 🖋 文本分析

　　我非常喜歡「人物寫真」這個單元，因為不僅可以讀到很多勵志感人的名人故事，還可以直接做群文閱讀或主題閱讀，讓孩子對同一個主題，運用多個文本，進行探索性的學習。當全世界都要求要擴展閱讀量的時候，當看見兩岸四地的課文數量臺灣是最少的時

候，當知道大陸的課標是明訂低、中、高年級課外閱讀總量不得低於5萬字、40萬字、100萬字的時候，我多希望我們的文本可以有類似這樣群文閱讀的概念，可以在同一個主題之下，透過多文閱讀，讓孩子進行深度思考與寫作。我當時編寫「人物寫真」這一單元時，就是希望可以達到以「一篇帶多篇」的方式，讓孩子學習比較閱讀：同樣都是人物傳記，寫法、取材有何不同。不僅可以求同、整合，還可以判斷、辨異，這是我們平常課文很少能做的

　　「人物寫真」這個單元，單元頁的主題便直接點明這個單元要帶大家走入人物故事，這些對生命有愛、不畏艱難的勇者，值得我們好好效法學習。這個單元有四課，分別是：永遠的馬偕、海倫‧凱勒的奇蹟、讀書報告——林書豪的故事、攀登生命的高峰。這四課分別介紹四位勇者熱愛生命、鍥而不捨、活得精采努力的形象，正可以融入「生命教育」的議題。教學時要把握人物傳記的主題進行分析，也可以比較寫法，不僅學到這些勇者的精神，更要讓學生理解如何寫出一篇傳記類的作品。

　　在這單元後面的統整活動二，閱讀指導是「認識人物傳記」，正是為了搭配此單元進行教學。所以，我在備課時，同時翻閱此單元後面的統整活動，整合教學點，如此教學將更輕鬆具體有效益。

「人物寫真」單元這四課都是寫人的文章，而且都是寫名人，而非寫身邊的人。寫名人傳記，可以透過對主角的正面描寫（外表、心理、行動、語言、細節）和側面描寫（透過周圍人物或環境的描寫），突出人物的形象和精神。掌握此一重點，進行教學時可以做比較閱讀：都是寫人物的文章，內容取材上有何不同？描寫馬偕是從哪些面向來寫？寫了哪些相關的人？而海倫‧凱勒、林書豪、江秀真又是如何描寫的呢？他們的共同點又是什麼？

很多文章是可以有互文性的。例如：海倫‧凱勒一文中會提到蘇利文老師，林書豪那課會提到他的母親，這是為什麼呢？馬偕和江秀真的文章中卻都沒有提到家人或師長。這是因為書寫時要注意取材，「你」得選取對這個人重要的事蹟詳細寫（詳寫），與「你」想凸顯的主題相對無關的就簡略帶過（略寫）或是不寫也可以。

尤其是〈讀書報告——林書豪的故事〉的故事這一課，如果教學者只關注這一課形式：讀書報告的寫法，忘記了單元主題，那麼，學生就有可能寫出一篇《三隻小豬》的讀書報告，讓教師很傻眼，卻說不出哪裡有問題。所以，在此單元要寫讀書報告，就要扣緊**人物傳記**的主題，這樣才能讓此單元的讀與寫充分結合，達到事半功倍的效果。

### 教學設計

1 **學習目標**：學會人物傳記的寫法。

2 **教學準備**：各種勇者主題人物的報導或文章。

3 **教學過程**

⑴讀完四課文章後，理解這四位生命勇者的特殊貢獻和事蹟，辨析描寫每一位主題人物傳記的內容，理解寫作的取材會因人物的特性，詳略的部分而有不同。

⑵延伸閱讀，從課內到課外：從閱讀進入寫作時，需要拓展孩子的閱讀視野，豐富寫作材料。所以，我當時在上「人物寫真」這個單元時，很努力找了相關閱讀材料，讓孩子透過閱讀名人的真實故事，學習堅毅勇敢的精神（融入108課綱中「生命教育」、「生涯規劃教育」等議題）。我當時的做法，是一篇課文搭配寫一篇文章，相關課程如下：

| 課名 | 永遠的馬偕 | 海倫・凱勒的奇蹟 | 讀書報告——林書豪的故事 | 攀登生命的高峰 |
|---|---|---|---|---|
| 主軸 | 到海外、異地奉獻自己 | 身心障礙卻努力走出生命幽谷 | 傑出運動員或是努力實現夢想者 | 堅持朝夢想前進 |
| 延伸閱讀 | 德蕾沙 | 臺灣海倫・凱勒—劉育伶 | 盧彥勳（亞洲球王，修德校友） | 李樂詩（挑戰登上地球三極） |
| | 瑪喜樂 | 力克胡哲 | 許芳宜 | 林義傑 |
| | 史懷哲 | 霍金 | 陳偉殷 | 何大一 |
| | 連加恩 | 楊恩典 | 葉芮羽（修德校友） | 劉安婷 |
| | 丁修女 | 謝坤山 | 曾宇謙（修德校友，傑出音樂家） | 馬拉拉 |
| 寫作題目（可二選一） | 外國人・臺灣情 | 生命的奇蹟 | 讀書報告——〇〇〇的故事 | 勇者的畫像 |
| | 愛心無國界 | 走出生命的幽谷 | 追夢的人 | 從名人身上學到的事 |

⑶ 在整個單元教學後，可以進行一篇寫作教學。題目可以是：「勇者的畫像」，或是「值得我學習的人」，課文中的四個人物也可以直接拿來當例子，或從延伸閱讀、自己搜尋到的人物資料進行寫作，從閱讀別人的故事得到省思，關照自己的生命歷程。從這個角度出發，課本的學習內容是拿來活用、實用的，也是將「教過」變成「學會」的重要方式。

兩兄弟（改寫自托爾斯泰 兩兄弟）

　　兩兄弟一起去旅行，半路上發現一塊石頭。上面寫著：「發現這塊石頭的人，就往前走進森林。那裡有一條河，游過河到了對岸，會看到一隻母熊和牠的寶寶。抱走小熊，然後頭也不回的跑到山頂。山頂有一棟房子，在那裡，幸福正等著你。」

　　當他們讀完，弟弟對哥哥說：「走吧！我們照石頭上寫的去做，就能擁有幸福。」

　　哥哥憂心的說：「我不想這麼做，而且，我勸你也別這麼做。首先，誰知道石頭上的話是不是真的？也許它只是開個玩笑，也有可能是陷阱。接著，就算那些話可信，等我們走進森林，天已經黑了，我們會迷失在森林裡，不容易找到那條河。即使找到那條河，如果河寬水急，怎麼游過去呢？就算游過去，要從母熊身邊抱走小熊，不是容易的事。如果成功了，也不可能一口氣跑到山頂。最後，也最重要的是，石頭並沒有告訴我們會得到什麼樣的幸福，可能等在那裡的，並不是我們希望得到的呀！」

　　「那些話說得相當明白。依我看，試一試不會有什麼損失。如果不試，我們什麼也得不到。」弟弟說完就往森林走去，哥哥就回到村中。

　　不久，弟弟發現那條河，他游到對岸，果然有一隻母熊在那裡休息。他偷偷抱走小熊，頭也不回的跑到山頂，有個人出來迎接他，並用馬車載他進城，城裡的人請他當國王。直到鄰國發動戰爭，城市被占領，弟弟只好到處流浪。

　　有一天，弟弟回到村裡，來到哥哥家的門前。哥哥依然住在那裡，沒有變得富有，也沒有變得貧窮。他們見了面很高興，彼此敘述著分開後發生的事。

哥哥說：「你看，我是對的。當年我沒有照著石頭上的話去做，日子才能過得這麼平順；而你，雖然當上國王，卻也遇到很大的難題。」

「我一點兒都不後悔，也不會難過，因為我擁有美好的回憶……」弟弟回答說。

## 文本分析

〈兩兄弟〉是俄國大文學家托爾斯泰的作品。故事內容雖長卻相當淺顯易懂。每個人對幸福的感覺和定義是不同的，不同的個性會做出不同的決定，不同的決定會產生不同的生活情境。這一切似乎沒有對錯，只是不同的思維，做出不同的選擇而已。

兩兄弟的個性不同，所以後來的遭遇也大相逕庭。哥哥相對保守，面對陌生環境選擇留在原地，過著平順的生活；弟弟充滿冒險精神，選擇進入森林，當上國王後卻也因戰爭四處流浪。什麼是幸福？在這篇故事裡，有不同的想法。

在這篇文章裡，石頭上說的話對後面的文本產生非常重要的作用，於是我們可以運用「連結」策略，讓孩子學習「連結文本」理解故事發展的順序與脈絡。

## 教學難點

這篇故事一讀就令人很喜愛，但要思考教學目標的時候，會陷入人文性、工具性如何有效結合的抉擇與判斷。當時，我和香港、大陸老師必須同課異教，我們對文本的思考，對教學目標的選擇，其實就是與對「語文」概念的拔河。

當時，我們的教學目標分別是：

| A組 | B組 |
|---|---|
| ● 能分辨主角各自支援的觀點。<br>● 能找出主角所持觀點的差異。<br>● 在閱讀中樂於思考所遭遇的問題，並願意解決。<br>● 在閱讀中樂於與同儕討論，並發表意見。 | ● 理解文章細節，讀懂事情因果關係。<br>● 能理解句子與段落間的先後順序或因果關係。<br>● 學習運用連接詞（如果、即使）。<br>● 思考下判斷前要仔細思考並勇於負責。 |

在上課時，兄弟倆不同的個性一定會提出來討論，但擔心語文課最終會上成綜合課、生活課或人生情感課。所以我（B組）加上策略，讓學生運用連結文本的閱讀策略找文本故事發展的連結順序，評課時獲得相當大的肯定與迴響。

## 備課想一想

**我的備課** 哪裡有提示教學重點？

● 文本～讀法決定教法　● 統整活動
● 習作　● 單元頁

我曾提出：備課時，除了掌握文本的特性之外，習作、統整活動、單元頁都可以提供思考。本課習作有閱讀筆記（比較兩兄弟個性）；有提問協助梳理文本，有排出文本順序。於是，我便將哥

哥說的話打散，做成教具，讓學生思考，運用連結文本（石頭上說的話）方式排出「句子」的順序，理解故事的因果關係；也將後面發展的段落情節打散，做成教具，讓學生運用連結文本的策略排出「段落」。是故，備課時可以善用習作，因為那正是本課語文點教學所在呢！

〈兩兄弟〉——麗雲的教學設計

 （連結文本）（教如何學）

 排句子、排段落順序、注意連接詞

5 實例篇

237

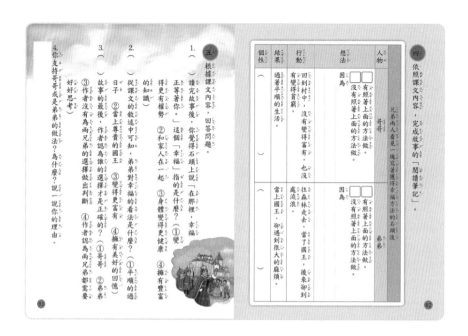

若以素養導向教學來思考，可以用這樣的備課單協助備課。例如：

| 年級／單元／子課 | 四年級／第四單元閱讀天地／兩兄弟 |
| --- | --- |
| 總綱核心素養 | A2 系統思考與解決問題<br>B1 符號運用與溝通表達<br>C1 道德實踐與公民意識 |
| 領綱核心素養 | 國-E-A2 透過國語文學習，掌握文本要旨、發展學習及解決問題策略、初探邏輯思維，並透過體驗與實踐，處理日常生活問題。<br>國-E-B1 理解與運用本國語言、文字、肢體等各種訊息，在日常生活中學習體察他人的感受，並給予適當的回應，以達成溝通及互動的目標。<br>國-E-C1 閱讀各類文本，從中培養是非判斷的能力，以了解自己與所處社會的關係，培養同理心與責任感，關懷自然生態與增進公民意識。 |

| 年級／單元／子課 | 四年級／第四單元閱讀天地／兩兄弟 | |
|---|---|---|
| 學習表現／<br>學習內容 | 5-II-7 就文本的觀點，找出支持的理由。<br>5-II-8 運用預測、推論、提問等策略，增進對文本的理解。<br>6-II-6 運用改寫、縮寫、擴寫等技巧寫作。 | Ad-II-2 篇章的大意、主旨與簡單結構。<br>Ba-II-1 記敘文本的結構。 |
| 學習目標 | 1.理解文章細節，讀懂事情因果關係。<br>2.能理解句子與段落間的先後順序或因果關係。<br>3.學習運用連接詞（如果、即使）。<br>4.學習下判斷前要仔細思考並勇於負責。 | |
| 表現任務 | 文字或圖像表達 | |
| 活動設計 | | |

✎ **教學設計**

1 **學習目標**：讀懂事情因果關係，理解句子與段落間的先後順序或因果關係，學習連結策略。

2 **教學準備**：教師製作要排序的教具（句子和段落）。也可運用學習單完成教學步驟。

3 **教學過程**

⑴ 先提問：你認為幸福是什麼？請學生分別說一說。

⑵ 請學生讀第一段，並畫出石頭上的話，再與同學分享自己畫了什麼。

⑶ 教師提問：如果是你，你願不願意進入森林裡尋找幸福？說一說理由（願意，因為……；不願意，因為……）。

⑷ 讀第二段，猜猜哥哥想去嗎？讓學生運用口語表達各自發表。

⑸ 排出文本順序一：

讀第三段，教師提問：哥哥說了什麼？請學生排排看，並說出是
根據什麼線索來排呢？

A. 成功了，也不可能一口氣跑到山頂。

B. 找到那條河，如果河寬水急，怎麼游過去呢？

C. 就算那些話可信，等我們走進森林，天已經黑了，我們會迷
失在森林裡，不容易找到那條河。

D. 游過去了，要從母熊身邊抱走小熊，不是容易的事。

E. 最重要的是，石頭並沒有告訴我們，會得到什麼樣的幸福。
可能等在那裡的，並不是我們所希望得到的啊！

### 文本的順序

C. 就算那些話可信，等我們走進森林，天已經黑了，我們會迷
失在森林裡，不容易找到那條河。

B. 找到那條河，如果河寬水急，怎麼游過去呢？

D. 游過去了，要從母熊身邊抱走小熊，不是容易的事。

A. 成功了，也不可能一口氣跑到山頂。

E. 最重要的是，石頭並沒有告訴我們，會得到什麼樣的幸福。
可能等在那裡的，並不是我們所希望得到的啊！

加入一些連接詞，使文章更通順！

首先，誰知道石頭上的話是不是真的？也許它只是開個玩笑，也有可能是個陷阱。接著，就算那些話可信，等我們走進森林，天已經黑了，我們會迷失在森林裡，不容易找到那條河。即使找到那條河，如果河寬水急，怎麼游過去呢？就算游過去了，要從母熊身邊抱走小熊，不是容易的事。如果成功了，也不可能一口氣跑到山頂。最後，也最重要的是，石頭並沒有告訴我們會得到什麼樣的幸福，可能等在那裡的，並不是我們所希望得到的啊！

⑹排出文本順序二：接下來故事如何發展？讀一讀這四段（第四段～第八段），排一排的順序。

A. 哥哥說：「你看，我是對的。在這兒，我過得相當平順；而你，雖然當上國王，卻也遭遇很大的麻煩。」「我一點也不後悔。」弟弟回答說：「雖然，我現在身無分文，但是，我擁有美好的回憶，而你卻沒有。」

B. 不久，弟弟發現那條河，他游過河，到了對岸，果然有一隻母熊在那兒休息。他偷偷抱走小熊，頭也不回的往山上跑。到了山頂，有個人出來迎接他，並用馬車載他進城，城裡的人請他當國王。他在這個國家當了五年的國王，到了第六年，比他更強大的鄰國國王向他發動戰爭，城市被占領，他也逃亡了。

C. 弟弟成了流浪漢。有一天，他回到村裡，來到哥哥家的門前。哥哥仍住在那裡，沒有變得更富有，也沒有變得更貧窮。他們很高興的見了面，說著分手後發生的事。

D.「你錯了。」弟弟說:「那些話說得相當明白。依我看,試一試不會有什麼害處;如果不試,我們什麼也得不到,別人反而捷足先登。何況,在這世上,不努力,就不會有成功的機會;而且,我不想被認為是一個膽小的人。」弟弟說完就往森林走去,哥哥則回到村中。

## 文本的順序

D.「你錯了。」弟弟說:「那些話說得相當明白。依我看,試一試不會有什麼害處;如果不試,我們什麼也得不到,別人反而捷足先登。何況,在這世上,不努力,就不會有成功的機會;而且,我不想被認為是一個膽小的人。」弟弟說完就往森林走去,哥哥則回到村中。

B.不久,弟弟發現那條河,他游過河,到了對岸,果然有一隻母熊在那兒休息。他偷偷抱走小熊,頭也不回的往山上跑。到了山頂,有個人出來迎接他,並用馬車載他進城,城裡的人請他當國王。他在這個國家當了五年的國王,到了第六年,比他更強大的鄰國國王向他發動戰爭,城市被占領,他也逃亡了。

C.弟弟成了流浪漢。有一天,他回到村裡,來到哥哥家的門前。哥哥仍住在那裡,沒有變得更富有,也沒有變得更貧窮。他們很高興的見了面,說著分手後發生的事。

A.哥哥說:「你看,我是對的。在這兒,我過得相當平順;而你,雖然當上國王,卻也遭遇很大的麻煩。」「我一點也不後悔。」弟弟回答說:「雖然,我現在身無分文,但是,我擁有美好的回憶,而你卻沒有。」

(7) 找一找

● 從文章找出代表性的句子，說明兄弟兩人對「幸福」的看法。

● 用自己的話，說說兄弟兩人的個性。

(8) 想一想

● 你覺得作者主要的想法是什麼？為什麼？

● 你覺得文章裡還可以加些什麼，讓兩兄弟對「選擇」的意義更加完整？

● 讀完這篇故事後，你對「幸福」的看法和原來有什麼不一樣嗎？

**課例11** **請到我的家鄉來（四下）**

請到我的家鄉來　　　　（改寫自林海音　請到我的家鄉來）

　　請到我的家鄉來，我的家鄉是又名「千佛之國」的泰國。這裡到處都能見到廟，每一座都華麗莊嚴。每一個信奉佛教的男人，都要出家一段時間當和尚，連國王也不例外。我們的國家還有另一個名字——「白象之國」，大象是我們最好的朋友，不但供人騎乘，還為我們搬運重物。來吧，請到我的家鄉來！

　　請到我的家鄉來，我的家鄉是五千年古國埃及。我們的國土大部分是沙漠，氣候又乾又熱。幸好有一條尼羅河緩緩流過，為南北土地帶來一些水量。古老的埃及文化，就是從河流的兩岸發展出來的。首都開羅就在尼羅河旁，這裡，你可以看到獅身人面像和金字塔。我們身穿寬大的長袍，頭上盤著布巾，騎的是駱駝。來吧，請到我的家鄉來！

請到我的家鄉來，我的家鄉是地勢低窪的荷蘭。我們的國土大部分在海平面之下，所以要築堤防潮，風車就是為了排水出海而建造的。在這種地勢低窪的地方，穿木頭做的鞋子最合適了。風車和木鞋，正是我國的特徵。我們很會種花，像酒杯一樣的鬱金香，就是我們的特產。來吧，請到我的家鄉來！

　　請到我的家鄉來，我的家鄉是音樂國度奧地利，也是音樂神童莫札特的故鄉。我們是愛好音樂的民族，無論男女老少都喜歡音樂，我們的國土雖然不大，卻充滿歡樂的氣氛。每年到了音樂節，常有大量外國觀光客湧入，遊河賞景，登山賞雪。來吧，請到我的家鄉來！

## 🖋 文本分析

　　這篇文章是以四段散列式結構書寫而成的文章，每一段皆以第一人稱——「我」，介紹一個國家，將每一個國家的特色以100～200字左右書寫出來。文章直指重心，簡鍊的文句勾勒出一個國家的風土人情與特點。因為文章形式與一般記敘文明顯不同，所以備課時，應該一眼就可以看見這特別的形式結構，把它當成教學重點。

　　文章每一段的第一句都是「請到我的家鄉來，我的家鄉是……」，每一段的末句都是「來吧，請到我的家鄉來！」像這樣以段落排比兼具類疊的方式，每一段的開頭與結尾都用同樣的句子，讀起來不僅具有音樂性，更具有文學美感，充滿詩意的語言。

　　一般文章有兩大部分：形式和內容。從形式來看，〈請到我的家鄉來〉一課便是以散列式結構的形式，以介紹各國風土人情特色的內容所寫成的文章。文章內四個小小的段落對意念的抒發又點到為止，是學生開始學寫作時，可以常用的段落安排方法。

所以，讀懂這篇散列式結構是怎麼介紹一個地方特色的，再以這樣散列式的結構介紹自己的家鄉：可以是四個縣市，一段介紹一個縣市；也可以是自己居住縣市的四個鄉鎮（區），一段介紹一個鄉鎮（區），或是家鄉的四個特色，是這篇文章可以設定的教學重點。

## 教學設計

**1 學習目標**：讀懂散列式文章的寫法，進而寫出一篇以散列式結構介紹自己家鄉的文章。

**2 教學準備**：繪製心智圖的紙張和文具、《請到我的家鄉來》一書。

**3 教學過程**

⑴ 情境導入

　　每個人都有屬於自己的成長故事，而家鄉正是醞釀這些成長點滴最佳的地方。家鄉，可以是自己居住的地方，自己成長的地方，也可以是老家，例如爺爺、奶奶住的地方。

　　我們對許多名勝古蹟如數家珍，似乎在那兒長大似的；其實，更重要的是關懷我們自己居住的土地，了解它的歷史，熟悉它的文化，感受它的美麗風光，這樣我們和自己的家鄉，才會有永遠剪不斷的情感臍帶。讓我們一起走進～〈請到我的家鄉來〉。

⑵ 讀出寫法：散列式結構

　　請學生仔細觀察，文章共有幾段？可以像一般記敘文合併成意義段嗎？為什麼呢？

　　因為文章是一段介紹一個主題，不像一般記敘文那樣有原因、經過（景點）、結果的順承或因果結構，所以無法合併意義段。像

這樣以結構相同的方式寫成的段落文章，文章又有共同主旨，就是散列式結構。

所謂 散列式結構 就是：

> 各段開頭的形式都是一樣的散列式寫法，一段就是一個獨立的想像力發揮，各段落自成單元，位置也可前可後，沒有一定的要求，看起來好像彼此並不相干；但從內容來看，每一個段落之間，隱隱然有一條無形的線，運用文章的主旨把它們貫穿起來，連成一體。

⑶ 讀出內容： 掌握寫作內容

　　請學生讀第一段，問：文章從哪二個面向介紹泰國？（或是用了哪二個專有名詞介紹泰國？）

　　作者用「千佛之國」和「白象之國」介紹泰國，掌握泰國最具特色的部分。

　　「千佛之國」有二句的敘述：

這裡到處都能見到廟，每一座都華麗莊嚴。

每一個信奉佛教的男人，都要出家一段時間當和尚，連國王也例外。

　　所以，「千佛之國」又可以分成：廟（華麗莊嚴）和出家當和尚二部分。

⑷ 繪製課文心智圖：

　　邊上第一段邊在黑板示範繪製心智圖，梳理文本。之後運用此方式小組合作讀懂第二～四段（埃及、荷蘭、奧地利），完成心智圖。

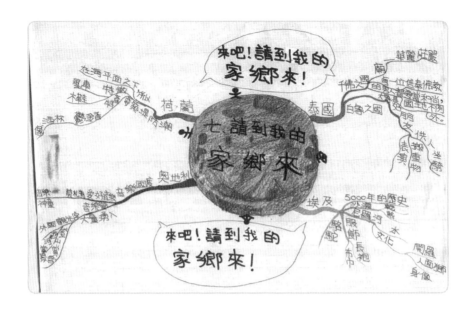

　　介紹一個地方可以從生活文化、節日、民俗、飲食、地理位置、氣候、地形、宗教、景點、名人、別稱……等各方面進行介紹。

⑸ 繪製寫作心智圖：列出寫作大綱

　　以「請到我的家鄉來」為題，以散列式結構進行寫作，寫出一篇介紹自己家鄉和喜歡縣市特色的文章，邀請其他人到你的家鄉拜訪。文章每一段的開頭都是「請到我的家鄉來，我的家鄉是……」每一段的末句都是「來吧，請到我的家鄉來！」

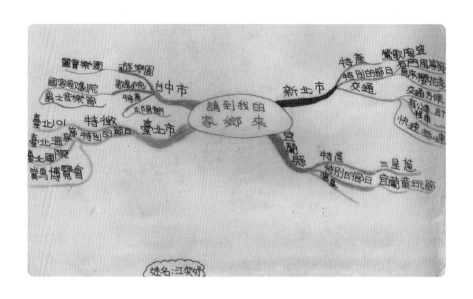

　　文章至少四段，（自己的家鄉一定要有，而且放在第一段）可以一段介紹一個縣市，介紹四個縣市的風貌與特點；也可以是自己居住縣市的四個鄉鎮（區），一段介紹一個鄉鎮（區），也可以家鄉四個面向的特色，完成文章。

⑹試寫第一段

　　可以先試寫一段，大約是200～300字上下介紹一個地方的景點特色。若需查詢資料可以上網或看旅遊手冊，當然也可以詢問家人，與家人討論，增進對居住地的了解。例如：

　　請到我的家鄉來，我的家鄉在 臺灣北部的新北市，它是一個景色優美的地方，還有各種美食等你來品嘗。 我的家鄉有各種風景名勝。北海岸風光明媚，可以先去福隆海水浴場踏浪，再去野柳欣賞奇岩怪石，那是海和風兩位藝術家合力雕塑的作品，有仙女鞋、有豆腐岩和燭臺石，還有馳名中外

的女王頭。金瓜石黃金博物館，讓你穿越時空，重溫先民的黃金夢。紅紅的夕陽，照在淡水河上，河上的小船輕輕的搖盪，不知是在網魚，還是網金黃色的波浪？ 我的家鄉有各種美食，除了三峽金牛角麵包之外，還有石門肉粽、九份芋圓等等，最棒的是深坑的豆腐宴，用煎、炒、煮、炸等不同的料理方式，呈現各種特殊風味，讓老街在假日時擠滿慕名而來的遊客。來吧，請到我的家鄉來吧！

4 **延伸閱讀**：從一篇到一本：林海音《請到我的家鄉來》。

5

實例篇

## 課例12 海豚（五上）

### 文本分析

這一篇文章是一篇科學散文，屬於事物類說明文，以「分分總」的方式介紹海豚各方面的相關知識，包含習性、特性與其生存方式，也從海豚面對的危機，提醒我們要保護海洋，珍惜海洋資源。

> **疑點澄清：教什麼？**
>
> 像這樣屬於科普知識的事物類說明文，如果上課的重心是放在介紹海豚的習性，補充海豚的相關自然知識，似乎把語文課上成自然課了。當然，行有餘力自是可以補充，也就是說把語文課的主要本質內涵上完，要補充海豚的知識或延伸閱讀當然是可以的。就怕上課時教學目標模糊偏頗，讓語文課成了自然課。

249

### ✎ 教學難點

〈海豚〉這篇文章，結構清楚，每一段都有說明的主軸。其中第四段篇幅較長，介紹海豚的回音定位系統。在閱讀時，每一個字詞可能都懂，但是看完段落，學生有否能具體清楚明白何謂「回音定位系統」。教師備課時可能就得思考如何讓學生「讀懂」。

　　圖像化是可以讓學生梳理文本的有效方法，教師可以透過畫圖或是找到圖片讓學生理解文本和文章內容，獲得學習的方法。此時，正是「閱讀」和「閱讀教學」需思考的點。教師進行的是「閱讀教學」，要讓孩子「懂讀」，所以要給教學方法；學生是在進行「閱讀」，是解讀文本，進行「讀懂」的過程。

### ❓ 備課想一想

▶ 說明文

第一目標，讀懂文本說了什麼；

第二目標，文本用了哪些說明的方法（怎麼說），讀懂為什麼要說，掌握主旨（說明文最高境界）。

▶ 以組塊教學進行課程

一、目標明確集中 （字詞解碼、理解文意、讀出寫法）

二、每組塊可聚焦一個目標開展多層次、立體式教學設計（時間可調整）

三、使教學設計從複雜到簡單

## 教學設計

**1** 學習目標：讀懂動物類說明文的寫法，進而能夠書寫一篇動物類說明文。

**2** 教學過程

⑴ **KWL**的學習（二人一組相互說）

> K：What do I know？（關於海豚，我已經知道些什麼？）
> W：What do I want to learn？（關於海豚，我想要學些什麼？）
> L：What have I learned？（這一節課，我學會了些什麼？）

⑵ 字詞解碼：讀文章，透過所學的閱讀策略梳理字詞，並理解說明文常用的總分句的用法與目的。

**我會讀書～字詞解碼**

● 下面加點的字，你用什麼方法知道它的字義？

海豚　鯨　哺育　脂肪

● 借助學過的閱讀技巧，猜測下列詞語的意思。

矯捷　身軀　折返　額隆

● 課文中其他不認識的字詞，你會用什麼方法知道它們的意思？

寫字

**我會讀書**

● 從下面的句子中，可以知道有關海豚的哪些訊息？

● 不同的海豚會發出不同的叫聲，這些聲音也有不同的作用，例如：偵測海底地形或船隻、合作捕獵魚群、警告有敵人出現或為了求偶。

● 句子中冒號前後的分句，意思有什麼不同？

> 先總後分
> 說明事物時，可以先總述事物的總體情況，然後再分述事物的個別情況。

找一找課本哪裡還有？

⑶ 讀懂內容：透過圈出文章中有「海豚」的句子，抓住重要詞句。然後圈出關鍵詞，理解文章從哪些面向介紹海豚。

我會讀書～讀出內容

●圈出有**海豚**的句子。

1 科學家將鯨豚類分成鬚鯨和齒鯨兩大類，牠們的外形、生態都有差別。臺灣常見的鯨豚種類約在三十二種左右，其中有二十四種是齒鯨。海豚屬於「齒鯨」，牠們常出現在臺灣東部海域。小海豚在媽媽肚子裡的時間，大約需要將近一年左右，和我們人類差不多。海豚媽媽不僅要哺育小海豚，還要照顧好長的一段時間，小海豚才能獨立生活。

我會讀書～讀出內容

●作者在第一段從哪些方面介紹**海豚**？

1 科學家將鯨豚類分成鬚鯨和齒鯨兩大類，牠們的外形、生態都有差別。臺灣常見的鯨豚種類約在三十二種左右，其中有二十四種是齒鯨。海豚屬於「齒鯨」，牠們常出現在臺灣東部海域。小海豚在媽媽肚子裡的時間，大約需要將近一年左右，和我們人類差不多。海豚媽媽不僅要哺育小海豚，還要照顧好長的一段時間，小海豚才能獨立生活。

⑷ 透過圖像化理解最難讀懂的第四段：回音定位系統。教師提供關鍵詞語，配合圖像解說，理解「回音定位系統」的運作方式，並讓學生從中學習到讀書的方法。

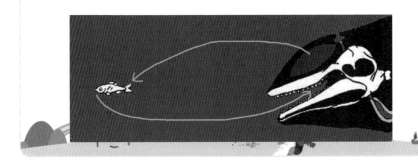

●利用下面詞語說明「回音定位系統」

額隆　下顎　內耳
聲波偵測　投射　折返　系統

(5) 總結：

　　〈海豚〉的主要表達方法是什麼？（敘述/ 說明 /描寫/抒情）

(6) 學習取材與結構：讓學生分組繪製心智圖，理解文章從哪些面向
　　介紹海豚。

**3 寫作練習**

　　這一課，可以進行二種寫作練習，一是文體或人稱的改寫，另
一個是說明文的仿寫。例如：

> 讀了〈海豚〉這一課，你是否對海豚有更多的認識呢？
> 〈海豚〉一課介紹了海豚的種類、外形特徵、構造、活動範圍、生育、
> 生長的方式，還有他獨特的叫聲和面對的威脅。

A. 請以「海豚的自述」（海豚的真情告白）為題目，寫一篇文章。
　　可以參考課本中對海豚的說明與介紹，引用相關語句；但要記得
　　是以「第一人稱」（我）來寫喔！

B. 寫一篇動物類說明文：選定一種動物，試著根據下列提示，搜尋
　　有關動物的資料。可提供寫作思考面向供參，例如：

　　▶ 定　　　義：◎你所選的動物屬於什麼類？哺乳類？鳥類？
　　　　　　　　　　◎牠們屬於瀕危物種嗎？

　　▶ 外形特徵：◎牠們的樣子是怎樣的？

　　▶ 活動範圍：◎牠們主要分布在哪裡？

　　▶ 生活習性：◎牠們喜歡吃什麼東西？
　　　　　　　　　◎牠們喜歡做什麼？有什麼專長？

　　▶ 繁殖情形：◎什麼時候是牠們的繁殖期？
　　　　　　　　　◎牠們是胎生的？卵生的？
　　　　　　　　　◎長大成年需要多少時間？

**4** 延伸閱讀

　　教師可補充相關的文本以當作主題閱讀或群文學習，豐富學生的閱讀量。例如我當時補充了〈鯨〉這篇文章，並教導了說明事物的方法，讓學生理解五年級的說明文與三年級〈臺灣的山椒魚〉、四年級〈建築界的長頸鹿〉的差異。

例如：說明事物的方法：

**分類別**　把事物分類，讓說明更有條理。

**列數字**　利用數字說明事物的特點，能加強說服力，讓人覺得眞實可信。

**作比較**　拿熟悉的事物作比較，令事物的特點具體、清楚。

**下定義**　用簡潔而精確的語言，說明事物的本質，讓人對事物有明確的概念。

**舉例子**　用事例說明事物的特點，使說明更加具體、清晰。

**運用比喻**　把一件不易看到或較抽象的事物，比作另一件常見或較具體的事物，令事物的特點更形象。

　　以表達爲本位，以閱讀爲階梯，有意識的培養學生的自學力。課堂上多關注閱讀方法的指導，讓學生在「語言內容」和「語言形式」的練習中，獲得一種有效的閱讀策略，建構學習的方法。

名人記趣

### 紙條上的簽名

英國首相邱吉爾應邀在一個廣場演講。

他講到一半的時候，停下來喝水。這時，臺下忽然遞過來一張紙條，他看了一眼，只見上面寫著兩個字「傻瓜」。

邱吉爾知道有人想羞辱他，他把紙條放在講臺上，神態自若的說：「剛剛有位聽眾送來一張紙條。這位聽眾真糊塗，只在紙上簽了大名，卻忘了寫內容。」

說完，邱吉爾面帶微笑，繼續他的演講。

### 只能站著

美國小說家馬克·吐溫應邀到小城演講，在演講之前，他先去理髮。

那位理髮師一面為他理髮，一面說：「您的面孔很陌生，一定是出外的旅客吧？您來得真巧，今晚大文豪馬克·吐溫在本鎮演講。」

「那我倒要去聽聽呢！」馬克·吐溫說。

「真遺憾！」理髮師說：「你只能站著聽，那裡不會有空位，票早在一星期前就銷售一空了。」

「站著沒關係。反正每次他演講，我總是只能站著。」馬克·吐溫笑著說。

### 最短的演講

美國總統艾森豪曾擔任大學校長，經常參加各種活動。

有一回，他參加名人演講，被安排在最後講話。他先坐在一旁靜靜的聽著，前面幾位名人，個個高談闊論，口若懸河，眼看時間已經很晚，聽眾都露出不耐煩的神情。

當艾森豪上臺時，他放棄原先準備的講稿，說：「各位女士、先生：演講就像寫文章，都需要標點符號。有人喜歡用問號，有人喜歡用驚嘆號。今天，我最後一個演講，很榮幸有這個機會為今天晚上的活動，畫上一個圓滿的句號。謝謝，晚安！」

　　他從容的走下講臺，聽眾都起立鼓掌。這是艾森豪最短的，也是最令人難忘的一次演講。

## 文本分析

　　「機智的故事」這個單元透過閱讀多篇古今名人的故事，認識機智的神奇力量，欣賞在不同情境中，機智語言所產生的趣味。機智不僅可以化解尷尬與危機，還可以幫助自己，解救他人性命。第一課〈名人記趣〉從三位名人面對問題幽默以對的小故事中，感受到機智的妙用；第二課〈秋江獨釣〉透過紀曉嵐與乾隆皇帝的對話，加深飽讀詩書有益於機智的發揮，可以救自己一命；第三課〈智救養馬人〉中，聰明的晏子以機智救了養馬人一條寶貴的生命，更點明了機智並富含慈悲心，不僅可以解救人的性命，更可以挽救國君免於犯錯。

　　機智可以化解危機，是充滿智慧的表現。如果我們都能學習以機智化險為夷，那生活中的困頓和挫折就會減少許多。

　　這一單元要學習如何在生活中運用機智，展現幽默，並能思考文章中解決問題的過程，體會其中蘊含的機智與趣味。所以，以單元統整角度來看，可以「談機智」為題，寫一篇議論類的文章。單元故事文章的主旨就是「論點」，這三篇課文的5則故事可以當作論據。於是，第一課〈名人記趣〉三則小故事，就是訓練論據最好的機會。

〈名人記趣〉這一篇課文有三篇小故事，分別敘述邱吉爾、馬克‧吐溫、艾森豪三位名人面對困境時發揮機智的小故事。

### 教學設計

1 學習目標：練習議論文的寫作。

2 教學準備：事先準備與機智有關的小故事，也可以請學生自行準備。

3 教學過程

⑴請學生讀第一個故事，知道文章如何寫出邱吉爾的機智。例如：
是誰？碰到什麼難題？如何解決？ 結果？ 再運用這方式，讀懂另二個故事。可以表格的方式來具體清楚的讀出寫法。例如：

|  | 例子一 | 例子二 | 例子三 |
|---|---|---|---|
| 誰 |  |  |  |
| 碰到的難題 |  |  |  |
| 如何解決 |  |  |  |
| 結果 |  |  |  |
| 我的評論 |  |  |  |

⑵發下（拿出）與機智有關的名人故事，以上面表格的方式寫下小故事的大綱或摘要。

⑶教導議論文的寫法。

複習五上學過的議論三要素，讓孩子提出論點。

**第1步** 確認論點：你認為機智是什麼？機智有何重要性？為什麼具備機智反應的人會受歡迎呢？機智需要哪些條件呢？

**第2步** 提出論據：將之前寫的大綱或摘要組成一篇完整的文章，至少提出二～三個小故事。也可以直接運用課本第一單元這五個名人（邱吉爾、馬克‧吐溫、艾森豪、紀曉嵐、晏子）的故事，寫成論據。

**第3步** 提出作法：如何培養機智的能力。

**第4步** 寫出結語：再一次總結「機智的重要」以及「期許自己或眾人該如何培養機智的能力。

(4) 擬定寫作大綱：確定你的主題與選擇可發揮的材料後，擬定寫作大綱，依照大綱完成整篇的寫作。

| 段落 | 大綱 | | 內容 |
|---|---|---|---|
| 一 | 論點 | | |
| 二 | 論 | 例子一 | |
| 三 | 據 | 例子二 | |
| 四 | 作法 | | |
| 五 | 結語 | | |

〈插秧〉── 詹冰

水田是鏡子　　農夫在插秧
照映著藍天　　插在綠樹上
照映著白雲　　插在青山上
照映著青山　　插在白雲上
照映著綠樹　　插在藍天上

〈水稻之歌〉── 羅青

早晨一醒，就察覺滿臉盡是露水，
顆顆晶瑩剔透，粒粒清涼爽身。
回頭看看住在隔壁的大白菜，
肥肥胖胖相偎相依，一家子好夢正甜。

而遠處的溪水，都是一群剛出門的小牧童，
推擠跳鬧，趕著小魚，
吵醒了一座矮矮短短的獨木橋。
於是，我們便興高采烈的前後看齊，
搖搖擺擺，把腳尖併攏，
綠綠油油，把手臂高舉。
迎著和風，迎著第一聲鳥鳴，
成體操隊形
散────開
一散，就是
千里！

## 📖 備課想一想

　　詩歌是什麼呢？東西方的說法都不太一樣。掌握詩歌的特點，才能更有效的進入教學。

　　詩是美的化身，感到美的事物，就是詩。越美，詩味就越濃。

　　詩是情的產物，凡是令人心動的事物，就是詩。詩是表現內心感動的東西，所以感動越強的，就越有詩的味道。

　　所以，我們經常說：這個人（地方）美得像一首詩。我們喜歡讀詩，但是，如何教詩呢？我想：應該先從學習詩是怎麼寫的開始思考。所有的詩歌，都是作家的所見、所聞，要傳達出所思、所感。這二首田園的詩歌，可以讓我們讀完後，享受田園之樂。

　　詩歌是發揮想像力的語言，是一種以意象來表達的文學作品。在教材裡出現的，大都是童詩。童詩有二種：大人為孩童寫的詩、兒童寫的詩。〈田園交響曲〉中收錄了二首詩歌，在文中出現的是大人為孩童寫的詩。

　　〈插秧〉可說是詹冰的童詩代表作，短短50個字，卻流淌出千言萬語。這首詩呈現的是「自然」，詩如一幅畫，淺語的使用與活潑的譬喻，創造出不可言喻的美。〈水稻之歌〉是一首擬人化的詩，可以說是羅青詩作中的生活小品，具有羅青詩的三大特色：麻雀雖小，五臟俱全，不可忽視。〈水稻之歌〉以充滿趣味的形容詞，生動活潑的擬人技巧，讓詩歌呈現田園歡樂愉悅的氣氛。

　　文學作品一旦選入教材，不僅得關注文本的原生性閱讀價值，更得關注它的創生性教學價值。因為教材不是普通的文本而已，是要透過這個例子讓孩子學習如何運用語文表達。所以，我們要試著了解編者意圖，**也就是找到教學目標和教學內容**，發現文本的教學

價值。〈田園交響曲〉收錄的這二首詩歌，除了感受田園的自然與歡樂外，更可以讓學生學習運用疊字、譬喻、擬人等修辭技巧進行創作，讓文章更生動活潑，具體形象化。

翻開習作，更可以看見譬喻、擬人的句子練習，包括〈插秧〉寫作的結構是由遠而近再由近而遠的，詩歌從**靜態**到**動態**，運用反覆的方式，形成一種美感。

### 關於詩歌

童詩是很有趣的，充滿想像與畫面，它往往用簡單的文字，就把許多的感覺、想法捕捉下來。童詩有幾個特色：

童詩特色一：分行恰當

童詩特色二：簡潔精要

童詩特色三：充滿想像

所以，童詩一般是善用修辭的，例如：**譬喻、擬人、類疊、誇張、設問**等。本課就使用了**譬喻、擬人、類疊**造成詩歌想像與聲音韻律的美感。

### 教學設計

**1** 教學過程

⑴〈插秧〉一詩中第一段是靜態的描寫，第二段是動態的描寫。這二段，最主要的中心句各是哪一句？說一說原因。

（水田是鏡子；農夫在插秧。這兩詩句即是整首詩的總括，其他的八行詩句，是兩詩句的描寫，主要由顏色組成。）

⑵讀出寫法：〈插秧〉句子層遞的設計相當特別，請寫出〈插秧〉一詩中，水田照映的順序和農夫插秧的順序，再說一說作者為什麼這樣寫？他想要呈現出什麼景象？

| 水田是鏡子 → （靜態）由遠而近 | | 農夫在插秧 → （動態）由近而遠 | |
|---|---|---|---|
| 映照著 | 藍天 | 插在 | 綠樹 |
| | 白雲 | | 青山 |
| | 青山 | | 白雲 |
| | 綠樹 | | 藍天 |

（詹冰為了凸顯映照的意象，還刻意以詩句對稱的方式表現，在第一段中藍天、白雲、青山、綠樹，從第二行開始，逐行接續出現。這樣的安排，是由遠景而近景，藍天中有白雲，白雲底下是青山，青山中有綠樹，宛若鏡頭從遠景拉到近景，一如電影中從廣角鏡頭慢慢聚焦到特寫鏡頭。到了第二段，卻顛倒過來，先從綠樹，然後青山、白雲、藍天，倒著出現，鏡頭又從特寫鏡頭緩緩拉遠推高，從綠樹而到藍天，由近景到遠景，一如從特寫鏡頭到廣角鏡頭，把距離慢慢拉長拉遠。詹冰這樣寫是把「映照」的情況，真實的繪製在詩中，）

⑶讀出寫法：〈插秧〉一詩用了七個名詞，反覆使用相同的名詞和句型，作者這樣的安排造成何種效果？

〈插秧〉利用重複的名詞與重複的句型，試圖營造出稻田的視覺意象，這是圖像詩的作法，效果非常好，正可以顯現出插秧整齊的畫面，使得讀者在欣賞詩的過程中，也能感受到倒影的景緻，和安靜、舒適的田園景象。

⑷讀出修辭：〈水稻之歌〉一詩充滿歡樂與趣味，從哪裡可以知道呢？使用了哪些技巧，讓詩歌呈現生動的歡樂畫面？

（「大白菜肥肥胖胖，相偎相依，一家子好夢正甜。」
這樣的描寫可以知道大白菜一家感情融洽，呈現歡樂融融的
景象，趣味性也十足，感覺大白菜酣睡的樣子就在眼前浮
現。溪水是「小牧童」、「推擠跳鬧」，就像小孩子一樣無
憂無慮，生鮮活跳，這也充滿歡樂氣氛。水稻興高采烈的前
後看齊，準備迎著和風成體操隊形，也呈現一種歡樂與趣
味！作者善用擬人、譬喻和類疊的修辭技巧，讓詩歌呈現活
潑生動的歡樂畫面。）

⑸ 你認為〈水稻之歌〉一詩的想像具有創意嗎？為什麼？

（我覺得很有創意，原來水稻像人一樣，會睡覺、會做
操，尤其是「成體操隊形，散—開」，就好像我們在學校做
操的口令和動作一樣，非常熟悉，也趣味十足。而且形容大
白菜是肥肥胖胖，相偎相依，一家好夢正甜，畫面很鮮明，
很有創意。）

2 寫作練習：修辭練習

⑴ 詩歌運用了什麼修辭技巧？把那些句子畫下來。（譬喻、擬人）

A：譬喻

◎水田是鏡子。

◎遠處的溪水，卻是群剛出門的小牧童，推擠跳鬧，跟著小魚穿
過一座矮矮短短的獨木橋。

B：轉化（擬人）

◎早晨一醒，就察覺滿臉盡是露水。

◎回頭看看住在隔壁的大白菜，肥肥胖胖，相偎相依，一家子好
夢正甜。

◎遠處的溪水，卻是群剛出門的小牧童，推擠跳鬧，跟著小魚穿
過一座矮矮短短的獨木橋。

◎我們也興高采烈的前後看齊，把腳尖併攏，手臂高舉，迎著和
　風，成體操隊形，散————開。

⑵句子中是如何運用譬喻來打比方的？

　　水田是鏡子。

> 把水田（A）比成鏡子（B），因為他們都具有可以反射的相似性。

　　遠處的溪水，卻是群剛出門的小牧童，推擠跳鬧，跟著小魚穿過
　一座矮矮短短的獨木橋。

> 把溪水（A）比成剛出門的小牧童（B），因為他們都活潑愛玩，推擠
> 跳鬧。

※ 譬喻是把A比成B（A像B），二者要有相似的地方，而且是不
　同類的事物，因為「同類不比」；中間可以用連接詞連接起來
　（像、有如、彷彿、是、成了……）。例如：水田是鏡子；溪水
　是小牧童。

⑶詩句中，哪些詞讓事物擬人化了，把它圈起來。

◎早晨一 醒 ，就察覺滿臉盡是露水。

◎回頭看看住在隔壁的大白菜 肥肥胖胖 ， 相偎相依 ， 一家子
　好夢正甜 。

◎遠處的溪水，卻是群剛出門的小牧童， 推擠跳鬧 ，跟著小魚穿
　過一座矮矮短短的獨木橋。

◎我們也 興高采烈 的前後看齊，把 腳尖併攏 ， 手臂高舉 ，迎著
　和風， 成體操隊 形，散————開。

※ 發現了沒？替事物加上「動詞」便可以讓事物擬人化；另外，加上「形容詞」也可以讓事物有像人一般的心情，例如：

◎勝利的女神正向我微笑。

◎風，跌倒了，才有了美麗的落葉。

◎雲，跌倒了，才有了滋潤大地的雨水。

◎太陽，跌倒了，才有了靜謐的夜晚。

◎風愛湊熱鬧，很頑皮、很貪心的常吹走別人的食物。

◎小花對我微笑，小草對我揮手。

◎悲傷的落葉，憂鬱的秋，讓天空都傷心了起來。

⑷ 感受修辭的妙用

① 相互比較法

A. 妹妹的臉紅紅的，好可愛！

妹妹的臉像紅蘋果一樣，好可愛！

B. 天氣好熱！

天氣好熱，連風都不知道躲到哪兒去避暑了？

這二組句子中，第二句是不是都比第一句活潑生動呢？

第一組的第一句敘述妹妹的臉好可愛。但，到底有多可愛，臉色有多紅潤呢？從文字裡實在無法揣想；第二個句子使用了「譬喻」，以「紅蘋果」來打比方，將妹妹的臉比成紅蘋果。這時，我們讀到的文字會圖像化，腦袋裡面立刻會浮現「紅蘋果」的形象，我們就能具體的感受到妹妹臉蛋的可愛模樣，就像紅蘋果一樣，讓人好想咬一口呢！

第二組的第一句敘述天氣好熱！但，到底有多熱，熱到什麼程度？似乎從文字裡感受不出來；第二句使用了「轉化」（擬人），

讓風受不了燠熱躲去避暑。試想，外面一絲兒風也沒有，連風都去避暑了，可見天氣有多酷熱窒人哪！那悶熱到難受的感覺是不是很具體呢？

② 學生分組試做，再上臺分享。例如：

太陽慢慢升起。→火紅的太陽，像一顆大火球一樣，慢慢的升起。

欣賞童詩，學寫童詩，善用修辭，可以從生活中凝視、觀察、傾聽、想像、閱讀，讓詩歌美好每一天！

## 課例15 神奇的藍絲帶（六上）

### 閱讀文本、閱讀生活

文章一課一重點的備課，原則上先從形式入手，不僅讀懂內容，還要讀出寫法。但高年級很多文章，基本寫作形式都教過了，連記敘文都有著「敘事說理」或「夾敘夾議」的寫作方式，所以這時教學重點可能不再是形式（以免一直重複），而是可以從內容主旨著眼。

### 內容主旨

我們的課文以記敘文或故事體為多，有些文章的重點不在形式，而在內容或主旨。例如：〈神奇的藍絲帶〉。

### 📝 文本分析

　　〈神奇的藍絲帶〉一文，是敘述美國婦女海莉思用藍絲帶傳遞愛與溫暖的故事。旨在告訴我們：真正的「讀書」，不是只把文本的知識讀完，也不應只是「嘴上談兵」而已。真正的「讀書」，應重在融會貫通後的實踐。所以，我們可以在教導課文時，和孩子共同討論出意旨，再以「比讀書更重要的事」為題，寫出一篇文章。

### ❓ 備課想一想

　　「良言一句三冬暖，惡言傷人六月寒。」真誠的鼓勵和讚美，能傳遞愛的火花，讓人感受和煦春風的吹拂，讓社會更溫馨更美好。陪孩子們讀到〈神奇的藍絲帶〉一文，深受感動，這不正是讓孩子將閱讀力化為真正行動力的時刻嗎？我希望透過這個文本帶出的延伸學習，讓學生們感受文章不只是文章，它除了是美文的欣賞之外，更是生活中實踐愛與關懷的最佳典範！

　　〈神奇的藍絲帶〉是敘述美國婦女海莉思用藍絲帶傳遞愛與溫暖的故事。當將藍絲帶贈予別人的時候，同時需要表達對他的讚美與感謝。一位中學老師，頒發給班上學生每人三條藍絲帶，並要學生繼續傳遞藍絲帶。他要每位學生必須找到一個人，送出第一條藍絲帶並表達自己的感謝；再把剩下的兩條藍絲帶交給這個人，請他找到另一個人表達感恩；得到第二條藍絲帶的人，也必須找到一個人，送出最後一條藍絲帶。

　　這個類似「把愛傳出去」的活動，讓學生從具體的行動中感受「愛，是需要大聲說出來的。」其中，最感人的是一位中學生將藍絲帶送給諮商師，諮商師再把藍絲帶送給不苟言笑的老闆，嚴肅的

老闆送給了心靈受創的兒子，讓孩子第一次感受到嚴厲父親的外貌底下，其實也有一顆關愛自己的心。

　　讀完這一篇，我深深覺得這個文本不應只是「嘴上談兵」而已，它應重在實踐，應要讓孩子學習把愛大聲勇敢的表達出來。於是，我設計了一張學習單，讓孩子確切知道：坐而言不如起而行。透過行動更具體形象的讓孩子知道本課的主旨與意涵，原來，語文課不僅只是用「讀寫」的，它更可以「實踐」出來。

　　學習單分為三個部分，每個部分完成後，都要由對方簽名認證。

**1** 請將〈神奇的藍絲帶〉這個故事的起源、經過、結果（也可利用6W），向家人口頭報告。

簽名：（　　　）

我向（　　　）說這個故事，他聽了之後，感覺（　　　　　　）。

**2** 想一想，我要將三條藍絲帶送給誰呢？完成下列表格。

| 對象 | 讚美或感謝的話 | 結果（他的反應） |
|---|---|---|
| | | |
| | | |
| | | |

**3** 表達愛與鼓勵有很多方式，以言語讚美感謝或是以行動表現都是很好的方式。請擁抱你的家人三秒鐘，表達你的愛與感恩！

我擁抱（　　　　　），我感覺（　　　　　　）。

　　這份作業意外的得到許多孩子和家長的肯定與迴響，更直接見證了藍絲帶的「神奇」！在發下學習單的同時，我要求孩子：當你要將藍絲帶送給對方的時候，必須以完整的語句表達對他的感謝與讚美，眼睛要專注的看著對方；接收藍絲帶的人也必須真誠的看著對方，專注的聆聽。

孩子們一開始覺得不自在、噁心、尷尬，慢慢的，發現接受藍絲帶的對方是如此開心快樂，這閃亮的眼神感染了彼此，讓送藍絲帶的人也感到喜悅與充實。後來，孩子們沉浸在感動的氛圍中，喜樂的完成這一份作業。有趣的是有位孩子感謝姐姐天天泡可口的蜜茶讓家人喝，姐姐的回答竟是：「你今天會讚美人，你有發燒嗎？」呵呵！不過常和他吵架的雙胞胎姐姐，聽了他的讚美後整天都快樂的唱著歌。呵呵！原來，代表肯定與讚美的藍絲帶，真的既神奇又有魔力。

至於擁抱家人這一個要求，對某些高年級的孩子來講，卻是「艱難的挑戰」！他們會告訴我，已經很久不擁抱家人了，「這樣很奇怪耶！」「我長大了，不要抱抱了。」然而，當他們「必須」完成這份「作業」時，結果是令人驚喜的。他們寫道：「感到前所未有的溫馨」、「好像回到小時候那樣的感覺」、「原來，擁抱家人是很幸福的事」、「爸爸媽媽的胸膛好溫暖好舒服」、「我好幸福，以後要每天和家人擁抱」、「感覺媽媽好像變胖了」⋯⋯

其實，文本的閱讀重在感受體驗，所有的閱讀都是為了讓孩子學習「閱讀生活」。愛從行動開始，從言語與行為中流露，〈神奇的藍絲帶〉這一課讓孩子們知道：愛與珍惜都是動詞，我們都應該懂得，並確實做到。

### 我的讀寫結合：比讀書更重要的事

本課的寫作結構，是以總分的方式呈現，將一個故事周密清楚的介紹。這樣的寫作方式會使所舉的例子詳實而深刻。當然，也可以分述好幾個例子，讓所要辯證的思維更具代表性；不過，若採用分述多例的方式，每個例子只能擷取重點敘述，無法周全。寫作者可以自己選擇採用哪種方式，是比較可以表達完整的。

　　小朋友，讀書是很重要的，因為讀書不但是獲取知識最快的捷徑，也能讓人生更豐富。可是，讀書是為了生活，所以，一定有許多事情是比讀書更重要的。

**❶ 寫作第一步：確立論點～（　　）是比讀書更重要的事**

　　文章一開頭，你可以決定立即點出全文的重心——（　　）是比讀書更重要的事。在思考的時候，可以利用下面的聯想圖，將所想到的材料都先寫下來，之後再選擇比較喜歡的主題。

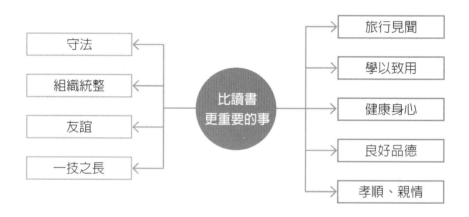

**❷ 寫作第二步：取材與構思**

　　寫這篇文章可以善用演繹法與歸納法，讓文章合情合理。例如以「維持身心健康」為主題，你可以先說明健康的重要，再列舉一些例子或理由來驗證；或者把一些例子或理由歸納起來，建構出「健康」是很重要的。你可以依序述說以下幾點：

　⑴ 為什麼健康比讀書更重要？＿＿＿＿＿＿＿＿＿＿＿＿＿

　⑵ 健康的人是否能讓讀書、學習更愉快？更有效益？（是）

⑶ 一個角度，二個支持：有哪些例子或理由可以支持你的想法，至少要有二個例子或理由，才能讓文章更有說服力。

例子（理由）一 _____

例子（理由）二 _____

一個角度，二個支持：如果只專論一個主題，必須提出二個以上的理由或例子，這樣才有說服力。

不同角度的思考：如果選擇多個主題並列敘述，每個主題可以各自成段，建議以不超過三個為原則。

⑷ 如果沒有健康，會對你的人生造成什麼樣的影響？

_____

⑸ 提出作法：你會如何維持你自己的健康呢？

_____

⑹ 統整你的看法和想法，再次重申健康的確比讀書更重要。（總結）

**❸ 寫作第三步：完成寫作大綱**

題目：比讀書更重要的事

★ 擬定寫作大綱

　　確定你的主題後，參考下方議論文的寫作方式，擬定寫作大綱，並依照大綱完成整篇的寫作。

| 段落 | 大綱 | 內容 | 文章結構 |
|------|------|------|----------|
| 一 | 設問 | 用設問法試問什麼是比讀書更重要的事。 | 提出問題 |
| 二 | 論點一 | 理由一：組織統整能力比死讀書更重要。<br>反例：不斷產出的資訊，如果沒有經過統整，就像未開機的電視和電腦一樣。<br>正例：不同的知識一旦透過適當的轉換和組合，可能就會變成重要的「發明」。如愛迪生。 | 分析問題 |
| 三 | 論點二 | 理由二：良好的品德也是比讀好書更重要的事。<br>反例：臺灣大學的高材生因為上課遲到、吃東西、玩電腦的事件而被報導。<br>正例：臺東一位賣菜阿嬤陳樹菊捐款助人做善事。 | |
| 四 | 論點三 | 理由三：擁有健康的身心更是比讀書更重要的事。<br>反例：一個人無法維持良好的身心怎能應付繁雜的課業，並管理好其他事物呢。<br>正例：透過適當的運動以及規律的作息，使自己擁有較為健康的身體。 | |
| 五 | 結論 | 重申論點 | 解決問題 |

**課例16　追夢的翅膀（六下）**

## 文本分析

　　素養導向的教學，可以從領域核心素養、理念目標和學習重點來思考，當然如果可以有「議題融入」或是「跨學科／領域」更好；但是「議題融入」或是「跨學科／領域」需視學生需求彈性分配或是結合課程，切勿為融入而融入，讓課程失去本質。（相關議題可參考附錄二）

課程的改變（教師）──朝向素養導向的教學

**1** 領域核心素養、理念目標、學習重點、融入議題、跨領域（學科）

**2** 整合知識、技能與態度　情境脈絡化的學習　學習方法及策略　活化實踐的表現

資料來源：國教院

　　〈追夢的翅膀〉是一篇議論文。根據課綱，議論文是出現在第三階段（高年級）。關於議論文，108課綱的學習重點（學習內容、學習表現）這麼說：

　　學習內容中，「文本表述」依其體用可分為「記敘文本」、「抒情文本」、「說明文本」、「議論文本」及「應用文本」五項。第三學習階段起加入議論文本的學習。「文本表述」中對議論文之界義如下：

議論文本

以論點、論據、論證方式，表達對人、事、物看法的文本。

◎ Bd-III-1　以事實、理論為論據，達到說服、建構、批判等目的。

　　Bd-III-2　論證方式如舉例、正證、反證等。

　　Bd-III-3　議論文本的結構。

學習表現中「閱讀」與「寫作」也有其明確的規範：

第三學習階段

5-III-4 區分文本中的客觀事實與主觀判斷之間的差別。

5-III-5 認識議論文本的特徵。

5-III-11 大量閱讀多元文本，辨識文本中重大議題的訊息或觀點。

6-III-5 書寫說明事理、議論的作品。

---

**疑點澄清：教什麼？**

這篇文章充滿鼓勵與期許，是六下第四單元「成長與祝福」單元裡的文章，要送給畢業生，祝福他們勇於迎向未來。像這樣的文章，若只是教導學生「要勇於追夢，要大膽高飛」這樣人文性的課程，失去屬於語文本質的工具性，那就太可惜了！所以，這一課，應該要教導的是：議論文的閱讀與寫作。

---

🖋 **教學難點**

　　議論文在五年級就陸續出現，每一冊幾乎都會出現一課。到了六下如果還是教導議論文的讀寫，那麼語文教學的層次性與序列性在哪裡呢？所以，教導這一課，要同時思考綜合前面已經學過的議論文讀寫方式，做加深加廣的教學，才不會淪為重複、囉唆的教學。教師要記得我們教學有三不教：已經教過的不教、學生能自學而成的不教、現在這階段教了也不會的不教。

於是，我總結他們學過的議論文，發現文本的出現是有其層次的：

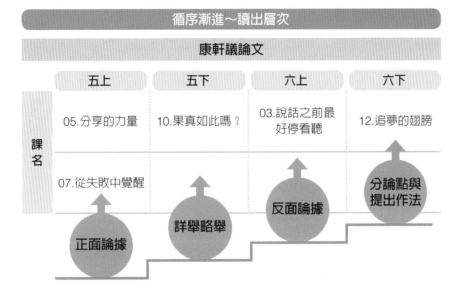

所以，這一篇文章，就可以建立在已有的議論文基礎之上，教導有分論點並提出自己作法的議論文之閱讀與寫作。

**備課想一想**

議論文，是一種表達自己思想的方式，是呈現邏輯思考的作品。

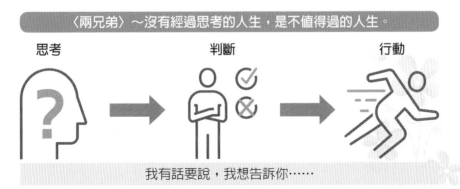

我們在一般寫作練習中，最常寫的是記敘文，說明文、議論文則相對少接觸。然而，我們在日常生活中，是離不開議論的。議論，是提出自己的主張和看法，是言之有物、言之有序、言之有理的表達，它需要有條有理的說出自己的觀點與想法，甚而說服他人，這是未來與人溝通時很重要的能力。

那麼，如何寫好一篇議論文呢？如何讓議論的寫作鏗鏘有力，達到說服人的地步呢？首先，我們要知道議論是什麼？

### 議論，是什麼？

議論類文章重在用「理」說服別人，根據主題或議題，提出自己的見解或看法；說明類文章是客觀解說或介紹一種事物或道理。以下兩個例子，一個是主觀的表達（議論），一個是客觀的陳述（說明）。透過對照，便能了解什麼是議論類文章，什麼是說明類文章。

| 超級比一比 | | |
| --- | --- | --- |
| | 議論類（主觀說理） | 說明類（客觀陳述） |
| 例句 | 時間是多麼的珍貴，卻又是多麼的無情，我們一定要妥善運用，讓它發揮最大的價值。 | 時間是一種尺度，以事件發生的先後可以分成：過去─現在─未來。 |
| 說明 | 提出自己的主張和見解。 | 客觀說明事物的定義和類別。 |

| 說明 | 議論 |
|---|---|
| 「上網」已是現代人生活中不可或缺的部分，可是「網」究竟是什麼？這種「網」不是一般有形的網，而是指「網際網路」。「網際網路」是網路與網路之間所串連成的龐大網路。你可以想像一下，有一隻巨型的蜘蛛，織成一張團團圍住整個地球的「大網」，是多麼壯觀！「網際網路」就像這張包住地球的「大網」。而這張「網」是通過無數條「線」，把億萬臺電腦連接起來的。根據二○一○年的資料，全球網際網路的使用者總數已達十八億。 | 手機是生活必需品嗎？或許很多學生的回答為：「是。」我卻不這麼認為。生活裡，只有空氣、水、食物是必需品。像非洲的落後地區，大部分人都沒有手機，他們仍然自在生活著。況且，在手機出現之前，人類照常活著，且繁衍不息，不是嗎？有人覺得沒有手機在旁便會焦躁、恐慌，但有人至今堅持不用，因為他們喜歡不受干擾的生活。可見，在現代的生活中，手機雖然重要，卻不是生活必需 |
| 以**比喻**、**數字**的方式，**客觀說明**網際網路是什麼，有多少人在使用它。 | **提出自己的主張和見解**，並舉出例子來證明這個事實和道理。 |

　　議論類的文章，旨在以「理」說服別人，所以提出自己的思考和看法是很重要的，這就是議論文裡面的「**論點**」。想要說服人，除了提出正確、鮮明的論點外，重要的是舉出有效的「**論據**」，以增加「**論據**」的強度與可信度。一如下圖：

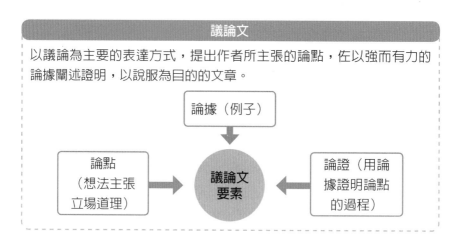

**議論文**

以議論為主要的表達方式，提出作者所主張的論點，佐以強而有力的論據闡述證明，以說服為目的的文章。

論據（例子）

論點
（想法主張
立場道理）

議論文
要素

論證（用論
據證明論點
的過程）

林秋人教授（2007）根據結構與難易程度，將議論文分成七個層次，例如：

| 難易指數 | 結構 | 寫法 |
|---|---|---|
| 1 | 一、提出論點<br>二、正面論據論證<br>三、結論（重申論點） | 一、提出論點<br>二、直接舉例<br>三、結論（重申論點） |
| 2 | 一、提出論點<br>二、正面論據論證1<br>三、正面論據論證2<br>（方法）<br>四、結論（重申論點） | 一、提出論點<br>二、直接舉例1<br>三、直接舉例2<br>（方法）<br>四、結論（重申論點） |
| 3 | 一、提出論點<br>二、正面論據論證<br>三、反面論據論證<br>（方法）<br>四、結論（重申論點） | 一、提出論點<br>二、直接舉例1<br>三、直接舉例2<br>（方法）<br>四、結論（重申論點） |
| 4 | 一、提出論點<br>二、正面論據論證<br>三、正面論據論證<br>四、提出方法<br>五、結論（重申論點） | 一、提出論點：正→反→合（反→正→合）<br>二、正面論證（論據）：理由→例子→小結<br>三、正面論證（論據）：理由→例子→小結<br>四、提出方法：首先→其次→最後<br>五、重申論點：正→合 |

| 難易指數 | 結構 | 寫法 |
|---|---|---|
| 5 | 一、提出論點<br>二、正面論據論證<br>三、反面論據論證<br>四、提出方法<br>五、結論（重申論點） | 一、提出論點：正→反→合（反→正→合）<br>二、正面論證（論據）：理由→例子→小結<br>三、反面論證（論據）：理由→例子→小結<br>四、提出方法：首先→其次→最後<br>五、重申論點：正→合 |
| 6 | 一、提出論點<br>二、正面論據論證<br>三、反面論據論證<br>四、提出方法<br>五、結論（重申論點） | 一、提出論點：正→反→合（反→正→合）<br>二、正面論證（論據）：理由→例1、例2→<br>小結<br>三、反面論證（論據）：理由→例1、例2→<br>小結<br>四、提出方法：首先→其次→最後<br>五、重申論點：正→合 |
| 7 | 一、提出論點<br>二、正面論據論證<br>三、反面論據論證<br>四、提出方法<br>五、結論（重申論點） | 一、提出論點：正→反→合（反→正→合）<br>二、正面論證（論據）：<br>理由1→例1→小結1<br>理由2→例2→小結2<br>理由3→例3→小結3<br>總結<br>三、反面論證（論據）：<br>理由1→例1→小結1<br>理由2→例2→小結2<br>理由3→例3→小結3<br>總結<br>四、提出方法：<br>首先（例）→其次（例）→最後（例）<br>五、重申論點：正→合 |

林秋人（2007），福建教育出版社

　　根據這樣的方式，可以將議論文由易而難做一個序列化的教學。

## 📝 教學設計

**1** **學習目標**：讀懂有分論點議論文的寫法，進而能夠書寫一篇議論文。

**2** **教學過程**

(1)讀第一段，找出作者的論點。（夢想不會憑空降臨，需要努力付出，才能獲得回饋，更需要堅定不移的追夢行動，才能讓美夢成真。）

(2)作者在第二段到第五段之間，每提出一個理由都舉出例子來說明。例如：

| 追夢的方法 | | | |
|---|---|---|---|
| 「閱讀」是追夢最有效的方法。 | 追夢貴在勤，必須養成習慣。 | 所有的成功都來自之前的失敗軌跡，很少例外。 | 「養趣」可以擁有自己的夢想。 |
| 劉向曾說：「書猶藥也，善讀之可以醫愚。」正點出閱讀不只足以擁有柴米油鹽的需要，還可以得到琴棋書畫的樂趣。 | 盧彥勳勤奮的練習，努力打好每一顆球，才能成為亞洲網壇球王，也是溫布頓網球賽有史以來，第二位晉級前八強的亞洲選手。 | 稻垣篤子「下苦功」，從失敗中擷取經驗，不斷嘗試與修正，所以紅豆羊羹在日本非常出名，創造出銷售奇蹟。 | 超跑好手林義傑完成橫越撒哈拉沙漠壯舉，靠的不是速度，而是耐力，還有一種對於超跑的熱情。 |

(3)畫出第二段的分論點，並找出作者用了什麼論據來增加說服力。

（分論點：「閱讀」是追夢最有效的方法。作者舉名言佳句（理論性的論據）增強說服力～古人曾說：「書猶藥也，善讀之可以醫愚。」）

(4)找出第三段的分論點，並找出作者舉了什麼論據來增加說服力。

（分論點：追夢貴在勤，必須養成習慣。舉亞洲球王盧彥勳努力堅持、勤奮練球為例。）

⑸ 找出第四段作者的分論點，並找出作者舉了什麼論據來增加說服力。（分論點：追夢是沒有捷徑的，所有的成功都來自之前的失敗軌跡。舉日本稻垣篤子的紅豆羊羹為例，他從失敗中擷取經驗，不斷嘗試與修正，終於成功。）

⑹ 找出第五段的分論點，並找出作者舉了什麼論據來增加說服力。（分論點：「興趣」是擁有自己夢想的關鍵。舉超跑好手林義傑對超跑的堅持與熱情為例。）

⑺ 讀出此課的寫作方式：

| 段落 | 內容 |
|------|------|
| 第一段 | 提出論點 |
| 第二段 | 提出分論點，舉出論據佐證（言例） |
| 第三段 | 提出分論點，舉出論據佐證（事例） |
| 第四段 | 提出分論點，舉出論據佐證（事例） |
| 第五段 | 提出分論點（作法），舉出論據佐證（事例） |
| 第六段 | 總結 |

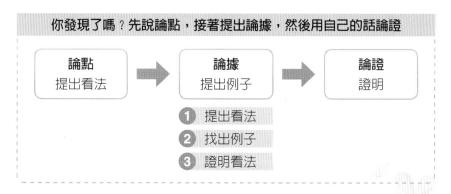

你發現了嗎？先說論點，接著提出論據，然後用自己的話論證

論點 提出看法 → 論據 提出例子 → 論證 證明

❶ 提出看法
❷ 找出例子
❸ 證明看法

③ 讀寫結合：以「我的未來不是夢」為題，寫一篇文章。結構可以參考〈追夢的翅膀〉。

云團隊伙伴老師的教學設計

**課例1** **聆聽與口語表達的教學** / 洪琬喻（新北市昌平國小）

　　口語交際的能力在臺灣雖然區分為「聆聽」和「口語表達」兩項學習表現，但兩者相輔相成，因此在學習時，會有「以聽促說」、「以說帶聽」，邊聽邊說的教學特點。

　　指導學生口語交際時，必須創設生活情境，才能讓學生產生學習興趣，並進一步在學習結束後，應用在生活中。然而，口語交際並不是生活會話，因此教師仍然要從文本出發：

一、先教孩子讀懂文本的內容，應用相關理解策略，聽懂相同類型的話語內容。例如：正在學習「從文本中找到支持的理由」時，便要學生應用相同的策略，練習從聆聽到的話語中，找到支持觀點的相關訊息。

二、再教孩子讀出文本的寫法（形式），發現組織方式、表達技巧等，成為自己說話的方法和技巧，以便順暢的與他人進行溝通。如正在學習「背景、原因、經過、結果」的敘事順序，學生就要練習以相同的結構，有條理的陳述生活事件。

以臺灣一年級課程〈斑文鳥和小山雀〉一課為例：

斑文鳥和小山雀　　　　　　　　　　　（康軒一下第九課）

　　下雨了，斑文鳥躲在樹上躲雨。不久，小山雀也來了，但是他們一直沒有說話。

　　過了很久，斑文鳥先開口說：「你好！我的家在草原上，請問你的家在哪裡？」

　　小山雀輕輕的說：「我的家在樹林裡。」

　　斑文鳥又說：「我喜歡吃果子，你呢？」「我喜歡吃蟲子。」小山雀笑了笑說。

　　雨停了，斑文鳥和小山雀都交了一個新朋友。

　　這篇文章對一年級的學生來說，最特別的地方，便是陌生的兩隻鳥如何開始對話，最後變成了好朋友。因此教學時，除了讓學生演一演：理解課文內容、學會兩隻鳥說話的方式，更要求學生以校園生活情境，學習「開啟與回應話題」的方法，利用聆聽策略和口語表達技巧認識新朋友，甚至將話語記錄下來，開展寫作能力。

## 活動一：模擬角色，體會說法

1. 教師提問：哪些話是斑文鳥說的，哪些話是小山雀說的？你是怎麼知道的？（讀懂文本對話的寫法。）
2. 兩個學生一組，一人扮演斑文鳥，一人扮演小山雀，練習課本中的對話。（練習抓取文本訊息，並使用適當的語氣說話。）

## 活動二：分析說法，學習應對

1. 教師提問：斑文鳥跟小山雀說話時，都先介紹自己，再問小山雀。為什麼他要這樣說話？（發現問話時，必須先介紹自己才有禮貌。）

2. 學生兩人一組，演練對話句型。

　　⑴一位學生學習斑文鳥說話的順序「你好！我……，請問……？」來開啟對話，另一位學生則學習小山雀，根據同學提出來的問題回答。（注意禮貌性的詞語，如「你好！」「請。」）

　　⑵練習第二組對話句型，學會聽懂「我……，你呢？」的問題，並練習回應。（學會根據前一個句子，判斷對方所要問的問題，再進行回答）

▍活動三：根據情境，恰當表達

　　教師設定校園情境——班上轉來一位新同學，你會如何應用斑文鳥的說話技巧認識他？讓學生兩人一組進行演練後，教師再邀請學生做示範。

▍活動四：聽聽記記，練習寫話

　　教師發下預先準備好的學習單，請學生將演練的對話記錄下來。

　　在口語表達的指導上，除了教學生看情境適當的提問、合宜的回答；抓緊目的，有順序、有重點、有方法的把多元而豐富的想法，進行有組織的口頭陳述，也是訓練的重點。這個時候，讓學生將文本形式上的寫法，過渡到口語表達上，以精緻說話品質非常重要。

　　例如在生活中，觸景生情、因事深思的經驗不少，要如何具體陳述所見所聞，並告訴他人自己的心得呢？我們可以利用這樣的課文，教孩子有效的策略和方法。

動物啟示錄　　改寫自王溢嘉 動物啟示錄（康軒四下第十三課）

## 夜鶯

夜鶯悅耳的歌聲，曾受到許多詩人的讚美，但如果你看到夜鶯，可能會感到失望，因為牠一點也不美麗。

一般說來，能發出悅耳歌聲的鳥類，其羽毛多半是樸素的，而且多半是住在茂林或樹叢中；在這樣的環境中，視覺訊息並不重要，所以牠們改以悅耳動聽的鳴聲來吸引異性。夜鶯就是這樣的鳥類。

反之，生活在較空曠場所的鳥類，譬如孔雀、雄雞、鸚鵡等，則多半是以鮮豔的羽毛來吸引異性，但也許是為了表示造物主的無私，這種鳥類的鳴聲通常是急促、單調、刺耳難聽的。

每個人都有不同的稟賦，每個人都應該學習接納自己的短處，才能發揮自己的長處。

## 馬

我們常用「馬不知臉長」這句話來揶揄某些人不曉得自己的缺點。

馬臉的確是太長了一點，但這絕非牠的缺點，而是身為一種草原動物不得不然的「臉型設計」，甚至可以說是牠的優點。

原始馬的臉並沒有這麼長，但為了能更有效的咀嚼粗糙的青草，而必須逐漸加大加長牠的臼齒，結果牙床就變得很長。另外，在空曠的草原上低頭吃草時，要想同時留意遠方動靜，防範天敵的突襲，眼睛長在頭上愈高處就愈有利。眼睛長高和臼齒加長，都需要多餘的空間，結果馬臉就變長了，或者說具有長臉的馬獲得生存上的優勢，而被保存了下來。

馬的確不知自己臉長，有些事情是效用第一，美觀第二。

## 活動一：讀懂內容

1. 教師帶領學生進行標題預測。（理解「動物啟示錄」為題之文章內容的範圍與重點。）

2. 教師領讀第一篇〈夜鶯〉。（教師帶領學生討論，分析此篇文章中，動物特性和啟示的關聯性。）

3. 學生自讀第二篇〈馬〉，並向同學說一說自己的發現與想法。

## 活動二：讀出寫法

1. 教師帶領學生探究兩篇啟示錄的文章結構與寫作技巧，做為學生說話的順序與方法。

> 〈夜鶯〉 開頭（對比法）—說明（正說、反說）—結尾（啟示）
> 〈馬〉 開頭（引用法）—說明（原因）—結尾（啟示）

2. 教師提示學生「啟示」的表達要點。

⑴ 可靈活運用不同的開頭法與說明的方法。

⑵ 說明時，要掌握過去已學習過說明事物的方法：突出特點、用詞精準、引用數據和例子。

⑶ 最後的啟示必須和事物的特性有明顯的關聯性。

## 活動三：策略遷移

1. 小組共作——學生共同觀看《動物擂臺》「阿氏絲鰭脂鯉」（30"～2'23"）習性影片，一邊觀看、一邊記錄重點。再根據掌握到的動物特性，練習說明帶來的啟示。https://www.youtube.com/watch?v=dZzGkhys2ZU

2. 個人自做——學生自讀法布爾《昆蟲記》，選擇其中一種最感興趣的昆蟲，應用本課學到的方法，思考如何介紹其特性和給人的啟示。

## ▌活動四：發表觀摩

教師指導學生在組內進行「昆蟲啓示錄」的發表活動，並針對他人發表的內容進行提問和討論，最後評一評：誰說得最清楚、最能引起他人的興趣。（學習邊聽邊想、針對內容提出疑惑，與欣賞他人表達的方式）

## ▌活動五：延伸寫作

學生根據發表與聽評的經驗，修正自己的表達方法，進行「昆蟲啓示錄」一文的寫作。

語文科的學習，以開展學生聽、說、讀、寫、作各方面的能力爲目標，教師若能以閱讀爲主線，抓住文本學習重點，進行各方面能力同時開展的混合教學，必定能讓學生在聽讀中練說、聽說中促寫。

**課例2** **馬太鞍的巴拉告（三上）**／蔡孟耘（宜蘭縣竹林國小）

## 🖋 文本分析

《十二年國民基本教育課程綱要》第二學習階段閱讀學習表現5-II-5認識記敘、抒情、說明及應用文本的特徵；寫作學習表現6-II-4書寫記敘、應用、**說明事物的作品**。如何讓學生從讀到寫？老師必須從一篇篇說明文的課文教學過程中，讓學生「**讀懂**」（準確獲取訊息）、「**懂讀**」（了解說明方法）才能用說明表述方式來「**表達**」（運用說明方法）。

〈馬太鞍的巴拉告〉是一篇說明文。除了課文外，還搭配了圖片（構造圖）、照片，這是說明類文章的特點。說明文是具有知識性的文本，閱讀說明文通常是有目的性的，例如：獲得新知識。剛升上三年級的學生，面對說明類文章較為陌生，因此，〈馬太鞍的巴拉告〉這一課可以聚焦在讀懂說明文。我的學習目標設定為：「以圖像策略讀懂說明類文章，掌握文章要點，進而運用總分句介紹事物。」

　　備課時，要特別注意：千萬別把這一課當成自然或鄉土課，把主要教學時間放在補充巴拉告或原住民的相關資料，那麼教學重心將完全走偏了。當然，這些相關資料可以在延伸活動時進行補充，但絕不是本課的教學主軸。


## 教學設計

**1** 學習目標：以圖像策略讀懂說明類文章，掌握文章要點，進而運用總分句介紹事物。

**2** 教學準備：繪製課文重點的紙張和文具、相關捕魚方式的照片。

**3** 教學過程

⑴ 導入學習：**KWL表**

　　「巴拉告」是一種捕魚方式，在進入課程前，我用了幾張海邊風景、漁港照片以及釣魚、網魚的捕魚方式導入，並出示KWL表來引導學生思考。（K，就是What do I know？我知道什麼？W，就是What do I want to learn？我想學習什麼？L，就是What have I learned？我學到了什麼？）

## 關於「巴拉告」這種捕魚方式

| 閱讀前 | K：What do I know？<br>（我知道什麼事情？） |
|---|---|
| 閱讀中 | W：What do I want to learn？<br>（我想要知道些什麼事情？） |
| 閱讀後 | L：What have I learned？<br>（我學到了哪些知識？） |

請學生說一說知道哪些捕魚方式？並追問從哪裡得知的。

⑵ 讀出重點

〈馬太鞍的巴拉告〉第一段先說明了什麼是「巴拉告」。

> 居住在花蓮馬太鞍溼地的阿美族人，有一種特別的捕魚方式。他們不是辛苦的去找魚，而是打造一個讓魚可以安心生長的魚屋，讓魚自己住進來，用阿美族的話來說，這個魚屋就叫做「巴拉告」。

請學生閱讀後，用自己的話說一說什麼是「巴拉告」。最後用句子讓學生梳理文章重點。

> 巴拉告是一種（特別的捕魚）方式，是住在馬太鞍的（阿美族）人打造的（魚屋）。

⑶ 學習思考：KWL表

讀了第一段後，知道「巴拉告」是一種捕魚方式，是不是會對這種捕魚方式感到好奇呢？出示KWL表

| | |
|---|---|
| **關於「巴拉告」這種捕魚方式** | |
| 閱讀前 | K：What do I know？<br>（我知道什麼事情？） |
| **閱讀中** | W：What do I want to learn？<br>（我想要知道些什麼事情？） |
| 閱讀後 | L：What have I learned？<br>（我學到了哪些知識？） |

　　請學生說一說，並將學生說的先記錄在黑板上。學生會說：想知道「巴拉告」是怎麼捕到魚的？一次可以捕幾條魚？魚屋是怎麼蓋的？魚為什麼可以安心生長？……帶著這些疑問「有目的」的繼續閱讀，學生有了閱讀的主動性，更能夠邊讀邊思考。

⑷圖像策略理解文章

　　第二段用了總分句法來介紹魚屋。先總說魚屋有三層，再分別介紹有哪三層。

　　　這個特別的魚屋有三層：底層是中空的大竹子，住在這裡的魚喜歡晚上出來活動；中層有許多細樹枝，因為這裡大魚進不去，所以是小魚最安全的生活空間；最上層放著許多水生植物或大片的葉子。

　　請學生讀一讀這段：「這個特別的魚屋有三層」有哪三層呢？在課文上做記號。這一段的訊息較多，請學生再讀一次後，利用提問引導，學生分組將「魚屋」畫出來。

　阿美族人如何打造一個魚屋？（分組討論）

魚屋畫好後，接著讀第三段：

　　大魚就會到這裡來找食物，上層的水生植物，讓牠們不
容易被水鳥發現。大魚沒吃完的食物會慢慢往下掉，有的卡
在中間的細樹枝上，成為小魚、小蝦的點心；有的掉到最底
層，讓躲在大竹子內的魚享用。

　　請學生先讀課文，圈出這段課文提到的魚，再把這段的內容理
解後，根據提問，補充內容到剛剛畫好的魚屋裡。

阿美族人如何打造一個魚屋？

魚屋畫好後，接著讀第三段。（分組討論）

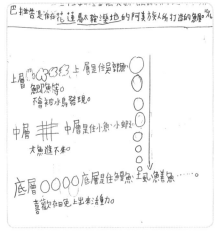
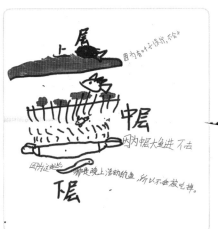

　　魚屋畫好後，透過提問，引導學生從第三段理解魚屋的生態。

魚為什麼可以安心生長呢？魚屋裡的魚為什麼會越來越多？

　　最後請學生讀第四、五段，並回答老師的提問，總結文章重點。

　　過了一段時間，魚屋裡的魚越來越多，阿美族人想要吃
魚的時候，不用出海，也不用辛苦的等魚上鉤，只要拿著魚
網到這裡抓魚，就可以好好享受了。

馬太鞍的「巴拉告」，讓我們看到阿美族祖先的智慧。阿美族人用這種聰明的方法捕魚，也讓大自然的生態生生不息。

> 為什麼這種捕魚方式很聰明？

⑸ 以「話」寫「畫」：小小導覽員

文章理解後，請小組練習，帶著剛剛畫的魚屋圖上臺為大家解說。這裡我設計了一個「小小導覽員」活動取代一般的上臺發表，並要求學生要用到總分句介紹「巴拉告」。

如果你是馬太鞍的阿美族人，請你為我們解說「巴拉告」。
句型提醒：這個魚屋分為（ ）層：（　　）層……；（　　）層……；（　　）層……。

⑹ 學習總結：**KWL**表

請學生說一說這堂課學到什麼？用了什麼方法讀懂這篇課文？當學生說了學到的知識，對照一開始上課時寫在黑板上「我想知道的事情」，若已經從這篇課文裡獲得解決的，就畫掉。剩下的沒有解決的怎麼辦呢？學生會說「可以上網或找書查資料」、「也可以親自到馬太鞍看一看」，如此一來，想要獲得更多的自主學習即展開。

| 關於「巴拉告」這種捕魚方式 | |
|---|---|
| 閱讀前 | K：What do I know？<br>（我知道什麼事情？） |
| 閱讀中 | W：What do I want to learn？<br>（我想要知道些什麼事情？） |
| 閱讀後 | L：What have I learned？<br>（我學到了哪些知識？） |

## 4 延伸運用

老師在語文教材的教學，首先應讓學生透過方法理解課文內容，接著學習語言形式，最後將語文知識轉化為技能運用。這堂課我們透過圖像策略、KWL表理解課文內容，學習了總分句介紹事物。上完這堂課後，可以延伸設計讓學生用總分句介紹身邊的事物，例如：用總分句介紹學校的建築、用總分句介紹甜點……等。讓「學習」與「運用」接軌，達成「學語文」的目標。

課例3 **神射手與賣油翁（三上）/** 張婷婷（苗栗縣福星國小）

### 文本分析

這篇文章屬於寫人的記敘文，描寫人物可以涉及到許多觀察角度，根據學生的學習心理特性，以中、高年級進行寫人的教學比較合適。當中三年級主要著重在：對人物的動作描寫和外貌描寫的

觀察和仿寫為主；四年級則需要結合人物性格特點，側重於語言描寫；高年級再進階到人物的心理描寫，並根據具體真實的語境綜合運用各種人物描寫的表達方式。

## 教什麼

　　敘事寫人的課文特點為精采的人物描寫，因此，帶領學生讀出文章中人物描寫的方法，體會人物描寫具體詳細在文章中的效果。不僅能加深對於課文的認識，還能學到人物描寫的方法，累積未來寫人文章時，能根據題目適當的運用人物描寫的能力。

　　寫人的文章離不開記事，但記事不等同寫人。人物描寫的手法常見的有正面描寫和側面烘托兩種，這篇課文以正面描寫為主軸，包括兩位主角的外貌描寫、語言描寫、動作描寫、心理描寫和神態描寫等。隨著學生閱讀量的增加，這些人物描寫的方法都會是綜合性的使用在課文中，中年級以掌握這幾個面向來寫人就足夠。

## 教學難點

　　人物描寫首重具體詳細，對三年級學生來說，寫人的外形不難，但要如何用事例將人物的特點寫具體、寫詳細，便是一大考驗，歸咎原因在於，學生無法將事情有次序、有關聯、有邏輯的敘述，因此最常成為教學的難點。

　　備課時，不妨帶領孩子思考：寫人物要寫什麼事？（人物有什麼個性）為什麼要寫這件事？（與人物個性的關聯）可以怎麼寫具體？（有哪些例子可以說明）

**教學設計**

**1 學習目標**：能舉出對應人物特點的事例。

**2 教學過程**

⑴ 認識文章中人物的事例

　① 課文中舉了哪些例子來說神射手的驕傲與賣油翁的謙虛。

| 人 | 個性 | 事例 |
|---|---|---|
| 賣油翁 | 謙虛 | 大家很佩服他的倒油技術，他卻覺得沒什麼。 |
| | 鎮定 | 面對神射手不服氣大聲的質問，他依然可以不慌不忙的回話。 |
| | 認真 | 他倒油技術這麼精熟，可見經常努力練習。 |
| 神射手 | 驕傲 | 1. 常在外面表現射箭，享受大家的讚美。<br>2. 神射手聽了很不服氣，紅著臉，大聲：「我的箭術這麼好，大家都說我是神射手。你怎麼敢看不起我。」 |

　② 讀一讀，下面兩段話，說一說它們描寫的內容是否一樣。

> 神射手說：「我的箭術這麼好，大家都說我是神射手。」
>
> 神射手聽了很不服氣，紅著臉，大聲：「我的箭術這麼好，
>
> 大家都說我是神射手，你怎麼敢看不起我。」

（表達內容相同，都是描寫人物的說的話）

　③ 同樣的內容，在表達方式上哪一個比較精采？

　　（第一個平鋪直敘，只有神射手的回應；第二個則提到神射手的
　　表情、動作與說話的語氣，具體表現出人物的個性。）

⑵ 體會事例對人物特點的作用

① 討論：藉由上述兩段話中的語言描寫，你對兩位人物留下了什麼印象？課文中還舉了哪些事例表現這種印象？（學生自由表達）

② 出示個性與事例不符合的例子

神射手看見了，覺得很奇怪，走過去問他：「你也懂射箭嗎？我的箭術不好嗎？」賣油翁笑著說：「這工夫是不錯，可是也沒多神奇。」神射手聽了很不服氣，紅著臉，大聲的說：「我的箭術這麼好，大家都說我是神射手。你怎麼敢看不起我？」

神射手看見了，覺得很奇怪，走過去問他：「你也懂射箭嗎？請問我的箭術不好嗎？」賣油翁大聲嘲笑著說：「這也沒什麼？不過雕蟲小技罷了！」神射手聽了立刻低下頭來，謙虛的請教賣油翁說：「懇請大師教教我，讓我的箭術更厲害！」

③ 小結：我們在描寫人物表情、動作和對話時，要根據人物的性格來選擇合適的例子，要符合人物性格的語言描寫，突出人物形象，以及人物的內心世界有很大的幫助。

⑶ 根據人物特點選擇合適的事例

① 共同列出課文中寫神射手及賣油翁個性的例子。

| 人 | 個性 | 事例 |
|---|---|---|
| 賣油翁 | 謙虛 | 例：大家很佩服賣油翁的倒油技術，他卻覺得沒什麼。 |
| | 鎮定／沉著 | 例：面對神射手不服氣大聲的質問，賣油翁依然可以不慌不忙的回話。 |
| | 認真 | 例：賣油翁的倒油技術這麼精熟，可見經常努力練習。 |
| 神射手 | 自信／驕傲 | 例：神射手常在外面表現射箭，享受大家的讚美。 |

② 以課文中人物出現的個性，舉出生活周遭親人／朋友／老師的例子。練習思考 人的個性 ＋ 選擇符合該個性的事例 。例如：

| 人 | 個性 | 事例 |
|---|---|---|
| | ☐ 謙虛 | 例：大家很佩服賣油翁的倒油技術，他卻覺得沒什麼。<br>☐ 他的作文經常被老師當範文讀，但他卻不自滿，反而更加努力練習寫作技巧。<br>☐ |
| | ☐ 鎮定 | 例：面對神射手不服氣大聲的質問，賣油翁依然可以不慌不忙的回話。<br>☐ 即使遇到突發狀況，他仍能不急不徐的完成演講。<br>☐ |
| | ☐ 認真 | 例：賣油翁的倒油技術這麼精熟，可見經常努力練習。<br>☐ 在籃球隊中，個子小的他總是最早到球場練球，基本動作練了又練，從來不說苦。<br>☐ |
| | ☐ 自信 | 例：神射手常在外面表現射箭，享受大家的讚美。<br>☐ 在她巧手揉捏之下，短短幾分鐘的時間，一隻活靈活現的金魚就誕生了。<br>☐ |

③ 小結：我們在選擇合適的事例時，要根據人物的特點，得選擇對這個人重要的事例來寫（詳寫），與想表達的主題相較之下較沒有關聯的就簡單帶過（略寫），甚至不寫出來也可以，可以選擇一個你想寫的身邊的人，運用上面的 人的個性 ＋ 選擇符合該個性的事例 來做根據人物特點，選擇合適的事例。

③ **寫作題目**

　　中、高年級的寫人文章可以分成寫身邊的人，以及寫名人。在三年級的這一課中，我們學到可以加入情緒及動作的對話來寫人，因此，讓學生選擇寫家人、朋友或是老師，運用觀察記錄生活周遭的親近的人。在下筆前，以九宮格的方式幫助學生列舉寫人的角度，如：外形、穿著、個性、興趣、動作、說話、神態與感受等。從三個類別（家人／朋友／老師）的九宮格中，挑出一個材料最豐富的人物，做爲寫人文章的對象。

　　文章中著重於人物的語言描寫，可以讓學生針對人物發生的一件事情加入情緒及動作的對話，將一件事情說完整、寫具體，若程度更好的學生，則嘗試挑戰寫人物的兩件事，來豐富人物的個性。

④ **延伸閱讀**

　　教師可以依照班上學生閱讀的偏好，選擇像是繪本《我爸爸》或《我媽媽》、文字較多的《媽媽使用說明書》或名人傳記等，做爲學生課外延伸閱讀，讓學生能收集相關人物描寫的片段。

---

**課例4** 　**愛心樹（四下）**／陳佳釧（新北市頂埔國小）

✎ **文本分析**

　　每一個故事都是一個礦區，等著我們去挖掘蒐集最有價值的礦石，再細心切割、琢磨，最後拋光成閃亮的寶石永存於心。〈愛心樹〉改寫自謝爾‧希爾弗斯坦的經典繪本，故事描述一個男孩在不同時期對大樹有不同要求，而大樹都盡可能滿足男孩，但並不求回報的故事。大樹對男孩無私的付出，可以做多種關係的解讀，也許

是友誼，也許是愛情，又或者是親情，考量此課為四下最後一課，學生即將升上高年級，因此希望可以帶領孩子思考珍惜父母的愛，故文本以內容主旨著眼，探討聚焦為「愛的表達和行動」。帶領孩子思考大樹行動表現愛的合宜性，什麼樣的愛才能幫助孩子自主成長？什麼樣的愛又會成為孩子成長的阻礙？哪種教養方式才能發揮正面效益？讀故事學道理，我們可以以故事為起點，讓孩子把故事和生活聯結起來，把體會落實於生活，最後可以讓孩子在寫作中深化思考，把故事縮寫成具體事例，再有條理論述道理，習寫一篇〈愛與礙〉的文章。

## 🖋 教學設計

1️⃣ **學習目標**：透過敘述具體事例，有條理的說明道理，習寫一篇〈愛與礙〉的議論文。

2️⃣ **教學過程**

**⑴ 讀懂大意：聆聽畫圖關注情節連續性**

在文本分析時，有發現文本每段幾乎都有時間的過渡句，為了讓學生發現過渡句的重要，關注文本情節的連續性，所以採取教師朗讀課文，學生聆聽並畫圖的策略。

第一次讀：老師朗讀課文，學生不打開課文，因為沒有文字的依賴，所以學生聆聽課文時會更專注，一邊聽，一邊畫下理解的內容。

第二次讀：一邊聆聽，一邊畫圖，一定難免有所缺漏，因此讓學生打開課文，自己再讀一次課文，並對照文字，找出缺漏的細節，以另個顏色補畫上去，讓圖畫盡量表達出故事情節。

第三次讀：兩人一組，互相看圖說故事，既訓練了口語表達、聆聽能力，也熟悉了故事大意。

　　第四次讀：全班抽人說故事，一人說一格圖畫，因為不是同一個人從頭說到尾，所以故事的銜接會變得較不通順，此時讓學生思考說故事時少了什麼？再帶孩子回到課本發現過渡句的重要（可扣合統整活動二文章的過渡做複習），最後用螢光筆標記，再請學生重述一次故事大意。在一節課中，學生利用聆聽、口語表達、閱讀的方式，讀了四次課文，對課文大意已快速熟悉。

(2) **讀懂文本：梳理故事情節、角色、主旨**

① 故事基模：運用基模（背景、角色、問題、解決、結果），讓學生快速複習故事大意。

② 劃分意義段：可以事件做劃分，也可以時間做劃分，但命名原則需有一致性，若孩子這方面的原則仍有所忽略，可以澄清學生的觀念，全班共同討論修正。

③ 歸納角色情緒、性格：以表格配合意義段歸納主角的情緒，從主角說的話、做的事，再推論出其性格。

④ 讀出想法：最後讓學生思考在生活中是否曾見過類似大樹和
　男孩的相處情況？想一想，從他們的身上學到了什麼？說一
　說自己的想法、觀點，思考從故事得到的啓示，爲之後的寫
　作做鋪墊。

康軒四下第十四課〈愛心樹〉學習單　　　　　　四年（　）班（　）號

| 意義段命名 | | | | | |
|---|---|---|---|---|---|
| 自然段 | | | | | |
| 時間 | | | | | |
| 主要事件 | | | | | |
| 大樹心情變化 | | | | | |
| 男孩心情變化 | | | | | |
| 大樹性格 | | | | | |
| 男孩性格 | | | | | |

陳佳釧老師　設計

(3) 延伸寫作：〈愛與礙〉

　　故事中的大樹對男孩百依百順，但最後男孩卻一無所有的回
到大樹身旁。若以親子教養的觀點出發，大樹的角色就像疼愛孩子
的父母，對孩子的要求從不說不，但對予取予求的孩子而言，這樣
教育的方式眞的好嗎？孩子的要求合理嗎？其實，每一個獨立的孩
子，都是在一次一次的教育中鍛鍊出來的，而每一個依賴的孩子，
也是在一次一次寵溺中培養出來的，因此教師可以帶領全班討論不
同的教養方式會成就出不同的孩子，讓學生思考曾讀過的文章中，
是否有父母正向成功的教育例子？是否有父母負向失敗的教育例
子？曾經讀過的故事就成爲孩子寫文章時的最佳資料庫。考量課文

中負面教材少，爲了讓學生更加體會「愛與礙」的差別，可補充網路影片和新聞等眞實的例子，讓學生理解二種教育方式造成的差距，再以表格歸納統整。在記錄的時候，可以利用「什麼人＋做什麼事＋有什麼結果」的方式來縮寫故事，就能成爲論述的例子。

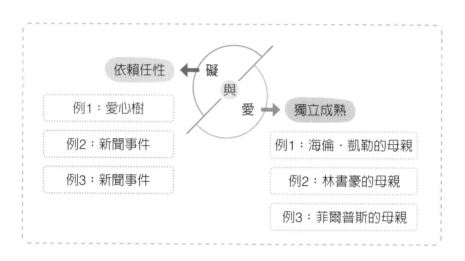

|  | 什麼人 | 做什麼事 | 有什麼結果 |
|---|---|---|---|
| 正面舉例 |  |  |  |
| 反面舉例 |  |  |  |

　　雖說議論文是高年級才需學習的寫作重點，但四年級開始其實也可以慢慢試著讓學生接觸，論點、論據、結論這些專有名詞可以略過不提，用孩子比較容易理解的話來說明引導，由全班一起討論寫作大綱，再請學生依照大綱完成寫作。

| 第一段 | 提出想法 | |
|--------|---------|---|
| 第二段 | 正面舉例 | |
| 第三段 | 反面舉例 | |
| 第四段 | 結語 | |

## 3 寫作小寶庫

四字詞語：

無微不至、予取予求、百依百順、變本加厲、嬌生慣養、自私自利

名言佳句：溺愛者不明，貪得者無厭。（朱熹）

俗語：給他魚吃不如教他釣魚。

俗語：寵豬舉灶，寵兒不孝。

俗語：慈母多敗兒。

俗語：望子成龍，望女成鳳。

## 愛與礙

　　愛有兩種，一種是愛，另一種是礙。愛是像蒼鷹一樣，狠心一次從高處扔下，讓雛鷹自行學會飛行；溺愛則會讓孩子像溫室裡的花朵一樣，每天都要被別人照顧得無微不至，禁不起風吹雨打。俗話說：「心軟是害，狠心是愛。」就是愛與礙的道理。

　　父母對子女的愛應該像讓他能自己成長，像海倫·凱勒，失去聽力和視力，幸好父母找到專業老師協助，她走出生命幽谷，最後用自身行動鼓勵更多人；林書豪母親為了讓他能負責，要求他寫完功課再打球，結果他的課業與球技越來越好，最後終能實現夢想；泰國有個賣鳳梨的女孩，她為了要幫父母賣鳳梨冰棒，她媽媽建議她去學攤販們的做法，於是她主動去學習叫賣、畫海報，最後改善了她們的家境。由此可見，這些父母都用適當的方法教育孩子，愛他們就要教他們釣魚的方式。

　　反之，父母什麼事都聽孩子的，看似愛孩子，其實反而成為孩子成長路途的障礙。如同著名故事《愛心樹》裡，愛心樹一直給予男孩他所需要的物品，所以到最後一無所有；新聞中的吸毒王姓男子因為媽媽給他錢，所以不停的做壞事，導致他進監獄；郭台銘的司機因為每天給他兒子買雞腿，所以司機生病時，妻子拿兒子的雞腿給司機吃，但兒子說那是他的，變成一個不懂感恩的人。由此可見，這些父母太過溺愛自己的孩子，所以孩子都很任性。

　　我的結論是父母愛小孩要有個限度，不能太過寵愛孩子，否則父母就會像傀儡一樣，任意被孩子操控；愛小孩應該要有方法、有策略，才能讓孩子成長茁壯，變成一個懂事負責的人！

從故事中學道理，除了讀懂故事、理解寓意外，更重要的是運用所學和生活連結，能夠思考、形成自己的價值判斷，培養生活素養，才是學習更重要的價值。

## 課例 5　有用好還是沒用好？（四下）／吳書婷（臺南市海東國小）

### 文本分析

本課課文由兩篇寓言故事〈大樹與老木匠〉與〈沒用的樹？〉所組成，改寫自郝廣才《魚兒水中游》，原文取材於《莊子》。課文以淺白的文字、生動的對話，引導讀者思考何謂「有用」？又何謂「無用」？

兩篇都是富含哲理的寓言故事，主題皆緊扣「有用」、「無用」的討論。這是學生於課文中初次接觸莊子思想，在課堂中，學生須先理解課文內容，讀懂不同角色所表達的看法及其理由，再請學生發表自己的見解，經由觀察、討論，體會寓言故事中的寓意。

### 教什麼

寓言故事是多數孩子兒時初接觸文學的閱讀回憶，無論是西方伊索寓言中的〈獅子和老鼠〉或是出自戰國時代《韓非子》的〈守株待兔〉，除了耳熟能詳，更使孩子們讀完故事後體會寓意，在腦海中留下深刻印象。然而當寓言故事遇上莊子哲學，經由不同立場的主角相互辯論，呈現莊子獨特的思考角度，察覺人我之間、人與萬物之間的關係，重新詮釋「有用、無用」。教師宜把握孩子於課堂學習寓言故事的機會，讀懂寓言內容進而體會隱含其中的寓意，

探究分析各個主角之間的關係及對話內容，學習說明理由以說服他人，並將所學內化遷移，創作一篇寓言故事，成為本課教學的首要任務。

### 教學難點

寓言故事中的寓意，如糖衣包裹般隱藏其中，如何引導學生讀出寓意，是本課教學的重點，但兩篇故事對於「有用」、「無用」的辯論，分別來自故事主角對大樹形體的主觀見解，至文末依舊持開放性的觀點，對於長久以來習慣接收一個答案或真理的學童，這是一個新的體驗與學習，也因此成為本課的教學難點。

備課時要想一想：不談深奧晦澀的莊子哲學，卻期望能讓學生藉此認識莊子，品味其寓言之獨特韻味，學習以不同角度看待事物，探究寓言對主角及其神態、語言的描寫，習得寓言寫作之方法。

### 教學設計

**1** 學習目標：能讀懂寓言並創作一篇寓言故事。

**2** 教學過程

(1) 預測策略：

從課名導入，進行預測，看課名想這一課的內容可能寫些什麼？經由提問，知道兩篇文章都是針對「樹」提出不同的觀點，並請學生利用句型：「（誰）認為樹是有用／沒用，因為⋯⋯」來理解課文內容，也可利用表格 主角覺得（有用／無用）原因 整理各個角色所提出的觀點。

(2) **認識莊子：**

① 認識作家及其寫作背景，能使讀者更深入體會其作品意涵。從莊子的時代談起，距今兩千多年前的戰國時期，政治動盪不安、社會上人民生活困苦甚至因戰爭而死傷，所以各派學者紛紛提出不同看法，造成思想方面呈現百家爭鳴的局面。莊子身在這樣的時代，對於現實有著許多難言之隱，看似冷眼卻是心急如焚，藉此讓孩子體悟並探究莊子創作寓言的動機。

② 進行群文閱讀，補充莊子另兩篇談論有用／無用的作品。（同一論點，在莊子筆下卻化身成好多不同的物品、主角，成了一篇篇精采的寓言故事）

③ 總結：了解莊子寫寓言的時代與背景，教師提問：你覺得什麼情況下，你會想寫寓言故事呢？為之後的寫作課埋下伏筆，以期學以致用，達到語用的教學目標。

(3) **探究寓言寫作金鑰：**

將課文兩篇寓言故事的寫作結構，分成形式及內容兩個面向討論。形式上，寓言如同故事創作，包含開頭、經過、結尾；但內容上，除了主角、情節，更強調寓言特有的寓意。

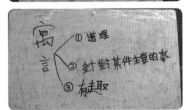

請學生分小組討論「**一篇寓言故事，需由哪些要件組合而成？**」

欣賞多篇寓言故事，討論寓意，從不同故事中找出貫串情節的寫作手法：一來一往的對話、夢境、天降旨意，也可能如同西方寓言故事中以報應的方式做結尾，引發讀者深切的省思。

(4) 創作寓言：

讀懂課文、認識莊子、學會寓言，讓我們來試寫寓言，依照表格，完成寓言架構圖。如：

| 地點 | 主角 | 寫作手法 | 寓意 |
|---|---|---|---|
| 大海 | 小魚、大魚 | 對話 | 失去戒心會<br>讓人陷入危險 |

完成架構圖後，依照開頭、經過、結尾，創作一篇寓言故事。

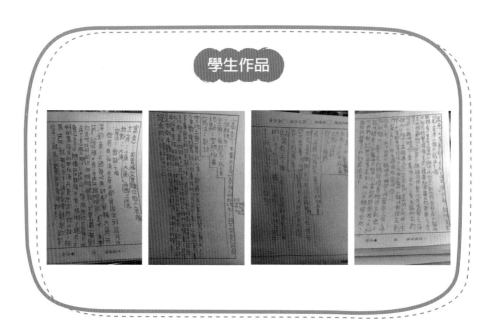

學生作品

**課例 6** **臺灣昆蟲知己——李淳陽（四下）／邱怡雯（宜蘭縣順安國小）**

## 九 臺灣昆蟲知己——李淳陽

民國六十四年，英國廣播公司的工作小組來到臺灣採訪李淳陽，協助尋人的新聞局，卻沒聽過這位揚名海外的昆蟲專家。他們驚訝的問：「李淳陽是誰？他是大學教授嗎？」在國內大學教授的名單中，都找不到這個人，後來才知道這位「現代法布爾」原來在臺灣省農業試驗所工作。

▲李淳陽 博士

省省爾爾局局協協播播淳淳昆昆

當時，李淳陽自費拍攝昆蟲影片已經長達八年，在這條探索的道路上，沒有掌聲，沒有鼓勵，只有無數的艱辛考驗。只因為對昆蟲的熱情與喜愛，他認真翻找書本、實地觀察生態，用文字和手繪的方式，整理近兩百多種昆蟲的生命史與習性後，再列出拍攝計畫。為了拍出大而清楚的昆蟲，他動手改造攝影鏡頭；為了這攝影的畫面，他想出各種妙計弄弄昆蟲；為了捕捉最精采的鏡頭，他可以等待好幾個小時、好幾天，甚至好幾年！

▲李淳陽 的昆蟲攝影作品

弄弄逗逗索索攝攝

沒有足夠的經費，李淳陽憑仗的只是苦功、巧思和意志。當採訪小組來到臺灣，看到用木板搭成的攝影間時，都忍不住驚呼：「太不可思議了！」沒想到，在這麼簡陋的房屋裡，竟然能拍出那樣專業又生動的畫面！

▲英國廣播公司攝影團隊採訪李淳陽（左三）

陋陋仗仗

民國六十六年，李淳陽拍攝的昆蟲影片獲得美國國際電影節昆蟲影片專業組首獎。這位一生與昆蟲為友的「昆蟲知己」回憶著：「我不在乎要花多少經費，要下多少工夫，只想讓全世界的人都看見昆蟲世界的奇觀，為人類開啟新的視野！」

▲李淳陽 的昆蟲攝影作品

獎獎獲獲

## 📖 備課思考

「人物寫真」這單元，不僅讓學生讀到很多勵志感人的名人故事，還直接做群文閱讀或主題閱讀。透過對主角的直接描寫（外表、心理、行動、語言、細節）和間接描寫（透過周圍人物或環境的描寫），進行比較閱讀，讓學生學到勇者的精神，並且理解如何寫出一篇傳記類的作品。為符應十二年國教素養導向教學的四大原則，筆者參考麗雲老師的著作，云團隊《六級分作文》及工作坊研習心得，以〈臺灣昆蟲知己——李淳陽〉為課例，希望學生能從讀懂到寫好，運用課文架構、寫作技巧和重要句型，延伸閱讀課外資料，讓學生寫出一篇以名人為標題的傳記類文章，並透過寫作檢核表，讓學生可以檢視修正自己的文章，同時也可以讓學生從閱讀別人的事蹟得到省思，寫出「值得我學習的人」、「向○○○學習」或是「我的偶像」的文章。

## ✒️ 文本分析

**1** 文體：記敘文

**2** 寫作特色

⑴ 特別的標題：臺灣昆蟲知己——李淳陽

⑵ 第一段他們驚訝的問：「李淳陽是誰？他是大學教授嗎？」➡ 設問法激發讀者對主題人物的關注與好奇。

⑶ 人物的描寫：直接描寫、間接描寫、詳寫、略寫、獨白

  ① **直接描寫**：為了拍出大而清楚的昆蟲，他動手改造攝影鏡頭；為了得到生動有趣的畫面，他想出各種妙計逗弄昆蟲；

為了捕捉最精采的鏡頭，他可以等待好幾個小時、好幾天，甚至好幾年！➡ 主角所做的事（他的拍攝計畫）。

② **間接描寫**：當採訪小組來到臺灣，看到用木板搭成的攝影間時，都忍不住驚呼：「太不可思議了！」➡ 旁人的看法。

③ **詳寫**：只因為對昆蟲的熱情與喜愛，他認真翻找書本、實地觀察生態，用文字和手繪的方式，整理近兩百多種昆蟲的生命史與習性後，再列出拍攝計畫。➡ 對主題人物的重點描述（他拍攝的過程）。

④ **略寫**：在國內大學教授的名單中，都找不到這個人，後來才知道這位「現代法布爾」原來在臺灣省農業試驗所工作。➡ 他的背景，介紹他工作的地方，不是文章重點，只要略寫。

⑤ **獨白**：這位一生與昆蟲為友的「昆蟲知己」回憶著：「我不在乎要花多少經費、要下多少工夫，只想讓全世界的人都看見昆蟲世界的奇觀，為人類開啟新的視野！」➡ 主題人物自己的看法與期許。

⑷ 重要句型：

轉折句：李淳陽自費拍攝昆蟲影片已經長達八年，在這條探索的道路上，沒有掌聲，沒有鼓勵，只有無數的艱辛考驗。➡ 語氣漸增，展現不同語氣變化，更有情感張力。

目的句：為了拍出大而清楚的小昆蟲，他自己動手改造攝影鏡頭；為了拍出精緻的畫面，他設計各種妙計逗弄昆蟲；為了捕捉最精采的鏡頭，他可以痴痴的等好幾個小時，甚至是好幾天！➡ 凸顯主角的用心。

## 教學設計

**1 學習目標**：⑴能讀懂文本內容，並找出名人的特殊貢獻和具體
事蹟。

⑵能運用直接和間接描寫，寫出一篇以名人為題的傳
記類文章。

**2 教學準備**：老師事先準備沈振中的相關報導資料或學生自行準備
搜尋到的人物資料。

**3 教學過程**

(1) 下標題：練習下標題，讓孩子運用於寫作上，訂一個特別的標題

　① 題目：昆蟲知己——李淳陽→文章主角是誰？他有什麼特別
的地方？

　② 老師利用四上「人物寫真」單元的文章以及其他版本介紹人
物的文章，讓學生兩兩一組或小組討論下一個特別的標題。

　③ 同學觀摩標題，說明標題的原因

　　（　　　　　　　　　　）——愛迪生

　　（　　　　　　　　　　）——珍古德

　　（　　　　　　　　　　）——林書豪

　　（　　　　　　　　　　）——海倫‧凱勒

　　（　　　　　　　　　　）——馬偕醫生

(2) **找結構**：

　① 找出自然段和意義段

　② 找出各意義段的主要內容

　③ 完成課文結構圖

| 臺灣昆蟲知己──李淳陽 | |
|---|---|

| 第一段<br>李淳陽的背景 | 李淳陽是在臺灣省農業試驗所工作 |
| | 英國廣播公司採訪對象 |

| 第二、三段李淳陽<br>的事蹟（困難點） | 困難1：只有無數的艱辛考驗。（解決1）改造<br>攝影鏡頭、想出妙計、等待好幾年 |
| | 困難2：沒有足夠的經費。（解決2）在簡陋的<br>房屋裡，拍出專業又生動的畫面 |

| 第四段李淳陽的<br>成就與影響 | 成就：獲得美國國際電影節專業組首獎 |
| | 影響：讓全世界的人都看見昆蟲世界的奇觀，<br>為人類開啟新的視野！ |

**5**

實例篇

(3) 讀出寫法

① 你從哪些句子看出他的性格？請用「李淳陽是個＿＿＿＿的人，因為＿＿＿＿。」從文章裡找出支持的理由。

② 文章是如何寫出這個人的事蹟。他做了哪些事情？找出詳細描寫的句子。旁人對他的看法是什麼？找出透過環境的描述來凸顯性格的句子。這些不同的寫法有什麼不一樣的效果？

③ 他說了哪些話？透過他說的話和我們直接寫出對他的看法有何不同？

④ 哪個句子可以看出為了拍攝昆蟲，李淳陽用心計畫？請畫出來，找出「為了……；為了……；為了…」句型。

⑤ 哪個句子可以看出拍攝過程中困難重重？請畫出來，找出「沒有……沒有……，只有…」句型。

⑷ 寫作教學

第一種寫作方法

寫作第一步 決定主題～（　　　　　　　　　　　　）——沈振中
思考沈振中先生是位什麼樣的人物？他給人深刻的印象是在哪方面
的成就？

寫作第二步 取材與構思
閱讀資料，找出可以做為寫作的材料
　　① 簡單介紹人物背景：這個人是誰？他有什麼特別之處？
　　② 透過具體事例來說明他的事蹟，以證明他的特別。例如：
　　　　他說過什麼話？
　　　　他做過什麼事？詳細描寫他做事的過程？
　　　　他曾遭遇什麼困難？如何解決這些問題？
　　　　別人對他說過什麼話？
　　　　別人對他的看法是什麼？
　　　③ 找出他的成就是什麼？他對後人有什麼影響？他值得學習的
　　　　　品格是什麼？
　　　④ 大家對他的評價是什麼？他帶給大家什麼啓發？

寫作第三步 擬定寫作大綱
　　　確定主題與選擇可發揮的材料後，擬定寫作大綱，並依照大綱
完成作文。

標題：（　　　　　　　　　　　　　　　　　　　）——沈振中

| 段落 | 大綱 | 範例 |
|---|---|---|
| 第一段 | | 人物的背景 |
| 第二段 | | 人物的事蹟(困難點) |
| 第三段 | | |
| 第四段 | | 人物的成就與影響 |

**寫作小提醒**

　　寫作時，開頭的人物背景介紹可以利用『○○○驚訝的問：「沈振中是誰？他是△△△嗎？」』。接著可利用課本的句型「為了⋯⋯；為了⋯⋯；為了⋯⋯。」來詳細描寫沈振中在過程中遇到的困難及解決的方法；或是「沒有⋯⋯，沒有⋯⋯，只有⋯⋯。」透過環境的描寫或是旁人的看法來凸顯他遭遇的困難。最後他的成就和影響部分可以引用他自己說過的話，也可以利用別人對他的看法來寫。

**寫作第四步** 寫作檢核表

　　學生在完成寫作之後，可利用寫作檢核表讓學生檢視文章內容是否有疏漏的地方，補充文章不足的部分，讓文章更加完整美好。

| 檢核項目 | 已達成 | 未達成 |
|---|---|---|
| 明確訂定文章標題 | | |
| 簡略介紹他的背景 | | |
| 清楚表達他的成就或影響 | | |
| 善用課本句型進行寫作 | | |
| 善用詳寫、直接描寫、間接描寫寫出他的事蹟 | | |
| 依大綱完成寫作 | | |

參考資料
棄教職追鷹二十年老鷹先生沈振中　守護黑鳶生態
https://www.mdnkids.com/news/?Serial_NO=96426
今日黑鳶，明日人類──《老鷹想飛》為老鷹請命、立命、護命
http://bongchhi.frontier.org.tw/archives/29167

## 老鷹先生——沈振中

　　沈振中住在基隆，經常到附近外木山一帶賞鳥。當《老鷹想飛》這部電影在許多戲院上映時，一般民眾驚訝的問：「沈振中是誰？他是大學教授嗎？」原來他是基隆德育護專的生物老師，一九九二年，他辭去教職，啟動二十年的「追鷹計畫」，要把老鷹消失的原因找出來。

　　隨著快速道路開通後，棲地被破壞，老鷹消失殆盡。從一九九二年到二零一二年，沈振中花了二十年的時間足跡遍布全臺，在這條探索的道路上，沒有掌聲，沒有鼓勵，只有無數的艱辛考驗。只要有老鷹的地方，就能看到他騎著舊式摩托車，戴著帽子，不時停下來。為了可以一眼分辨出不同種類的老鷹，他常舉著望遠鏡，遠遠的定點觀察，他記錄一群又一群的老鷹。為了記錄老鷹數量的興衰，他總是在傍晚時刻，看著老鷹在空中盤旋。為了了解臺灣與國外老鷹數量的差異，他還四處走訪各國。

　　二零一零年沈振中遇見同樣也喜愛老鷹，學習田野觀察的林惠珊。沈振中和林惠珊在屏東農地上發現暴斃死亡的成堆鳥屍，他們驚覺老鷹的瀕臨滅絕和農藥之間的關係。他們揭開謎題：國際早已禁用的劇毒農藥「加保扶」，臺灣仍在使用；另外，使用老鼠藥，不僅破壞生態、未能讓鼠患滅絕，反而因為環境劇毒，讓位居食物鏈較高位置的鳥類及喜吃腐屍的老鷹，成為藥下亡魂。經過九十場的巡迴講座，終於讓「加保扶」停用，讓老鷹的保育工作可以永續下去。

　　沈振中對老鷹所付出的關愛，讓他受到人民的敬重，尊稱「老鷹先生」；不追求物質的沈振中說：「即使一餐只有一個飯糰果腹，這就夠了。」他的無私奉獻，讓臺灣的鳥類保育與研究有根基，豐富人們對老鷹的認知；也讓我們理解人類與大自然需和諧共處。他那專情於老鷹的精神和對土地的愛護，真叫人敬佩！

第二種寫作方法

　　題目：「值得我學習的人」、「向○○○學習」或是「我的偶像」。

**寫作第一步** 向○○○學習（　　　　　　　　　）

　　思考主題人物是什麼樣的人物？他給人深刻的印象是在哪方面的成就？

**寫作第二步** 取材與構思

　　閱讀資料，找出可以做為寫作的材料

① 簡單介紹人物背景：我的偶像是誰？我如何認識他？

② 他有哪些事情讓我佩服？哪些特質或精神值得我學習？透過具體事例表現這個人的特點。例如：

　　他說過什麼話？（語言）

　　他做過什麼事？（動作、事例）

　　詳細描寫他做事的過程？（透過語言、動作、神態來描寫）

　　他曾遭遇什麼困難？如何解決這些問題？他做了什麼特別的事蹟？

　　別人對他的看法是什麼？

③ 他帶給我什麼樣的感受和啓發？我應該如何做才仿效他的精神？

**寫作第三步** 擬定寫作大綱

　　確定主題與選擇可發揮的材料後，擬定寫作大綱，並依照大綱完成作文。

標題：向○○學習

| 段落 | 大綱 | 範例 |
|------|------|------|
| 第一段 | | 人物的背景<br>（我的偶像是誰？我如何認識他？） |
| 第二段 | | 具體事例（他的哪些事情讓我佩服？<br>哪些特質或精神值得我學習？） |
| 第三段 | | |
| 第四段 | | 帶給我的啓發和感受 |

| 檢核項目 | 已達成 | 未達成 |
|---|---|---|
| 明確訂定文章標題 | | |
| 簡略介紹他的背景 | | |
| 善用詳寫、直接描寫、間接描寫具體描寫他的事蹟 | | |
| 從他身上學習到的啟發，得到的省思 | | |

## 學生作品

### 向林書豪學習

　　出生在臺灣的林書豪是美國職籃中少見的東方臉孔，長大後他努力進入美國職籃，後來成為「豪小子」，讓眾人對他崇拜不已。

　　林書豪沒有傲人的身高，也沒有先天良好的條件，只有從小對籃球的熱愛。他總是最早到達球場練球，常常把基本動作練了又練，卻從來不說苦。他曾說過：「我只是想盡可能的去打，因為我喜歡。」可見他是如此的熱愛籃球，從小到大堅持始終如一。

　　從小打下的籃球基礎和專注的學習態度，讓林書豪能精準掌握球場動靜，不管是進攻還是防守，都能帶給對手壓力。升上高中後，他便逐漸成為學校球隊的主力。念大學時，林書豪的實力更受到教練的賞識，帶領學校籃球隊打出許多場好球。他曾說過：「人生最困難的挑戰，是面對別人的刻板印象。」別人常因為他是東方臉孔，覺得他沒那麼厲害。為了打破人們的刻板印象，進入美國職籃後，他加倍努力。在球場上，只要比賽還沒終了，他會把握每一球，從不輕言放棄。為了保持隨

時可以上場的狀態，即使坐在場邊他也認真的觀看，並且堅持體能訓練，等待機會到來。

在球場上不斷有人對他冷嘲熱諷，但他總是低調以對。就在西元二〇一二年二月的比賽中，林書豪意外得到機會代替先發球員上場。不到四十分鐘，板凳球員林書豪就拿下二十五分，助攻七次的傲人成績。一次又一次的漂亮助攻，一次又一次的切入得分，讓原本落後的球隊反敗為勝，彷彿過去他累積已久的能量總算找到發洩的管道，全場為他的好表現起立鼓掌，也讓林書豪受到全世界籃球迷的注目。

我十分欣賞林書豪，不只因為他的球技好，更是因為他全心全意為自己打籃球做好萬全的準備。俗話說：「機會是留給準備好的人。」我認為林書豪時時刻刻都在準備，因為準備好了，機會一來，他才有辦法展現他的成果。

林書豪是因為自己的努力堅持，凡事全力以赴，認真面對打籃球這件事，才令眾人崇拜，也值得我學習。凡事能否成功在於自己有沒有盡心盡力的去做。我相信「人只要有百分之九十九的努力和百分之一的幸運，就能成功了。」唯有像林書豪一樣，堅持到底、不斷奮鬥的人，才能獲得最後的成功。

**課例7** **拔一條河（五上）** ╱ 鄭雅芬（臺北市萬福國小）

### 文本分析

說故事，正是訓練口語表達最好的方式。經由故事的聽與說，我們能走進未知的領域或時空，去體驗未曾經歷或無法經歷的事件

及感受。〈拔一條河〉描寫甲仙國小拔河隊的故事。民國98年時莫拉克颱風重創甲仙，滾滾泥水沖走大片農田、沖斷橋梁、沖毀道路，滿目瘡痍的景象，讓甲仙人面臨絕望的深淵。為了找回孩子的自信與笑容，甲仙國小成立拔河隊。儘管學校正在重建，沒有適當的場地與裝備，拔河隊員依舊勤奮的練習，手掌長出厚繭，他們絲毫不在意，就算跌倒也不輕易放手。最後終於在全國賽勇奪亞軍，凱旋而歸。面對風災後的殘破，拔河隊的孩子們，用一顆顆堅忍卓絕的心，拉近彼此的心，也鼓舞了大人們的心，拔除頹喪、拔出信心，同心齊力拔一條對抗逆境的河！

從十二年國教課程綱要中我們可以發現，第三階段的「口語表達」學習表現，孩子們必須能漸進的積累說話語料，運用聲情、肢體，將說話內容有結構、有邏輯的展現出來。因此，我的教學目標設定為：「**聽中學說、寫中促說—從寫故事、聽故事與說故事裡，學習把握說話內容的主題與重點。**」

備課時，要特別注意：故事是事實的連接，是心智的重新建構。說故事時，教師要引導學生運用組織力、想像力，同時提升詞彙的使用能力，進而完整聯繫起一個故事。

### 教學設計

**1** 學習目標：認識事件類結構（背景、原因、經過、結果、迴響），並運用課文結構說一則故事。

**2** 教學準備：《拔一條河》紀錄片、故事結構單。

**3** 教學過程

⑴ 解讀課文標題：引導學生思考，作者將本課的標題訂為〈拔一條

河〉，而非「拔河」的原因是什麼？進而了解到作者想強調這是一條能拉起整個小鎮團結與自信的繩子，帶領著大家走出人生的逆境，堅持到底，贏得最終的勝利。

(2) 小組共讀，梳理文章寫法：①起因：莫拉克颱風重創甲仙，為了找回孩子的自信與笑容，甲仙國小成立拔河隊。②經過：勤奮的練習過程與堅持到底的團結信念。③結果：勇奪全國亞軍，鄉親夾道歡迎，激勵全鎮人心。④迴響：孩子們找到可以盡情揮灑的舞臺，鄉親也重拾笑容與自信。

(3) 從文章結構討論，如何說一則「兩分鐘小故事」：由教師先示範說一則兩分鐘的故事，藉由示範的過程，指導學生以下說話重點：內容、語音、儀態及時間的管控。

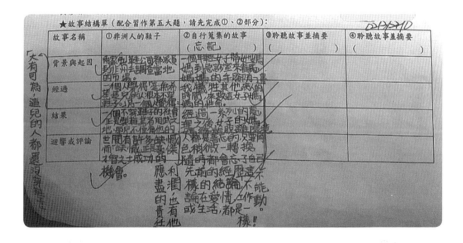

(4) 學生將各自所蒐集「面對逆境，永不放棄」的故事填入故事結構單中。

(5) 聽中學說：聆聽故事（學生兩兩一組，進行分享）活動進行前，提醒學生在開始說故事前，要先說：「**我要開始說了，你準備好了嗎？**」等對方準備好了才能開始。聆聽的過程中，要進行重點

摘要（**評價：摘記重點、進行判斷**）。時間若充裕，還可以請學生上臺覆述聽到的故事（**回應：統整詮釋**）。

⑥寫中促說：選出一則自己準備的，或是聽同學說的「面對逆境，永不放棄」的故事填入稿紙中。每則故事以250字為限（半張稿紙內需完成）。

完成後，學生兩兩試讀文章，比較「說法」和「寫法」的異同。教師從學生的作品裡，選取四篇較需修改的文章抄寫於黑板上，讓學生分組討論：文章有哪些問題？怎麼修改？經由共同討論的歷程，發現共同的問題、提出解決的方法。進而覺察出「書面用語」和「口頭用語」的不同，同時修正自己在口語表達與寫作時的不足與缺失。

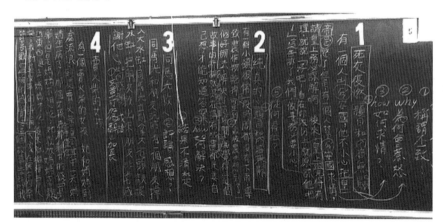

夢想有多遠？實現夢想有多難？如果遙遠又艱難，我們該如何在人生的賽道上，跑出信心、跑出勇氣，跑出飛揚的精采呢？本課透過文章結構學習「說故事」，在傾聽別人的故事時，聽出重點、聽出技巧、聽出故事裡傳遞的情感。再藉由「寫故事」來檢視、修正口語表達上的盲點。如此一來，學生可以逐漸掌握住口語表達的重點，學習讓說話成為一種動人的藝術呀！

**課例 8　想念的季節（五上）／** 林用正（屏東縣中正國小）

〈送別〉——唐王維
山中相送罷，日暮掩柴扉。
春草明年綠，王孫歸不歸？

〈秋夜寄丘員外〉——唐韋應物
懷君屬秋夜，散步詠涼天。
空山松子落，幽人應未眠。

## 文本分析

　　這一課的課文是由兩首五言絕句所組成，分別是王維〈送別〉及韋應物〈秋夜寄丘員外〉。兩首詩的主題扣緊「想念」二字，細細道出詩人對於友人的思念。其實古詩詞就像是詩人的心情日記，記錄當下的心情與感受，從當下的情境至睹物思情，在情景交融中訴說對於友人的思念，不寫寂寞與思愁，但讀完二首詩後，就能感到詩人對於離別的淡淡離愁及想念友人真摯的情感。

## 教什麼

　　在臺灣的教科書中，遇到這樣的古詩詞，都會有作者簡介、古詩、注釋、語譯和賞析，在這麼多的訊息中，怎麼引導孩子了解詩的意思和詩的意境等等，變成在古詩詞教學中的重要任務。在指導古詩詞的歷程當中，帶入讀懂古文的方法，讓孩子帶著方法讀更多的古文，有效的進行學習遷移。

5

實例篇

1. 作者簡介：這個部分可以讓孩子看到每個詩人的風格與詩作的關聯，以及其生平背景與詩作的交互影響。
2. 注釋：注釋是讀懂古詩意思很重要的途徑，老師要帶領孩子藉助注釋來讀古文。
3. 賞析：課本中的賞析是編者讀這首詩的欣賞與分析，透過老師的引導，孩子自己讀完古詩後，讀出了什麼，每個人對於詩的感受應該是有差異的。

### 教學難點

　　古詩詞雖然字數不多，但是每一首都有其厚實的內涵與意義，怎麼讓欠缺離別經驗的十一歲孩子感受古詩的意境與美感，成為了教學的難點。備課時要想一想：這是學生上了高年級後，第一次在課本中遇見古詩詞，代表它是重要的，因為孩子從未接觸過，老師除了藉著課本裡的注釋來教孩子讀懂文章外，可以配合圖像或是影像當作輔助。

### 教學設計

1 學習目標：能讀懂古詩並改寫成文章。

2 教學過程

一讀
● 讀對讀通
● 粗知大意

二解
● 理解詩意
● 形成畫面

三品
● 品讀感悟
● 感受交流

四誦
● 熟讀成誦
● 品味語言

(1) 一讀

① 讀對讀通：把音讀準及把字認清是古詩詞學習的首關，最基本的就是放聲朗讀及思考，誠如古人云：「書讀百遍，其義自現。」故朗讀是最好的方法。而朗讀可以用多元方式進行，增加趣味性：

| 方式 | 操作 |
|------|------|
| 範讀 | 老師先行示範，以聲帶情，再以情帶境。 |
| 伴讀 | 老師陪著學生讀，學生可以隱約聽到自己念錯的地方而改進。 |
| 小組讀 | 小組同學一起讀，並相互矯正念錯的地方。 |
| 交互讀 | A組讀第一句，B組讀第二句，以此輪轉。 |
| 個別讀 | 學生自己讀自己的。 |

老師可以運用靈活多元的朗讀方法，讓學生在有限時間內掌握詩詞的意境，並充分地理解詩詞內容。

② 粗知大意：透過老師的提問，可以讓學生大致了解文章意思就可以，強化學生讀完之後的感受，再由感受切入進行提問。

(2) 二解

① 理解詩意：課本裡面都有古詩詞的注釋，讓學生將注釋帶入古詩中，用白話來讀通順，稱為換詞法，如若要理解「日暮掩柴扉」一句中「掩」的情感，可以讓學生把「掩」字換成「關」或「闔」等字，讓學生體會有何不同。這樣一來，學生便能更好的體會「掩」的情境和不捨。

② 形成畫面：王維的詩作有「詩中有畫，畫中有詩」的美譽，故可以把詩轉化成畫，再把畫轉化成話。首先，找出古詩裡面的名詞，如山、日、扉、草、王孫等，先透過畫圖的方式點出〈送別〉一詩中的重要名詞的相對位置。接著，找出古詩裡面的顏色，如綠色（山、草）、咖啡色（柴）、橙色（日暮）等，這些顏色是為了豐富畫面。最後，再找古詩裡的動作（送、掩、歸），並說出為什麼會有這個動作。

(3) 三品

① 品讀感悟：此階段開始品讀該首詩，每首詩因為作者不同的心態或人格特質，會產生不同風格的作品，引導學生了解作者背景，說說作者的故事，有助於他們領悟詩詞背後的情感，老師可以補充這首古詩的時代背景。又「春草明年綠，王孫歸不歸？」二句，王維著眼於每到春天來臨時，草總會重現新綠，好像回歸一樣，所以常把草作為抒情的依托。這首詩一共用了兩個在送別詩中常用的意象—日暮和草，王維常在自然景物的描寫中滲透了自己的主觀情感。

| 意象 | 含意 | 批判思維 |
|------|------|----------|
| 草 | 草的綿綿不絕，寄託了離愁別恨的不盡。 | 換成花呢？ |
| 日暮 | 離別的憂傷情緒與暮色中的蒼茫感相映。 | 如果是大太陽呢？ |

明代詩評家胡應麟說過：「古詩之妙，專求意象。」（《詩藪》）從意象中，我們可以引導小孩感受更多，可以補充幾篇有「草」的送別詩，強化對於該意象的感受。

　　②感受交流：所有詩詞文的內容，都可以用八個字來含括：所見、所聞、所思、所感，可以引導小朋友從說說自己對於〈送別〉一詩的「見、聞、思、感」，並進行移情訓練，想像自己如果是王維，我會怎麼讀這首詩？我會說那些話？以此方式想小組成員發表感受。

(4) 四誦

　　①感受語言：古詩是很精煉的語言，在有限的字數下，展現無限的情感與意涵，而且兩首詩都是寄情於景物，看似平常的寫景的句子，都是為了鋪陳「思念友人」的中心主旨。

　　②熟讀成誦：再讓學生多讀幾遍，詩歌的特色就是有節奏和意境的美感，讀起來瑯瑯上口，此步驟和一開始的讀對讀通類似，以朗讀為始，並以朗讀為終，差別在於前者是為了了解，後者是為了感受。

**3** 寫作題目

　　這一課，可以進行文體的改寫。

A. 請將五言絕句改寫成記敘文，以「**想念摯友**」為題目，寫一篇文章。將古詩中的意境與情感進行深度描寫，亦可引用詩中的句子，但要記得是以「第一人稱」（我）來寫喔！

B. 請將五言絕句改寫成應用文，以「丘員外給韋應物的一封信」為題目，寫一篇文章。將古詩中的意境與情感進行深度描寫，亦可引用詩中的句子，但要記得注意書信寫作的格式！

4 延伸閱讀

　　教師可補充與「思念或離別」相關的文本以當作主題閱讀或群文學習，豐富學生的閱讀量，將上課所學的讀詩方法應用在其他古詩中。相關可補充的古詩如：王維〈鹿柴〉、孟浩然〈送朱大入秦〉、劉長卿〈送靈澈上人〉等。

## 學生作品

### 懷念之夜

屏東縣中正國小　林貞妘

　　在這秋天的夜晚，我深深懷念起遠方的你，想起你溫柔的雙眸、開朗的微笑以及斯文的話語，心中不禁激起無限漣漪，你都離開多久了，連一封書信、一點回音都沒給我，你在那邊過得好嗎？

　　此刻的我，正一邊散步，一邊吟詠，感受秋天的涼意。唉！好淒涼的夜晚啊！之前都有你陪伴，我們總是比賽吟詩；而現在，你的故居已人去樓空，一進門，便可看到灰塵厚厚的積在地上，甚至一走過都留有清晰可見的腳印。對啊！你都離開三年多了！

　　而這空寂的山中，我只聽見松果「喀咚！喀咚！」墜地的聲音，沒有談話聲，沒有歡笑聲，襯托出這空山孤獨的樣貌。我就好比這座山，在我身上翠綠、姹紫千紅的景象已一去不返，獨留著這座山雄偉的空殼。

　　你現在是否和我一樣看著乳白色、美麗又安靜的月亮呢？你的心中是否有我呢？我想！你大概還沒入睡吧！當我看著那一輪明月，我又想起在遠方的你，多希望當我提起筆寫下你，你就來到我面前，讓我為你寫一首詩：

　　懷君屬秋夜，
　　散步詠涼天。
　　空山松子落，
　　幽人應未眠。

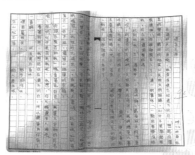

**課例9 東海岸鐵路（六上）／秦心（新竹市東門國小）**

## 文本分析

　　這是一篇寫景的記敘文，描述作者搭火車從北到南所見的沿途風景，整體的結構藉由火車站和景點的不同而呈現不同的風貌，因此，這一篇適合教學生寫景的結構：記敘文寫景中常使用的「步移法」就可以在這篇課文中帶出來。學生在寫作時，最常忘記景點的排列需要有順序，因此在書寫時，常想到什麼就寫什麼，透過排列課文的方式，可以讓學生理解到「安排結構要有邏輯」，解決學生書寫常犯的問題。

　　至於「寫景細節」的部分，藉由便利貼的活動來讓學生先了解**「自己喜歡哪個部分？為什麼喜歡這個部分？」**增加學生的動機，因為是學生喜歡的，所以更願意去效仿，從「看見小溪從山谷間流出，河床上布滿大小不一的石頭，陽光照耀下來，石頭顯得更加光滑，並閃耀著珍珠般的光澤。」我們可以分析出作者用了「遠到近」的視角來書寫，再請學生試著把這樣的手法運用到自己的創作中。

## 備課想一想

● 寫景記敘文：

❶ 寫景是為了什麼？

　(1) 寫景不是作者的目的，而是通過寫景來表達作者的心情。

　(2) 景物常用來烘托人物和事件。

❷ 寫景有哪些類型？

　　⑴ 單純介紹景物：如實描寫，主在給予讀者蒞臨現場的感受。

　　⑵ 推薦景物：為吸引讀者遊歷當地，主在介紹當地特色。

　　⑶ 以景帶情：主在表達欣賞景色產生的情感或事件。

### ✒ 教學設計

**1** **學習目標**：了解東海岸鐵路的「步移法」結構，並能仿其結構，寫出以校園為題的作文。

**2** **教學過程**

⑴ 用打散一段一段的課文，請學生排列順序，並在順序旁寫下排列原因。

⑵ 學生發表後，教師引導並歸納「步移法」結構。

　　① 學生發表時，追問學生「如何判斷其先後順序」使學生將推論的過程跟同學分享。

　　② 在「步移法」前，學生會找到「總分式」結構，因課文中提到「從臺北到蘇澳的宜蘭線，以及延續到花蓮的北迴線」可以先判斷出整體排列順序是由北至南的結構，再細分每一站的先後。

⑶ 教師用學習單請學生實際走訪校園一次，並在走訪時，觀察建築物的外觀及給人的感受。

　　① 學生對校園相對熟悉，所以有的學生想要憑回憶來書寫，因此，藉由「觀察外觀」的部分，使學生不得不實地走訪一

次，學生在走訪時，所得的感受也不一定和他回憶中的一樣。

② 學生書寫完後，我們一起討論：「走到哪個景點時，有哪些回憶像跑馬燈一樣在你腦海中跑過？」幫助學生在景點中設定「重要的事件」。

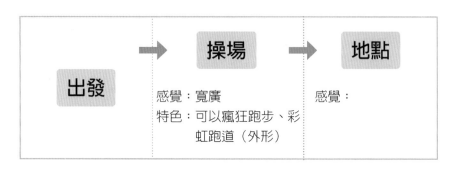

(4) 擬定寫景結構，從學習單中選出三個地點並列出內容。

① 挑選三個地點並以有順序的方式擬定作文大綱，其中要先請學生注意地點的選定，是在哪個地方有著深刻的回憶，例如：圖書館，若書寫的是在那裡借書、還書的部分，無法讓讀者留下深刻的印象，若是寫的是，學生在那裡讀到一本改變他觀念的好書，就比借書、還書更能留下深刻印象。

② 描寫手法會結合「寫景細節」的教學過程。

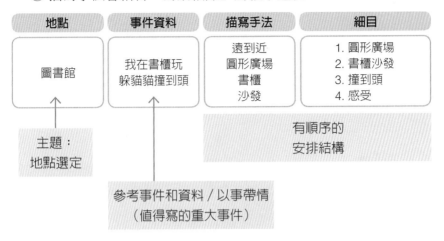

| 地點 | 事件資料 | 描寫手法 | 細目 |
|---|---|---|---|
| 圖書館 | 我在書櫃玩躲貓貓撞到頭 | 遠到近<br>圓形廣場<br>書櫃<br>沙發 | 1. 圓形廣場<br>2. 書櫃沙發<br>3. 撞到頭<br>4. 感受 |

主題：
地點選定

參考事件和資料／以事帶情
（值得寫的重大事件）

有順序的
安排結構

⑸ 教寫景細節。透過三個問題引導學生觀察課文中的寫景細節。

教師將題目AB一起問並板書，再來請學生分類去寫自己喜歡的部分，寫在便利貼上再貼在黑板上，教師逐一歸納寫景細節的寫法。

A 讀完課文，你最喜歡哪個部分？

B 它帶給你什麼感覺？

C 如何描寫讓你有這個感覺？

⑹ 文章完成後，透過互評單請學生互評。

評分者：

| |
|---|
| 1. 地點的移動有順序（熟練、有努力、遺忘）可以更好的部分： |
| 2. 每個地點都有外形描述（熟練、有努力、遺忘）可以更好的部分： |
| 3. 每個地點都有重大事件（熟練、有努力、遺忘）可以更好的部分： |

4. 每個地點都有1種修辭（熟練、有努力、遺忘）<u>可以更好的部分</u>：

評語：（先稱讚再鼓勵）

## ３ 延伸閱讀

　　六下有一篇課文是〈山村車軼寮〉，同樣也是寫景的文章，運用了顏色來鋪陳寫景的細節。〈東海岸鐵路〉主要是用「遠到近」的視角來呈現寫景細節，學生在寫景方面就能更細緻。此外，〈山村車軼寮〉最後一句「這與世無爭的山村，這美麗迷人的山村，豐富了沒有電視、沒有電影、沒有電玩的我的童年。」表達出了景色帶給作者的不只是「美」，更多的是「回憶」。「以景帶情」的寫法使寫景的文章不流於只是歌頌美景，其中蘊含的是更深刻的情感。

# 第六章

## 附 錄

一、108 語文領域學習重點
二、十九項議題教育與學習主題

# 108 語文領域學習重點

　　「國語文科目學習重點與核心素養呼應表參考示例」乃為使學習重點與核心素養能夠相互呼應，且透過學習重點落實本科目核心素養，並引導跨領域／跨科目的課程設計，增進課程發展的嚴謹度。

　　「議題融入國語文課程綱要說明」乃為豐富本科目的學習，促進核心素養的涵育，使各項議題可與國語文的學習重點適當結合。（資料來源：國家教育研究院・十二年國教課程綱要）

## 學習表現 ✏

　　國語文之學習表現分為「聆聽」、「口語表達」、「標音符號與運用」、「識字與寫字」、「閱讀」與「寫作」六項，代碼標號如下表所列：

| 學習表現類別 | 代碼（流水號第一碼） |
| --- | --- |
| 聆聽 | 1 |
| 口語表達 | 2 |
| 標音符號與運用 | 3 |
| 識字與寫字 | 4 |
| 閱讀 | 5 |
| 寫作 | 6 |

## （一）聆聽　學習表現

| 第一學習階段 | 1-I-1 | 養成專心聆聽的習慣，尊重對方的發言。 |
| | 1-I-2 | 能學習聆聽不同的媒材，說出聆聽的內容。 |
| | 1-I-3 | 能理解話語、詩歌、故事的訊息，有適切的表情跟肢體語言。 |

| 第二學習階段 | 1-II-1 | 聆聽時能讓對方充分表達意見。 |
| | 1-II-2 | 具備聆聽不同媒材的基本能力。 |
| | 1-II-3 | 聽懂適合程度的詩歌、戲劇，並說出聆聽內容的要點。 |
| | 1-II-4 | 根據話語情境，分辨內容是否切題，理解主要內容和情感，並與對方互動。 |

| 第三學習階段 | 1-III-1 | 能夠聆聽他人的發言，並簡要紀錄。 |
| | 1-III-2 | 根據演講、新聞話語情境及其情感，聽出不同語氣，理解對方所傳達的情意，表現適切的回應。 |
| | 1-III-3 | 判斷聆聽內容的合理性，並分辨事實或意見。 |
| | 1-III-4 | 結合科技與資訊，提升聆聽的效能。 |

## （二）口語表達　學習表現

| 第一學習階段 | 2-I-1 | 以正確發音流利的說出語意完整的話。 |
| | 2-I-2 | 說出所聽聞的內容。 |
| | 2-I-3 | 與他人交談時，能適當的提問、合宜的回答，並分享想法。 |

| 第二學習階段 | 2-II-1 | 用清晰語音、適當語速和音量說話。 |
| | 2-II-2 | 運用適當詞語、正確語法表達想法。 |
| | 2-II-3 | 把握說話的重點與順序，對談時能做適當的回應。 |
| | 2-II-4 | 樂於參加討論，提供個人的觀點和意見。 |
| | 2-II-5 | 與他人溝通時能注重禮貌，並養成說話負責的態度。 |

| 第三學習階段 | 2-III-1 | 觀察生活情境的變化，培養個人感受和思維能力，積累說話材料。 |
| | 2-III-2 | 從聽聞內容進行判斷和提問，並做合理的應對。 |
| | 2-III-3 | 靈活運用詞句和說話技巧，豐富表達內容。 |
| | 2-III-4 | 運用語調、表情和肢體等變化輔助口語表達。 |
| | 2-III-5 | 把握說話內容的主題、重要細節與結構邏輯。 |
| | 2-III-6 | 結合科技與資訊，提升表達的效能。 |
| | 2-III-7 | 與他人溝通時能尊重不同意見。 |

## （三）標音符號與運用　學習表現

| 第一學習階段 | 3-I-1 | 正確認念、拼讀及書寫注音符號。 |
| | 3-I-2 | 運用注音符號輔助識字，也能利用國字鞏固注音符號的學習。 |
| | 3-I-3 | 運用注音符號表達想法，記錄訊息。 |
| | 3-I-4 | 利用注音讀物，學習閱讀，享受閱讀樂趣。 |
| 第二學習階段 | 3-II-1 | 運用注音符號，理解生字新詞，提升閱讀效能。 |
| | 3-II-2 | 運用注音符號，檢索資訊，吸收新知。 |

## （四）識字與寫字　學習表現

| 第一學習階段 | 4-I-1 | 認識常用國字至少1,000字，使用700字。 |
| | 4-I-2 | 利用部件、部首或簡單造字原理，輔助識字。 |
| | 4-I-3 | 學習查字典的方法。 |
| | 4-I-4 | 養成良好的書寫姿勢，並保持整潔的書寫習慣。 |
| | 4-I-5 | 認識基本筆畫、筆順，掌握運筆原則，寫出正確及工整的國字。 |
| | 4-I-6 | 能因應需求，感受寫字的溝通功能與樂趣。 |
| 第二學習階段 | 4-II-1 | 認識常用國字至少1,800字，使用1,200字。 |
| | 4-II-2 | 利用共同部件，擴充識字量。 |
| | 4-II-3 | 會利用書面或數位方式查字辭典，並能利用字辭典，分辨字詞義。 |
| | 4-II-4 | 能分辨形近、音近字詞，並正確使用。 |
| | 4-II-5 | 利用字義推論詞義。 |
| | 4-II-6 | 掌握偏旁變化和間架結構要領寫美觀的硬筆字。 |
| | 4-II-7 | 習寫以硬筆為主，毛筆為輔，掌握楷書筆畫的書寫方法。 |
| | 4-II-8 | 知道古今書法名家的故事。 |
| 第三學習階段 | 4-III-1 | 認識常用國字至少2,700字，使用2,200字。 |
| | 4-III-2 | 認識文字的字形結構，運用字的部件了解文字的字音與字義。 |
| | 4-III-3 | 運用字辭典、成語辭典等，擴充詞彙，分辨詞義。 |
| | 4-III-4 | 精熟偏旁變化和間架結構要領書寫正確及工整的硬筆字。 |
| | 4-III-5 | 習寫以硬筆為主，毛筆為輔，掌握楷書形體結構的書寫方法。 |

| 第一學習階段 | | |
|---|---|---|
| | 5-I-1 | 以適切的速率正確地朗讀文本。 |
| | 5-I-2 | 認識常用標點符號。 |
| | 5-I-3 | 讀懂與學習階段相符的文本。 |
| | 5-I-4 | 了解文本中的重要訊息與觀點。 |
| | 5-I-5 | 認識簡易的記敘、抒情及應用文本的特徵。 |
| | 5-I-6 | 利用圖像、故事結構等策略，協助文本的理解與內容重述。 |
| | 5-I-7 | 運用簡單的預測、推論等策略，找出句子和段落明示的因果關係，理解文本內容。 |
| | 5-I-8 | 認識圖書館（室）的功能。 |
| | 5-I-9 | 喜愛閱讀，並樂於與他人分享閱讀心得。 |

| 第二學習階段 | | |
|---|---|---|
| | 5-II-1 | 以適切的速率朗讀文本，表現抑揚頓挫與情感。 |
| | 5-II-2 | 理解各種標點符號的用法。 |
| | 5-II-3 | 讀懂與學習階段相符的文本。 |
| | 5-II-4 | 掌握句子和段落的意義與主要概念。 |
| | 5-II-5 | 認識記敘、抒情、說明及應用文本的特徵。 |
| | 5-II-6 | 運用適合學習階段的摘要策略，擷取大意。 |
| | 5-II-7 | 就文本的觀點，找出支持的理由。 |
| | 5-II-8 | 運用預測、推論、提問等策略，增進對文本的理解。 |
| | 5-II-9 | 覺察自己的閱讀理解情況，適時調整策略。 |
| | 5-II-10 | 透過大量閱讀，體會閱讀的樂趣。 |
| | 5-II-11 | 閱讀多元文本，以認識重大議題。 |
| | 5-II-12 | 主動參與班級、學校或社區的閱讀社群活動。 |

| 第三學習階段 | | |
|---|---|---|
| | 5-III-1 | 流暢朗讀各類文本，並表現抑揚頓挫的變化。 |
| | 5-III-2 | 理解各種標點符號的用法與表達效果。 |
| | 5-III-3 | 讀懂與學習階段相符的文本。 |
| | 5-III-4 | 區分文本中的客觀事實與主觀判斷之間的差別。 |
| | 5-III-5 | 認識議論文本的特徵。 |
| | 5-III-6 | 熟習適合學習階段的摘要策略，擷取大意。 |
| | 5-III-7 | 連結相關的知識和經驗，提出自己的觀點，評述文本的內容。 |
| | 5-III-8 | 運用自我提問、推論等策略，推論文本隱含的因果訊息或觀點。 |
| | 5-III-9 | 因應不同的目的，運用不同的閱讀策略。 |
| | 5-III-10 | 結合自己的特長和興趣，主動尋找閱讀材料。 |
| | 5-III-11 | 大量閱讀多元文本，辨識文本中重大議題的訊息或觀點。 |
| | 5-III-12 | 運用圖書館（室）、科技與網路，進行資料蒐集、解讀與判斷，提升多元文本的閱讀和應用能力。 |

## （六）寫作　學習表現

**第一學習階段**

6-I-1　根據表達需要，使用常用標點符號。
6-I-2　透過閱讀及觀察，積累寫作材料。
6-I-3　寫出語意完整的句子、主題明確的段落。
6-I-4　使用仿寫、接寫等技巧寫作。
6-I-5　修改文句的錯誤。
6-I-6　培養寫作的興趣。

**第二學習階段**

6-II-1　根據表達需要，使用各種標點符號。
6-II-2　培養感受力、想像力等寫作基本能力。
6-II-3　學習審題、立意、選材、組織等寫作步驟。
6-II-4　書寫記敘、應用、說明事物的作品。
6-II-5　仿寫童詩。
6-II-6　運用改寫、縮寫、擴寫等技巧寫作。
6-II-7　找出作品的錯誤，並加以修改。
6-II-8　養成寫作習慣。

**第三學習階段**

6-III-1　根據表達需要，使用適切的標點符號。
6-III-2　培養思考力、聯想力等寫作基本能力。
6-III-3　掌握寫作步驟，寫出表達清楚、段落分明、符合主題的作品。
6-III-4　創作童詩及故事。
6-III-5　書寫說明事理、議論的作品。
6-III-6　練習各種寫作技巧。
6-III-7　修改、潤飾作品內容。
6-III-8　建立適切的寫作態度。

## 學習內容 🖊

　　學習內容分「文字篇章」、「文本表述」、「文化內涵」三大類別。「文字篇章」體現語言文字的結構特性，分為「標音符號」、「字詞」、「句段」及「篇章」四項。「文本表述」之「文本」是指語言文字及其他符號，遵循語義規則所組成的句子、段落或篇章，依其體用可分為「記敘文本」、「抒情文本」、「說明文本」、「議論文本」及「應用文本」五項。「文化內涵」則凸顯文本所蘊含的文化意義，分為「物質文化」、「社群文化」及「精神文化」三項，代碼標號如下表所列：

| 主類別 | 主類別代碼 | 次項目 | 次項目代碼<br>（流水號第一碼） |
|---|---|---|---|
| 文字篇章 | A | 標音符號 | Aa |
| | | 字詞 | Ab |
| | | 句段 | Ac |
| | | 篇章 | Ad |
| 文本表述 | B | 記敘文本 | Ba |
| | | 抒情文本 | Bb |
| | | 說明文本 | Bc |
| | | 議論文本 | Bd |
| | | 應用文本 | Be |
| 文化內涵 | C | 物質文化 | Ca |
| | | 社群文化 | Cb |
| | | 精神文化 | Cc |

### ❶ 文字篇章

　　「文字篇章」類包含「標音符號」、「字詞」、「句段」及「篇章」四項茲分述如下：

## 1.標音符號

| 學習階段 | 學習內容 |
|---|---|
| 第一學習階段 | Aa-I-1 聲符、韻符、介符的正確發音和寫法。<br>Aa-I-2 聲調及其正確的標注方式。<br>Aa-I-3 二拼音和三拼音的拼讀和書寫。<br>Aa-I-4 結合韻的拼讀和書寫。<br>Aa-I-5 標注注音符號的各類文本。 |
| 第二學習階段 | Aa-II-1 標注注音符號的各類文本。 |

## 2.字詞

| 學習階段 | 學習內容 |
|---|---|
| 第一學習階段 | Ab-I-1 1,000個常用字的字形、字音和字義。<br>Ab-I-2 700個常用字的使用。<br>Ab-I-3 常用字筆畫及部件的空間結構。<br>Ab-I-4 常用字部首的表義（分類）功能。<br>Ab-I-5 1,500個常用語詞的認念。<br>Ab-I-6 1,000個常用語詞的使用。 |
| 第二學習階段 | Ab-II-1 1,800個常用字的字形、字音和字義。<br>Ab-II-2 1,200個常用字的使用。<br>◎ Ab-II-3 常用字部首及部件的表音及表義功能。<br>◎ Ab-II-4 多音字及多義字。<br>Ab-II-5 3,000個常用語詞的認念。<br>Ab-II-6 2,000個常用語詞的使用。<br>Ab-II-7 國字組成詞彙的構詞規則。<br>Ab-II-8 詞類的分辨。<br>Ab-II-9 量詞的運用。<br>Ab-II-10 字辭典的運用。<br>Ab-II-11 筆墨紙硯的使用方法。<br>Ab-II-12 楷書基本筆畫運筆方法。<br>Ab-II-13 書法名家故事。 |

## 2.字詞（續）

| 學習階段 | 學習內容 |
|---|---|
| 第三學習階段 | Ab-III-1　2,700個常用字的字形、字音和字義。<br>Ab-III-2　2,200個常用字的使用。<br>◎Ab-III-3　常用字部首及部件的表音及表義功能。<br>◎Ab-III-4　4,500個常用語詞的認念。<br>Ab-III-5　3,700個常用語詞的使用。<br>Ab-III-6　數位辭典的運用。<br>Ab-III-7　詞類的分辨。<br>Ab-III-8　楷書形體結構要領。 |

## 3.句段

| 學習階段 | 學習內容 |
|---|---|
| 第一學習階段 | Ac-I-1　常用標點符號。<br>Ac-I-2　簡單的基本句型。<br>Ac-I-3　基本文句的語氣與意義。 |
| 第二學習階段 | Ac-II-1　各種標點符號的用法。<br>Ac-II-2　各種基本句型。<br>Ac-II-3　基礎複句的意義。<br>Ac-II-4　各類文句的語氣與意義。 |
| 第三學習階段 | Ac-III-1　標點符號在文本中的作用。<br>Ac-III-2　各種複句的意義。<br>Ac-III-3　基礎句型結構。<br>Ac-III-4　各類文句表達的情感與意義。 |

6

附

錄

| 4.篇章 | |
|---|---|
| **學習階段** | **學習內容** |
| 第一學習階段 | Ad-I-1　自然段。<br>Ad-I-2　篇章的大意。<br>Ad-I-3　故事、童詩。 |
| 第二學習階段 | Ad-II-1　意義段。<br>Ad-II-2　篇章的大意、主旨與簡單結構。<br>Ad-II-3　故事、童詩、現代散文。 |
| 第三學習階段 | Ad-III-1　意義段與篇章結構。<br>Ad-III-2　篇章的大意、主旨、結構與寓意。<br>Ad-III-3　故事、童詩、現代散文、少年小說及兒童劇。<br>Ad-III-4　古典詩文。 |

## ❷ 文本表述

　　「文本表述」依其體用可分為「記敘文本」、「抒情文本」、「說明文本」、「議論文本」及「應用文本」五項。第一學習階段以記敘文本及抒情文本為主，輔以應用文本的學習；第二學習階段起加入說明文本；第三學習階段起則加入議論文本的學習。各類文本之界義如下：

▌記敘文本：以人、事、時、地、物為敘寫對象的文本。

▌抒情文本：由主體出發，抒發對人、事、物、景之情感的文本。

▌說明文本：以邏輯、客觀、理性的方式，說明事理或事物的文本。

▌議論文本：以論點、論據、論證方式，表達對人、事、物看法的
　　　　　　文本。

▌應用文本：因應日常生活、人際往來與學習的需要，靈活運用各
　　　　　　種表述方式而產生的實用性文本。

## 1.記敘文本

| 學習階段 | 學習內容 |
|---|---|
| 第一學習階段 | Ba-I-1　順敘法。 |
| 第二學習階段 | Ba-II-1　記敘文本的結構<br>◎Ba-II-2　順敘與倒敘法。 |
| 第三學習階段 | ◎Ba-III-1　順敘與倒敘法。 |

＊標圈號（◎）之流水號：表示跨學習階段的學習表現或學習內容，標記於低的學習階段。

## 2.抒情文本

| 學習階段 | 學習內容 |
|---|---|
| 第一學習階段 | ◎Bb-I-1　自我情感的表達。<br>◎Bb-I-2　人際交流的情感。<br>　Bb-I-3　對物或自然的感受。<br>◎Bb-I-4　直接抒情。 |
| 第二學習階段 | ◎Bb-II-1　自我情感的表達。<br>◎Bb-II-2　人際交流的情感。<br>　Bb-II-3　對物或自然的情懷。<br>◎Bb-II-4　直接抒情。<br>◎Bb-II-5　藉由敘述事件與描寫景物間接抒情。<br>　Bb-II-6　抒情文本的結構。 |
| 第三學習階段 | ◎Bb-III-1　自我情感的表達。<br>◎Bb-III-2　人際交流的情感。<br>　Bb-III-3　對物或自然的感悟。<br>◎Bb-III-4　直接抒情。<br>◎Bb-III-5　藉由敘述事件與描寫景物間接抒情。 |

## 3.說明文本

| 學習階段 | 學習內容 |
|---|---|
| 第二學習階段 | Bc-II-1 具邏輯、客觀、理性的說明,如科學知識、產品、環境等文本。<br>Bc-II-2 描述、列舉、因果等寫作手法。<br>◎Bc-II-3 數據、圖表、圖片、工具列等輔助說明。 |
| 第三學習階段 | Bc-III-1 具邏輯、客觀、理性的說明,如科學知識、產品、環境等。<br>Bc-III-2 描述、列舉、因果、問題解決、比較等寫作手法。<br>◎Bc-III-3 數據、圖表、圖片、工具列等輔助說明。<br>Bd-III-4 說明文本的結構。 |

## 4.議論文本

| 學習階段 | 學習內容 |
|---|---|
| 第三學習階段 | ◎Bd-III-1 以事實、理論為論據,達到說服、建構、批判等目的。<br>Bd-III-2 論證方式如舉例、正證、反證等。<br>Bd-III-3 議論文本的結構。 |

## 5.應用文本

| 學習階段 | 學習內容 |
|---|---|
| 第一學習階段 | Be-I-1 在生活應用方面,如自我介紹、日記的格式與寫作方法。<br>Be-I-2 在人際溝通方面,以書信、卡片等慣用語彙及書寫格式為主。 |
| 第二學習階段 | Be-II-1 在生活應用方面,以日記、海報的格式與寫作方法為主。<br>Be-II-2 在人際溝通方面,以書信、卡片、便條、啓事等慣用語彙及書寫格式為主。<br>Be-II-3 在學習應用方面,以心得報告的寫作方法為主。<br>Be-II-4 應用文本的結構。 |

| 5.應用文本（續） | |
|---|---|
| **學習階段** | **學習內容** |
| 第三學習階段 | ◎Be-III-1 在生活應用方面，以說明書、廣告、標語、告示、公約等格式與寫作方法為主。<br>Be-III-2 在人際溝通方面，以通知、電子郵件、便條等慣用語彙及書寫格式為主。<br>Be-III-3 在學習應用方面，以簡報、 書報告、演講稿等格式與寫作方法為主。 |

### ③ 文化內涵

「文化內涵」類分為「物質文化」、「社群文化」、「精神文化」三項，界義如下：

▌物質文化：各類文本中與生活有關的食、衣、住、行及科技等文化內涵。

▌社群文化：各類文本中與社群有關的倫理、規範、制度等文化內涵。

▌精神文化：各類文本中所蘊含的藝術、信仰、思想等文化內涵。

| 1.物質文化 | |
|---|---|
| **學習階段** | **學習內容** |
| 第一學習階段 | Ca-I-1 各類文本中與日常生活相關的文化內涵。 |
| 第二學習階段 | Ca-II-1 各類文本中的飲食、服飾、交通工具、名勝古蹟及休閒娛樂等文化內涵。 |
| 第三學習階段 | ◎Ca-III-1 各類文本中的飲食、服飾、建築形式、交通工具、名勝古蹟及休閒娛樂等文化內涵。<br>Ca-III-2 各類文本中表現科技演進、環境發展的文化內涵。 |

## 2.社群文化

| 學習階段 | 學習內容 |
|---|---|
| 第一學習階段 | ◎Cb-I-1　各類文本中的親屬關係、道德倫理、儀式風俗等文化內涵。<br>　Cb-I-2　各類文本中所反映的個人與家庭、鄉里的關係。 |
| 第二學習階段 | ◎Cb-II-1　各類文本中的親屬關係、道德倫理、儀式風俗等文化內涵。<br>◎Cb-II-2　各類文本中所反映的個人與家庭、鄉里、國族及其他社群的關係。 |
| 第三學習階段 | ◎Cb-III-1　各類文本中的親屬關係、道德倫理、儀式風俗、典章制度等文化內涵。<br>◎Cb-III-2　各類文本中所反映的個人與家庭、鄉里、國族及其他社群的關係。 |

## 3.精神文化

| 學習階段 | 學習內容 |
|---|---|
| 第一學習階段 | ◎Cc-I-1　各類文本中的藝術、信仰、思想等文化內涵。 |
| 第二學習階段 | ◎Cc-II-1　各類文本中的藝術、信仰、思想等文化內涵。 |
| 第三學習階段 | ◎Cc-III-1　各類文本中的藝術、信仰、思想等文化內涵 |

# 十九項議題教育與學習主題

## 關於十九項議題教育 ✏️

　　108學年實施的十二年國教新課綱，除保留原九年一貫課綱中的四項議題課程（性別平等教育、人權教育、環境教育、海洋教育），並仍稱為「重大議題」外（此四大議題依據總綱核心素養三面九項的架構，規劃了議題教育核心素養），另新增十五項新的議題教育，稱其為「重要議題」，如：法治教育、品德教育、能源教育、國防教育……等等。針對十二年國教的新課綱，總計有十九項議題教育，十九項議題教育項下細分成若干「學習主題」。

　　依據國家教育研究院出版之《議題融入說明手冊》特別說明之所以提出諸多議題教育的原因為：「面對社會的變遷與全球化時代的來臨，……學校教育需與時俱進，實施議題教育，以補充與強化學生對議題的認識，……提升面對議題的責任感與行動力，成為健全個人、良好國民與世界公民。」（國家教育研究院，2017，頁1）。

　　議題內容包括全球共通的且為國家政策，可以視為培養現代國民與世界公民的關鍵內涵，同時也反應了我國社會重要且具急迫性的議題或現象。十九項議題分別為：

| 編號 | 十九項議題 | 學習主題 | 議題性質 |
|------|-----------|---------|---------|
| 1 | 性別平等教育 | 生理性別、性傾向、性別特質與性別認同多樣性的尊重 | |
| | | 性別角色的突破與性別歧視的消除 | |
| | | 身體自主權的尊重與維護 | |
| | | 性騷擾、性侵害與性霸凌的防治 | |
| | | 語言、文字與符號的性別意涵分析 | |
| | | 科技、資訊與媒體的性別識讀 | |
| | | 性別權益與公共參與 | |
| | | 性別權力關係與互動 | |
| | | 性別與多元文化 | |
| 2 | 人權教育 | 人權的基本理念 | 人 |
| | | 人權與責任 | |
| | | 人權與民主法治 | |
| | | 人權與生活實踐 | |
| | | 人權違反與救濟 | |
| | | 人權重要主題等 | |
| 3 | 品德教育 | 品德發展層面 | |
| | | 品德核心價值 | |
| | | 品德關鍵議題 | |
| | | 品德實踐能力與行動 | |
| 4 | 生命教育 | 哲學思考 | |
| | | 人學探索 | |
| | | 終極關懷 | |
| | | 價值思辨 | |
| | | 靈性修養 | |
| 5 | 家庭教育 | 社會變遷對家庭的影響 | |
| | | 家人關係與互動 | |
| | | 親密關係發展與婚姻預備 | |
| | | 家庭活動與社區參與 | |
| | | 家庭資源管理與環境永續 | |

| 編號 | 十九項議題 | 學習主題 | 議題性質 |
|------|-----------|---------|---------|
| 6 | 閱讀素養教育 | 閱讀的歷程 | 人 |
| | | 閱讀的媒材 | |
| | | 閱讀的情境脈絡 | |
| | | 閱讀的態度 | |
| 7 | 安全教育 | 安全教育概論 | |
| | | 日常生活安全 | |
| | | 運動安全 | |
| | | 校園安全 | |
| | | 急救教育 | |
| 8 | 生涯規劃教育 | 生涯規劃之基本概念 | |
| | | 生涯教育與自我探索 | |
| | | 生涯規劃與工作／教育環境探索 | |
| | | 生涯決定與行動計畫 | |
| 9 | 法治教育 | 公平正義之理念 | |
| | | 法律與法治的意義 | |
| | | 人權保障之憲政原理與原則 | |
| | | 法律之實體與程序的知識與技能 | |
| 10 | 海洋教育 | 海洋休閒 | 自然環境 |
| | | 海洋社會 | |
| | | 海洋文化 | |
| | | 海洋科學與技術 | |
| | | 海洋資源與永續 | |
| 11 | 環境教育 | 環境倫理 | |
| | | 永續發展 | |
| | | 氣候變遷 | |
| | | 災害防救 | |
| | | 能源資源永續利用 | |
| 12 | 戶外教育 | 觀察並覺知環境，提高對環境的敏感性 | |
| | | 戶外生活技能學習及實踐 | |
| | | 培養愛護環境的責任感 | |
| | | 校外教學與考察研究 | |

| 編號 | 十九項議題 | 學習主題 | 議題性質 |
|---|---|---|---|
| 13 | 能源教育 | 能源意識 | 自然環境 |
| | | 能源概念 | |
| | | 能源使用 | |
| | | 能源發展 | |
| | | 行動參與 | |
| 14 | 防災教育 | 災害風險與衝擊 | |
| | | 災害風險的管理 | |
| | | 災害防救的演練 | |
| 15 | 多元文化教育 | 我族文化的認同 | 文化生活 |
| | | 文化差異與理解 | |
| | | 跨文化的能力 | |
| | | 社會正義 | |
| 16 | 原住民族教育 | 原住民族語言文字的保存與傳承 | |
| | | 認識部落與原住民族的歷史經驗 | |
| | | 原住民族的名制、傳統制度組織運作及其現代轉化 | |
| | | 原住民族文化內涵與文化資產 | |
| | | 原住民族土地與生態智慧 | |
| | | 原住民族營生模式 | |
| 17 | 國際教育 | 國家認同 | |
| | | 國際素養 | |
| | | 全球競合力 | |
| | | 全球責任感 | |
| 18 | 資訊教育 | 運算思維與問題解決 | 科技生活 |
| | | 資訊科技與合作共創 | |
| | | 資訊科技與溝通表達 | |
| | | 資訊科技的使用態度 | |
| 19 | 科技教育 | 科技知識 | |
| | | 科技態度 | |
| | | 操作技能 | |
| | | 綜合能力 | |

國家圖書館出版品預行編目資料

語你同行——玩出素養的語文課 / 陳麗雲,
畢英春著. -- 初版. -- 臺北市 ： 五南圖書
出版股份有限公司, 2019.03
　面；　公分
ISBN 978-957-763-321-7（平裝）

1. 漢語教學　2. 小學教學

523.311　　　　　　　　108003040

1XHA

# 語你同行
## ───玩出素養的語文課

作　　　者 ― 陳麗雲（266.7）、畢英春（495）

發 行 人 ― 楊榮川

總 經 理 ― 楊士清

總 編 輯 ― 楊秀麗

副總編輯 ― 黃文瓊

編　　　輯 ― 吳雨潔

封面設計 ― 姚孝慈

美術設計 ― 賴玉欣

出 版 者 ― 五南圖書出版股份有限公司

地　　　址：106臺北市大安區和平東路二段339號4樓

電　　　話：(02) 2705-5066　傳　　真：(02) 2706-6100

網　　　址：https://www.wunan.com.tw

電子郵件：wunan@wunan.com.tw

劃撥帳號：01068953

戶　　　名：五南圖書出版股份有限公司

法律顧問　林勝安律師

出版日期　2019年3月初版一刷
　　　　　2023年7月初版六刷

定　　　價　新臺幣480元

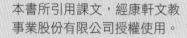

本書所引用課文，經康軒文教
事業股份有限公司授權使用。

# 經典永恆・名著常在

## 五十週年的獻禮 —— 經典名著文庫

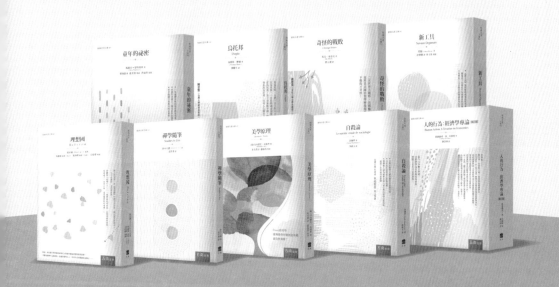

五南，五十年了，半個世紀，人生旅程的一大半，走過來了。

思索著，邁向百年的未來歷程，能為知識界、文化學術界作些什麼？

在速食文化的生態下，有什麼值得讓人雋永品味的？

歷代經典・當今名著，經過時間的洗禮，千錘百鍊，流傳至今，光芒耀人；

不僅使我們能領悟前人的智慧，同時也增深加廣我們思考的深度與視野。

我們決心投入巨資，有計畫的系統梳選，成立「經典名著文庫」，

希望收入古今中外思想性的、充滿睿智與獨見的經典、名著。

這是一項理想性的、永續性的巨大出版工程。

不在意讀者的眾寡，只考慮它的學術價值，力求完整展現先哲思想的軌跡；

為知識界開啟一片智慧之窗，營造一座百花綻放的世界文明公園，

任君遨遊、取菁吸蜜、嘉惠學子！